HISTOIRE

DE

BELLE-ILE-EN-MER

PAR

M. Chasle de La Touche.

NANTES,
IMPRIMERIE DE VINCENT FOREST,
PLACE DU COMMERCE.
—
1852.

AVIS DE L'ÉDITEUR.

Depuis plusieurs années M. Chasle de La Touche travaillait à réunir les matériaux de l'Histoire de Belle-Ile, que nous publions aujourd'hui; il possédait déjà presque tous ceux qui lui étaient nécessaires et il avait entièrement rédigé son ouvrage, lorsque la mort est venue le frapper (le 13 avril 1848) avant qu'il pût y mettre la dernière main et remplir quelques rares lacunes que nous avons le regret de laisser en blanc, n'étant plus à même de nous procurer les renseignements qui nous manquent.

CHAPITRE I.

Gissement de l'île. — Descriptions Topographique et Chronologique. — Moyens de Défense de l'île.

Belle-Ile-en-Mer, une des plus grandes îles de l'Europe, est la plus importante de celles que possède la France dans l'Océan. Elle est située vis-à-vis la côte méridionale de la Bretagne, par le 47e degré, 17 minutes 16 secondes de latitude Nord, le 5e degré 26 minutes 15 secondes de longitude Ouest de Paris. Elle est à 47 kilomètres (12 lieues un douzième) de Lorient, à 40 kilomètres 828 mètres (10 lieues et demie) d'Auray, à 46 kilomètres 391 mètres (11 lieues neuf dixièmes) de Vannes, et à 174 kilomètres 885 mètres (44 lieues six septièmes) de Nantes. Ces distances ont été relevées avec soin sur la carte de M. Beautemps-Beaupré.

Quiberon en est la terre continentale la plus rapprochée : la plus petite distance qui les sépare, prise du port de Sauzon, en Belle-Ile, au port Maria, en Quiberon, n'est que de 14 kilomètres 295 mètres, environ 3 lieues deux tiers. La ville du Palais est à 14 kilomètres 796 mètres (3 lieues quatre cinquièmes) du même port Maria, et à 19 kilomètres 858 mètres (5 lieues un onzième) du Porthaliguen, principal embarcadère de Quiberon.

La plus grande longueur de l'île, prise de la pointe aux Poulains, au Nord-Ouest, à la pointe au Canon, au Sud-Est, a été trouvée de 20,100 mètres, soit 10313 toises, environ 5 lieues un septième. Sa plus grande largeur, mesurée de la pointe de Taillefer, au Nord-Est, à celle du Grand-Village, au Sud-Sud-Ouest est de 9,000 mètres, soit 4617 toises, un peu plus de 2 lieues un quart. Sa forme présente un carré irrégulier dont les côtés ont été ainsi mesurés : la côte du Nord, entre la pointe aux Poulains et celle de Taillefer-Palais, 9,000 mètres ou 4617 toises ; la côte Nord-Est, de Taillefer à la pointe de Kerdonis, 11,000 mètres, ou 5643 toises ; la côte du Sud-Est, de Kerdonis à la pointe au Canon, 4,500 mètres ou 2308 toises. Enfin, la côte du Sud au Nord-Ouest, formant un angle vers l'Ouest, 25,000 mètres ou 12795 toises. Les quatre lignes donnent un périmètre de 49 kilomètres 500 mètres, un peu moins de 13 lieues.

Ces mesures résultent d'opérations géodésiques exécutées par MM. les officiers du génie, sous la restauration. Mais en 1770, M. de Verrier, ingénieur en chef du roi, avait mesuré l'île à la chaine et ne lui trouvait en longueur que quatre lieues, largeur une lieue et demie, circuit 14 lieues. J'ignore de quelles pointes il prit ses distances ; comme sa lieue était probablement la lieue commune, de 2,400 toises, il y aurait à peu près concordance, excepté pour le circuit que M. de la Sauvagère, autre ingénieur en chef, portait à 26,360 toises qui donnent 13 lieues un quart, tandis que M. de Vauban, dans son mémoire, l'évalue à 11 lieues.

M. Bonnin, commandant l'artillerie de l'île, me communique un travail de triangulation qu'il a fait sur une carte levée en 1831. Elle est au vingt millième pour les longueurs et par conséquent au quatre cent millionième pour l'étendue.

M. Bonnin ayant mesuré 13 triangles sur cette carte, a trouvé pour la contenance de l'île, 8216 hectares ; comme il a dû négliger l'extrémité des pointes, il ne pouvait approcher davantage de la contenance donnée par le cadastre de 1840 qui est de 8461 hectares, ou 84 kilomètres carrés et soixante-un centième : en lieue de 16 kilomètres carrés 5 lieues deux cent quatre-vingt-huit millièmes, la lieue de poste n'étant réellement que de 15 kilomètres 59 mètres. L'île contiendrait un peu plus de 5 et demie de ces lieues.

En 1752, M. d'Alion, commissaire des guerres, inspecteur des domaines, dans le mémoire qu'il adressa au roi pour proposer de changer la ferme de Belle-Ile en afféagement, évalua, d'après la déclaration des colons, la contenance de l'île à 8395 journaux (le journal de terre contient 48 ares 62 centiares) de toutes terres, tenues par les colons, et sans y comprendre les terres dites communes. Cependant le procès-verbal d'échange du 18 octobre 1719, entre le roi et le marquis Fouquet de Belle-Ile avait donné 13896 journaux. On croyait cette évaluation exagérée et le cadastre de l'afféagement de 1769 ne trouva que 12089 journaux; 70 cordes 18 pieds, l'arpentage avait été fait avec peu de science, et beaucoup de négligence. Les vérifications pour les partages parcellaires ont toujours présenté d'énormes différences en plus ou en moins. On doit supposer qu'il avait déduit les grandes routes et les chemins de servitudes, mais il n'avait certainement pas réservé au roi la propriété d'un chemin de ronde autour de l'île puisque la plupart des contrats débornent nominativement à la mer. Le nouveau cadastre de 1841 a mesuré l'île jusqu'à la ligne de haute marée et trouvé pour sa contenance 8461 hectares, 50 ares, 13 centiares; ou 17401 journaux 41 cordes et demie.

Les pentes sont nombreuses et profondes par rapport aux dimensions de l'île; si au lieu de les ramener à la projection horizontale, on les mesurait en surface, le développement serait considérable, quoiqu'il n'y ait ni montagnes, ni collines; c'est un plateau d'une élévation moyenne d'environ 35 mètres au-dessus des plus basses marées d'équinoxe. Sa surface semble au premier aspect nivelée, et cependant elle présente deux pentes; la plus petite incline du Sud au Nord dans la largeur de l'île, la hauteur moyenne de la côte extérieure étant de 45 mètres et celle de la côte de Baye n'ayant guère plus de 27 mètres. La plus grande pente se dirige du Sud-Est sur l'Ouest, selon l'observation de M. Daubuisson de Voisins que les chaînes de montagnes ou de collines sont toujours dirigées dans le sens de la plus grande dimension des continents, îles ou presqu'îles qui les renferment. Ce sillon ou arête intérieure, ayant à l'Est, en avant du bourg de Locmaria, 73 mètres 50 centimètres n'en a plus à l'extrémité Ouest, sur la butte de Borderunn, que 52 mètres 17 centimètres. Les points intermédiaires sont : le moulin de Bortero, 60 mètres, 89 centimètres; celui de Borfloch, 58 mètres, 7 centimètres; celui de Kerdenet, 60 mètres, 44 centimètres; la butte de Runélo, 60 mètres, 67 centimètres. Je dois prévenir que toutes ces stations sont prises sur d'anciennes tombelles celtiques qui ajoutent à l'élévation naturelle du terrain de deux à huit mètres, mais qui ne changent pas son inclinaison. Le feu du phare n'étant qu'à 89 mètres au-dessus des plus basses marées d'équinoxe, ne dépasse la hauteur de la butte de Locmaria que de 15 mètres 94 centimètres. Comme il en est éloigné de plus de 11 kilomètres, il n'est pas aperçu dans cette direction, d'un navire placé sous la côte. Ce dangereux inconvénient fait regretter que le projet primitif de M. Fresnel ait été modifié par une diminution de dix mètres sur la hauteur que devait avoir le phare.

La route ancienne qui conduit du port du vieux château au bourg de Locmaria suit à peu près la direction de l'arête centrale. Elle ne coupe aucun des 52 vallons qui partent de cette arête pour se rendre à la mer. Cependant cette route a de petites pentes, attendu que malgré l'apparence, la surface de l'île est tellement accidentée qu'on ne peut parcourir horizontalement un kilomètre sur aucune route. La différence de niveau prise au-dessus des vallons, est rarement de plus de 8 à 10 mètres.

Les dépressions de terrain vers l'arête centrale dépendent du système général des vallons, qui en partent pour aboutir à la mer par de profondes embouchures. Les quinze principaux se nomment : du port Andro, de la Ferrière, du port Yorck, du Porguen, de Bordilia, du Potager, de Sauzon, du Vieux-Château, de Kervelan, de Donant, de Kerel, d'Herlin et de Pouldon. La mer, au moins à marée haute, entre plus ou moins dans leurs embouchures et y forme des hâvres, dont six ont quelque importance, ce sont les ports du Palais, de Sauzon, du Vieux-Château, de Kerel, de Goulfar et de Pouldon. Entre les 15 principaux vallons il y en a 37 autres qui aboutissent aussi à la mer. Tous ont un grand nombre d'autre petits vallons affluents perpendiculaires à leurs côtés. En approchant de la mer les bords des vallons deviennent escarpés et roides. La longueur des plus considérables n'excède pas 3,500 mètres et leur plus grande longueur varie de 100 à 200 mètres. Après un parcours d'environ 3,000 mètres, le vallon de Kerel porte ses eaux dans la pleine mer, au Sud-Ouest. Celui de Bordilia, de même longueur, à peu près, porte ses eaux, au Nord-Est, dans la baye. Le sommet de leurs pentes n'étant pas éloigné de plus de 500 mètres, on a parlé d'un projet qu'aurait eu le sur-intendant Fouquet de couper ce sommet, de creuser un canal dans les deux vallons pour unir les deux mers afin que les navires pussent appareiller du port du Palais par tous les vents. On a aussi attribué cette intention aux Anglais et supposé que les plans et devis de ce projet existent encore au dépôt de la guerre ou de la marine à Paris. M. Fouquet avait de grandes vues sur Belle-Ile, mais elles ne nous sont pas connues. Les Anglais n'ont occupé l'ile que deux ans avec la prévision de l'évacuer à la paix. Si le projet dont on parle a réellement existé, je l'attribuerais à la Compagnie des Indes qui aurait eu quelque intérêt à faciliter l'accès du port du Palais lorsqu'il était port franc, de 17....à 17....mais je ne crois pas que l'avantage eût compensé les dépenses, c'est-à-dire que je ne crois pas au projet.

Les côtes étant escarpées, la profondeur de la mer augmente à peu de distance de la terre, aussi les navires d'un fort tonnage et même les vaisseaux de guerre approchent d'assez près. Les deux côtes, de la mer sauvage et de la baye, présentent un contraste remarquable par la manière différente dont la mer les attaque. La première, exposée à toute la violence des tempêtes que soulève les vents de la pleine mer, est profondément déchirée, coupée presque perpendiculairement dans toute sa hauteur, de 30 à 45 mètres. Ses rochers nuds et noircis dérobent aux voyageurs venant du large la vue des cultures et des habitations. Leur aspect triste et sauvage est digne du nom que porte cette côte, tandis que celle de la baye, qui n'a dans quelques endroits que 12 à 15 mètres d'élévation et rarement plus de 25 à 30 mètres, offre ses gracieux contours arrondis et variés, coupés par de petites vallées dont les pentes adoucies sont couvertes des fleurs jaunes de l'ajonc et des fleurs blanches de l'asphodèle. Une suite de prairies arrosées par des ruisseaux et des fontaines occupe le fond de ces vallées du haut desquelles on aperçoit parfois des villages entourés de quelques peupliers et d'ormeaux. Les sapins de Bruté dominent entre Sauzon et le Palais comme une petite forêt. L'intérieur de l'île est extrêmement accidenté par des ondulations légères et de profondes vallées, des rochers nuds, quelques échappées de vue sur la mer font un effet très-pittoresque. Il ne manque que des arbres, ne fussent que des peupliers ou des saules. Quelques aubépines, quelques groupes d'ormeaux rabougris produisent de l'effet et récréent la vue.

Des remparts de la citadelle, et de tous les lieux élevés de l'île, on a une vue très-étendue sur le continent : de nuit, on aperçoit les deux phares de l'île de Groix, ceux de la Teignouse, de l'île de Hédick, du Four et du Pilier. Belle-Ile est éclairée de deux feux, l'un placé à l'entrée du port du Palais et l'autre au village de Kervilaouen, sur la côte de la mer sauvage. Ainsi on aperçoit huit phares. De jour, par un temps clair, on découvre l'île de Groix, la citadelle du Port-Louis, la tour du port de Lorient, les clochers d'Auray, de Sainte-Anne, de Grand-champ, de Saint-Gildas-de-Rhuys, du bourg de Batz et du Croisic ; on voit tous les détails de la côte du Port-Louis et d'Etel, de Quiberon, de Carnac, de Crach, de Locmariaquer, de Port-Navalo et de Saint-Gildas. On découvrirait l'entrée de la Vilaine, si elle n'était masquée par l'île de Houat, de même que celle de la Loire est masquée par Hédick. Cette dernière île fait face au port de Locmaria, Houat fait face au port du Palais, la presqu'île de Quiberon est vis-à-vis les grands sables de Sainzien, le Port-Louis fait face au port de Sauzon, l'île de Groix au port du Vieux Château, et la côte extérieure de l'île fait face au cap Nord de l'île Royale, ancienne possession française en Amérique, située à l'embouchure du fleuve Saint-Laurent. La pointe Sud-Ouest de cette île n'est séparée que par le détroit de Fronsac de la terre d'Acadie, dont les colons expulsés par les Anglais vinrent s'établir à Belle-Ile en 1765. Il y a sur les côtes d'Acadie un phénomène de syzygie dont aucun auteur français n'avait parlé, et que nous apprenons dans une description de notre ancienne colonie, publiée par un Anglais, à Hallifax, en 1823. Les grandes marées qui ne dépassent pas 5 mètres 50 centimètres dans le golfe de Gascogne et 15 mètres dans la Manche, montent de 21 mètres sur les côtes de l'Acadie.

Belle-Ile doit à sa situation une importance militaire incontestable, qui fut comprise dès le XVIe siècle à l'occasion des guerres de François Ier contre Charles-Quint. Depuis cette époque elle a toujours fixé l'attention des rois de France et tenté l'ambition de leurs ennemis. Les pirates scandinaves l'avaient occupée aux Xe et XIe siècles comme une place d'armes qui facilitait leur invasion en Bretagne par la Loire et la Vilaine dont elle commande les entrées. Elle a été prise par les Anglais en 1575 et 1761, et par les Hollandais en 1674. Les Espagnols, les Hollandais et les Anglais unis ou séparément l'ont attaquée, bloquée, menacée ou sommée de se rendre en 1676, 1703, 1746 et 1795. Elle est trop éloignée des côtes de Bretagne pour contribuer activement à leur défense, mais elle servirait puissamment à leur attaque si elle appartenait à un ennemi. Les Anglais en feraient une place d'armes inexpugnable au moyen de quelques travaux dans la rade du Palais, soit devant ce port, soit devant le port Yorck; ils y auraient un point de rassemblement pour leurs flottes, leurs troupes de débarquement, les armements et approvisionnements nécessaires à l'invasion d'une partie des départements de l'Ouest. Une expédition entreprise sur une grande échelle pourrait être combinée avec une autre expédition partie des îles de Jersey et de Guernesey. Les Anglais ont conçu plusieurs fois le projet d'attaquer la Bretagne par la côte du Nord et par celle du Midi. Ils firent en 1795 d'immenses armements pour soutenir le débarquement des émigrés français à Quiberon : dans cette circonstance, la possession de Belle-Ile aurait été décisive.

En temps de paix, Belle-Ile serait pour les Anglais l'entrepôt d'une fraude très-active qui ruinerait les douanes et les fabriques françaises. Sa possession leur serait aussi productive que celle du rocher d'Heligoland, de Gibraltar, de Malte, des îles Ioniennes, espèces de bouches par lesquelles le volcan industriel de la Grande Bretagne vomit le trop plein des matières qui bouillent dans la fournaise de ses fabriques. Les Anglais possèdent déjà sur les côtes de France les îles de Jersey, de Guernesey et d'Aurigny dont la conquête nous aurait été plus utile que toutes celles qu'a faites Napoléon. Ces îles, enrichies à nos dépens, sont dans un état de prospérité qui accuse l'abandon où Belle-Ile languit, écrasée d'impôts, dépourvue de commerce, privée de toute espèce d'encouragement. Les îles Anglaises ne supportent d'autres impôts que ceux qui sont indispensables à leurs dépenses municipales. Aussi sont-elles riches et peuplées. Jersey, d'un tiers seulement plus grande que Belle-Ile, nourrit 29,000 habitants sur 8 lieues carrées. Ils sont agglomérés dans deux villes et 12 villages. Guernesey nourrit 24,000 habitants sur 11 lieues carrées. C'est encore un tiers de plus que Belle-Ile qui ne compte que 8,000 habitants sur 5 lieues et demie.

Depuis le règne de Charles IX jusqu'aux plus mauvais jours du règne de Louis, Belle-Ile jouissait de l'exemption de tous les impôts et même de la dîme, à charge pour ses habitants de travailler aux fortifications et de participer à leur défense. Elle payait encore fort peu avant 1790 et n'a été véritablement surchargée que depuis 1830. Sa possession n'est pas seulement avantageuse à la France pour empêcher l'ennemi de s'y établir; en temps de guerre, sa citadelle et ses nombreuses batteries de côte présentent leur utile protection aux bâtiments de l'État, et à ceux du commerce qui trouvent devant les croisières ennemies une relâche sûre dans les ports du Palais et de Sauzon. Ils sont si avantageusement situés pour recueillir les navires poursuivis que sur plus de dix mille qui s'y sont réfugiés dans la dernière guerre, à peine en a-t-il été capturé une vingtaine soit à l'entrée, soit à la sortie. Non-seulement elle est le boulevard du cabotage qui unit les côtes de l'Océan à celles de la Manche, mais elle est le point de reconnaissance obligé de tous les navires qui viennent du large; dans quelque port du golfe de Gascogne qu'ils veuillent entrer ils doivent prendre connaissance de Belle-Ile. Elle protége efficacement l'approvisionnement des arsenaux maritimes de Brest et de Lorient et leurs communications avec Rochefort. Aussi dès que Louis XIV, le roi aux grandes pensées, l'eût retirée des mains du sur-intendant Fouquet, il envoya le maréchal de Vauban pour la fortifier, et Napoléon, de 1808 à 1810, dépensa 1,063,000 fr. pour continuer les projets de l'illustre ingénieur. Depuis Louis XIV jusqu'au ministère du maréchal Gouvion-Saint-Cyr, Belle-Ile a toujours été commandée par des officiers généraux. Elle formait autrefois un des trois grands gouvernements qui dépendaient du gouvernement général de la Bretagne et qui exigeaient résidence. Elle fut décrétée place de guerre de première classe par la loi du 10 juillet 1791 : maintenue à ce rang par ordonnance du 1er août 1821, classée place de première importance par décision ministérielle du 17 juillet 1845. Sa garde, est en effet, d'autant plus importante qu'elle ne peut être attaquée que lorsque l'ennemi a la supériorité maritime, qu'alors il serait difficile de la secourir et presque impossible de la reprendre.

DESCRIPTION TOPOGRAPHIQUE.

Nous ne pouvons mieux commencer ce chapitre que par un extrait du mémoire du maréchal de Vauban du 19 février 1689. Malgré l'esprit de dénigrement peut-être exagéré qui l'a inspiré, il fait à peu près connaître la topographie de l'île vers la fin du XVIIe siècle :

« La vanité des premiers seigneurs de Belle-Ile, dit M. de
» Vauban, n'ayant pas trouvé de quoi se satisfaire de la possession
» pure et simple d'une île qui a passé ci-devant pour une petite
» souveraineté, il a fallu pour la contenter exagérer sur les noms
» des parties remarquables qui méritent distinction, et en inventer
» de plus magnifiques que ceux dont on a coutume de se servir.
» C'est pourquoi, n'ayant pu qualifier sa principale habitation du
» nom de ville, parce qu'elle est fort éloignée de l'être, on l'a
» nommée le bourg du Palais, bien qu'il n'y en ait jamais eu
» d'autre que le logement du gouverneur, qui est des plus simples
» et mal construits du royaume : bourg ! les trois autres pa-
» roisses en dépendant, où il n'y a pas plus de sept ou huit mé-
» chantes maisons autour de chaque clocher ; village ! toutes les
» métairies de l'île où il n'y a le plus souvent qu'un ménage ; forêt !
» un espace de terre dans le milieu de l'île où il ne croit que des

» landes, et où l'on n'a jamais vu un arbre si gros que le doigt,
» pas même un buisson ; enfin, ports ! tous les endroits par où l'on
» pourrait aborder l'île, qui, hors ceux du Palais et de Sauzon,
» ne sont que de mauvais petits échouages de sables, dans la
» plus grande partie desquels les chaloupes n'osent entrer que par
» des calmes bien assurés. J'ai fait la visite de tous ces lieux,
» et même revu les principaux, par terre et par mer, deux ou
» trois fois, ce dernier voyage ; je pourrais même dire à pied, quoi-
» qu'il y ait onze lieues. »

Au milieu du XVIIIe siècle, on trouve quelques indications topographiques dans le beau mémoire par lequel M. d'Alion démontra au roi la nécessité et l'utilité, dans son intérêt comme dans celui des habitants, de changer la ferme du domaine de Belle-Ile en afféagements individuels. Ainsi, il nous apprend qu'en 1752 il y avait 123 villages habités par 375 familles de colons laboureurs. Leurs chaumières étaient si mal construites, que la durée n'était pas évaluée à plus de quarante ans. L'entretien de tous les villages coûtait annuellement au roi 6150 francs. Les terres avaient été anciennement partagées en 262 exploitations affermées à autant de colons primitifs ; mais ces fermes étant héréditaires dans les familles, par une sorte de tacite reconduction, on les subdivisait entre les cohéritiers, ce qui nécessitait des défrichements. On pourrait donc considérer la différence entre le nombre des 262 exploitations primitives et les 375 qui existaient en 1752, comme représentant les défrichements amenés par l'accroissement de la population rurale. On sait que les ducs de Retz bâtirent plusieurs villages et introduisirent dans l'île des familles françaises de bourgeois et de cultivateurs. Il est probable qu'ils établirent le partage des terres entre 262 colons. La population rurale et la propriété de l'île auraient donc augmenté de plus d'un tiers de 1575 à 1752, en 177 ans. Selon M. d'Alion, l'étendue des terres labourables avait été antérieurement plus considérable qu'elle n'était alors. On remarquera que presque toutes les landes de la Bretagne conservent encore des traces de culture dont les sillons sont toujours visibles. Il y a donc eu une époque où la population était beaucoup plus considérable qu'elle n'est même en 1847. Pour Belle-Ile, cette époque d'une plus nombreuse population serait-elle antérieure aux brigandages des pirates Saintongeois du xvie siècle, aux ravages des Normands du xe siècle ? Serait-elle contemporaine ou antérieure à la conquête des Romains ? Je ne me hasarderai pas à le décider, me bornant à affirmer qu'à Belle-Ile, comme dans le reste de la Bretagne, les terres cultivées ont été plus étendues qu'elles ne le sont aujourd'hui, et que par conséquent, la population devait être plus considérable. Il est, ce me semble, présumable, qu'il y a eu autrefois un grand centre de population, une ville dans l'île de la *grande ville* (enez er guervuer) (1).

L'auteur des Mémoires de 1787 nous donne un aperçu des édifices servant à l'habitation vers la fin du xviiie siècle. On y reconnaîtra l'esprit de dénigrement exagéré du mémoire de Vauban.

« Des quatre chefs-lieux des paroisses, dit-il, le Palais est celui
» dont les maisons approchent plus des maisons et des bourgs du
» continent, encore qu'elles soient très-vilaines, très-petites et
» peu commodes. Celles des trois autres villages ne sont que
» des chaumières dont les murs sont faits de mortier de terre.
» Tous les hameaux dépendant des paroisses sont bâtis de même,
» à l'exception de quelques maisons habitées par les Acadiens,
» qui ont été construites aux frais du roi depuis le siége de 1761,
» avec un peu plus de propreté et de solidité, et couvertes en
» ardoises ! »

Ce dénigrement est trop général pour être vrai. Il y avait dans la ville du Palais plusieurs maisons comparables aux belles maisons des petites villes du continent : celles de M. Aubert, de M. Ducros, de M. de Taille, appartenant aujourd'hui à M. Courregeault, à Mme de Launay, à M. Barciet, celles de M. de Tremereuc et de M. de Luclos, de M. Galen, appartenant à Mme Loréal-Baudron, à M. Trochu, à M. Gelly. Les deux maisons de M. Bigarré qui

---

(1) Il ne faut pourtant pas trop presser l'induction tirée de l'étendue des terres labourables pour conclure la population. Cette étendue a un rapport direct avec le genre d'assolement, de même que le plus ou le moins de consommation des céréales se complique de la pénurie ou de l'abondance des autres aliments et même de l'état de perfection de la mouture et de la boulangerie.

appartiennent l'une à Mme Goujon, son arrière petite-fille, et l'autre à Mme Mérimbert ; la maison de M. Kermarquer, celle de M. Lamy ont peu changé depuis 1787 et sont de belles et bonnes maisons. Dans la campagne, puisqu'il exceptait les maisons des Acadiens, il n'aurait pas dû oublier le Potager et Craffort, qui seraient de jolies habitations par toute la France. Le pavillon Fouquet, la Vigne, Bruté, Keroyan, dite la maison du Diable, n'étaient pas des chaumières en 1787. Il n'y a jamais eu de mémoire d'homme de maisons couvertes en paille dans la ville du Palais. J'en ai vu à Vannes ; on en voyait trois dans la ville de Lorient il y a moins de dix ans. Il en existe toujours beaucoup à Auray et à Hennebon. Mais en faisant la part de l'exagération, j'admettrai cependant qu'en général, les Bellilois devaient être mal logés en 1787, inconvénient trop commun en Bretagne pour en faire un reproche exclusif à une seule localité.

Il y avait eu peu de progrès jusqu'en 1814, quoique l'île eût été occupée pendant la guerre par une nombreuse garnison qui avait nécessité une énorme circulation de numéraire, ainsi que les travaux des fortifications du Sud de la ville et ceux des deux môles du port ; quoique six cents habitants fussent soldés canonniers-garde-côtes, ou peut-être parce qu'ils l'étaient. Le nombre des maisons couvertes en ardoises dans la campagne ne s'était accru que de deux, ayant une chambre haute, et situées l'une à Martha et l'autre à Mérézel. Il n'y en avait que trois dans le bourg de Locmaria, y compris celles du curé et du vicaire ; trois à Bangor et cinq ou six dans le bourg de Sauzon. La paix ne tarda pas à réaliser ses progrès en rendant à l'agriculture les six cents garde-côtes, et à la navigation six cents marins prisonniers en Angleterre. Ces douze cents travailleurs actifs et intelligents donnèrent bientôt à l'île sa petite part dans l'incontestable prospérité que la France doit à l'époque de la Restauration. Le prix du fret fut cependant réduit à un dixième de ce qu'il était sous l'Empire, de 160 et 180 fr. à 12, à 16 et à 20 fr. ; mais la navigation prit des développements et de l'activité. La pêche de la sardine, rétablie dès 1816, se soutint entre les bonnes et les mauvaises années, donnant pendant cinq mois de l'occupation à cinq ou six cents familles. La caisse des invalides donna des pensions modiques, mais plus régulières et plus productives que les parts de prises. La garnison fut diminuée des deux tiers ; il y eut peu de travaux publics, et cependant il y eut plus d'aisance et de prospérité. Le prix du blé, des chevaux et du bétail ayant augmenté depuis 1821, la valeur des terres fut plus que triplée ; par conséquent, il y eut des défrichements de landes, et les terres étant mieux cultivées, l'exportation des céréales augmenta. L'aisance s'est fait voir dans le grand nombre de jardins qui entourent la ville, où, depuis 1814, une centaine de maisons ont été bâties, rebâties ou agrandies. Plus de cinquante ont maintenant deux étages au-dessus du rez-de-chaussée ; toutes, sans exception, sont enduites et proprement badigeonnées à l'extérieur ; beaucoup sont boisées, peintes et tapissées à l'intérieur ; les rues sont bien pavées, nétoyées chaque jour, éclairées de douze reverbères ; il y a peu, s'il y en a en Bretagne, de petites villes de deux à quatre mille âmes aussi jolies que le Palais, avec sa rue plantée de beaux ormeaux, et les promenades qui l'entourent de plusieurs milliers d'ormeaux.

Les trois autres chefs-lieux se sont embellis en prenant de l'accroissement, surtout ceux de Sauzon et de Bangor ; mais l'aspect de la campagne s'est particulièrement amélioré, s'il n'a été construit que deux jolies habitations de maîtres, à Kersallio et à Souverain, il a été construit et réparé beaucoup de fermes ; presque toutes les habitations rurales de l'île ont été recouvertes en ardoises depuis la paix. A peine dans les plus gros villages reste-t-il deux ou trois chaumières. Les maisons sont plus élevées, enduites à l'intérieur en mortier de chaux, crépies ou jointoyées à l'extérieur, divisées généralement en deux chambres, l'une servant de cuisine et de salle à manger, ayant de plus un ou deux lits, l'autre servant de chambre à coucher ayant quatre lits. Il y en a de planchéiées. Toutes devraient être préservées de l'humidité par un béton de chaux hydraulique qui les assainirait, car la plupart des maladies qui affligent les habitants des campagnes proviennent de l'humidité de leurs habitations et du défaut d'espace. Elles ont deux portes et des fenêtres garnies de vitres ; mais la nuit, toutes les ouvertures étant fermées, il n'y a pas suffisamment d'air pour la respiration de tant de personnes. Quatre personnes au moins, assez souvent huit et quelquefois plus, entassées dans deux petites chambres, beaucoup trop basses d'étage. Il s'en faut que chaque personne ait 20 mètres cube d'air que le réglement militaire accorde à un soldat dans la caserne, et dont jouit même le prisonnier. Il y aurait de l'inconvénient à élever l'étage à plus de sept pieds à cause du danger du vent; mais les chambres pourraient être plus étendues en longueur et en largeur. Cependant, l'amélioration est énorme depuis trente ans. Autrefois, il y avait souvent une seule chambre habitée par deux familles faisant successivement la cuisine au même foyer, et ne vivant pas toujours en bonne intelligence. Les maisons n'avaient qu'une lucarne, fermée d'un volet de bois au milieu duquel il n'y avait qu'une très-petite vitre. Nous avons encore vu une maison au village du Coti en Locmaria, qui n'était éclairée que par la porte et par une vaste cheminée renfermant deux bancs sur lesquels les femmes s'asséyaient pour travailler au grand jour tombant d'en haut.

Malheureusement, le remarquable accroissement de confortable dans les campagnes n'est pas toujours en rapport avec l'aisance. La mode, la vanité, la jalousie, la passion excessive de l'égalité trop générale, à Belle-Ile, entraînent beaucoup de petits propriétaires cultivateurs à dépasser les limites de la prudence. Un assez grand nombre pour renouveler ou accroître leur mobilier, rebâtir ou embellir leurs maisons, contractent des dettes qui menacent la solidité de l'édifice, qui entraîneront tôt ou tard la ruine de bien des fortunes. Déjà des maisons toutes neuves et même des terres ont changé de maîtres. La propriété rurale est menacée d'une catastrophe plus ou moins prochaine, mais désormais inévitable, qui réduira une partie trop nombreuse des propriétaires cultivateurs à l'état de simples colons dont ils sortirent par l'afféagement général, il y a quatre-vingts ans. Ce serait un grand malheur pour tant de familles estimables et dignes d'intérêt. Où est le remède? Nous l'ignorons. Voici la démonstration trop claire du mal.

L'hypothèque résulte principalement à Belle-Ile des obligations et des mutations immobilières. Pendant les dix années de 1836 à à 1846, le droit d'obligation emportant hypothèque s'est élevé au chiffre de 11,753 francs 40 centimes, ce qui suppose une dette de................................ F. 1,175,340 »

Les droits de quittance ont été de 3282 fr. 75 centimes représentant un capital actif de................... F. 164,137 50

En supposant que les mains levées pures et simples enlèvent au droit de quittance les deux tiers des libérations, le capital libéré sous quittance serait de...................   328,275 »   492,412 50

Déduction faite de l'actif, le passif resterait de................................. F. 682,917 50

Quant aux ventes immobilières, il faut remarquer que leur prix moyen ne s'élève pas au-delà de 4 à 500 fr., qu'elles ne sont presque jamais transcrites, et que même il n'est pris que très-rarement inscription pour la sûreté du prix, que souvent les contrats quittancés sont soldés en obligations chirographaires. En évaluant les libérations par mains-levées aux deux tiers, je suis au-dessus de la vérité ; je resterai bien au-dessous en évaluant les autres inscriptions subsistantes à..   117,082 50

La propriété foncière serait donc grévée de................................ F.   800,000 »

D'une part, le passif est de............   800,000 »

La contribution foncière de 25,585 fr. 70 c., pour 1847, étant un revenu net, doit être capitalisée au denier trente, ci..............   767,571 »

A reporter...... F. 2,367,571 »

Report......	F. 2,367,571 »
Je ne tiens pas compte de la contribution des portes et fenêtres, acquittée à Belle-Ile par les propriétaires. Il n'y a pas d'exagération à porter les dettes simples, verbales ou chirographaires, chez les notaires, les boulangers et marchands à..................	32,429 »
La propriété de l'île serait donc grévée au moins de.........................	F. 1,600,000 »

Je ne serais pas étonné que le capital de la dette dépassât deux millions. Le revenu cadastral ne s'élève qu'à 145,964 fr.; comme c'est un revenu brut, on ne devrait le capitaliser qu'au denier vingt. A cause des atténuations, je le capitaliserai au denier trente, ce qui donnera 4,378,920 fr.. J'admettrai même 4,500,000 fr. pour la valeur totale foncière de l'île, en observant que le cadastre a beaucoup exagéré le chiffre d'atténuation en le portant à 1 fr. 70 c., ce qui donne pour revenu réel le chiffre mensonger de 248,138 fr. 81 c., et pour capital au denier vingt, 4,562,776 fr. 20 c., approchant de la somme que j'obtiens en forçant le multiplicateur. Il en résultera toujours que la dette serait de moins d'un tiers, ou de plus d'un quart de la valeur totale et réelle (de 2,8125 à 2,851 735). Elle est supportée presque en entier par la propriété rurale. Il n'y a peut-être pas un canton dans le royaume où les laboureurs soient chargés d'une aussi énorme dette, et ce qu'il y a d'étonnant, tous sont propriétaires. On ne peut leur reprocher les vices ruineux des autres Bretons. Ils sont d'une grande sobriété : l'ivrognerie est assez rare. En faisant une large part à l'insouciante imprévoyance avec laquelle ils dépensent l'excédant des produits des bonnes années, sans en rien réserver pour subvenir aux mauvaises récoltes, ce qui les conduit à contracter des dettes même pour leur subsistance, et trop souvent à engager leur blé à *prix fixe*, deux ou trois mois avant la récolte en tenant compte des dettes contractées à cause du luxe peut-être excessif des vêtements, et aussi à cause des dépenses, pour l'embellissement des habitations, on serait encore bien loin de connaître toutes les causes de ruines. Il faut y joindre la désastreuse monomanie dont les cultivateurs ont été saisis depuis douze ou quinze ans, de brocanter leurs terres ; achats, ventes, reventes, échanges, se résument en contrats très-onéreux et en emprunts. Sur cent acquêts, plus de quatre-vingt-quinze se soldent au moins en partie par un emprunt. Nous avons vu l'acquisition d'une métairie nécessiter treize contrats notariés, l'acquéreur ayant vendu ses terres de patrimoines à des voisins qui, pour les acheter, vendaient aussi les leurs à d'autres, obligés aussi de vendre pour acheter, et tous empruntaient. Un laboureur, déjà endetté, achetera, au moyen d'emprunts, une métairie de 7 ou 8000 francs, sans avoir peut-être 50 francs disponibles. Un pareil désordre conduit infailliblement à la ruine ; mais toutes les causes de ruine que j'ai énumérées sont modernes, et l'état de gêne et de misère des laboureurs Bellilois étant ancien, il faut l'attribuer en grande partie à une cause pour ainsi dire séculaire, supérieure au peu de prévoyance dont les Bellilois sont doués. Les ravages des Normands aux IXe et Xe siècles, les brigandages des pirates de la Saintonge et du Poitou aux XIIIe, XIVe et XVe siècles, étaient aussi accidentels, de même que les invasions des Anglais, des Espagnols et des Hollandais. Au moyen d'une bonne garnison et d'une forteresse, les ducs de Retz surent défendre les Bellilois contre les ennemis, mais ils ne purent préserver les laboureurs de la gêne et de la misère, non plus que les Fouquet, leurs successeurs. Ce n'était donc pas par l'effet des brigandages des pirates et des invasions de l'ennemi que les bénédictins ne retiraient pas plus de 2000 francs de rentes annuelles de leur domaine de Belle-Ile. C'est pourtant ce que dit dom Hyacinthe Morice dans sa lettre du 15 juin 1748 au père Le Gallen, et dans le premier volume de son *Histoire de Bretagne*, page 998. On sait que les seigneurs de la maison de Gondi furent animés de sentiments de bienveillance et de générosité pour les colons ; mais les mémoires contemporains nous ont transmis les sacrifices et remises faites par MM. Fouquet. Les seigneurs de Belle-Ile étaient propriétaires des cent vingt-trois villages et généralement de toutes les terres et héritages de Belle-Ile ; les laboureurs n'étaient que leurs fermiers tenanciers, obligés uniquement de travailler pour le revenu de la seigneurie. Les habitants non laboureurs acquittaient une petite redevance en argent pour l'emplacement de leurs maisons; il y avait en outre dans chaque commune quelques terres censives concédées très-anciennement. Tout ce magnifique domaine ne produisait pas chaque année les 15,000 francs de rentes auxquelles il était évalué. Je ferai connaître le prix du bail consenti le 30 janvier 1686, A son expiration, le 31 décembre 1694, les colons redevaient 1630 fr. en argent, 126 tonneaux 6 perrées de froment (2532 hectolitres), et 603 tonneaux 4 perrées d'avoine (12,068 hectolitres). Par le bail du 10 janvier 1695, ils redevaient au 31 décembre 1703, en argent, 1320 fr. ; en froment, 182 tonneaux 3 perrées (3646 hectolitres), et 755 tonneaux 2 perrées trois-quarts d'avoine (17,105 hectolitres). Cette même année, M. le comte de Belle-Ile leur en fit la remise gratuite, ainsi que tout ce qu'ils redevaient en froment sur les baux précédents. Lorsque Belle-Ile passa dans le domaine du roi, en 1719, la misère ne diminua point. Je lis dans le mémoire de M. d'Alion qu'en 1752 ils redevaient déjà sur les années précédentes 5000 perrées de froment (10,000 hectolitres) et presque toutes les rentes en avoine. Cependant, le montant du prix des fermes n'égalait pas le total actuel (1847) de la seule contribution foncière, comme on le verra dans la comparaison que j'en fais d'après le mémoire de M. d'Alion.

A quoi il faut ajouter la dîme payée au clergé à la vingt-cinquième gerbe, sur les céréales, froment, orge, avoine. Les pommes de terre étant exemptes, et les défrichements n'étant assujettis qu'après la quatorzième année, y compris le casuel, le revenu des quatre recteurs était évalué à 13,000 fr., sur lesquels ils payaient 1500 fr. aux cinq vicaires. En évaluant le casuel à 3000 fr., la dîme aurait coûté à la propriété 10,000 fr., mais elle ne fut établie qu'en 17... Jusqu'alors, les cultivateurs ne payaient qu'un demi-hectolitre par homme marié.

PAROISSES.	FROMENT à 12 f. la Perrée	AVOINE à 4 fr. la Perrée	AGNEAUX à fr. 50 c.	TOISON à fr. 40 c.	POULETS à fr. 25 c.	RENTES en ARGENT.	RENTES CENSIVES.	TOTAL par PAROISSE.
						f. c.	f. c.	f. c.
Le Palais.....	400	150	28	60	55	170 25	75 85	5,698 10
Locmaria.....	470	304	33	74	66	205 35	18 30	7,129 25
Bangor.......	378	200	36	61	72	259 70	17 20	5,691 30
Sauzon.......	360	120	26	37	58	170 90	18 55	5,031 75
	1608							23,550 40
Au clergé de l'île.	92	»	»	»	»	»	»	1,104 »
Totaux...	1700	771	123	252	252	806 25	129 90	24,654 40

Au xe siècle, Belle-Ile fut ravagée par les hommes du Nord qui la dépeuplèrent. Elle fut pendant..... siècles exposée aux brigandages des pirates de la Saintonge et du Poitou, et dans le siècle suivant, aux invasions des Hollandais, des Espagnols, et les Anglais s'y retranchaient pour intercepter le commerce maritime. Ce sont des causes accidentelles et passagères de ruine. Dom, Hyacinthe Maurice se trompe dans sa lettre au père Legallen, du 15 juin 1748, en leur attribuant le peu de revenu que l'abbaye de Quimperlé retirait de la possession de Belle-Ile. Il répète, tome 1er, page 999 de l'*Histoire de Bretagne* : « Les bénédictins de Quim-
» perlé ne retiraient pas plus de 2000 fr. de rentes du domaine de
» Belle-Ile, à cause des ravages des pirates et des invasions des
» ennemis de l'état. » Cette cause-là n'agissait pas seule, car elle cessa dès que l'île fut gardée par une petite forteresse et par une petite garnison ; mais si la puissante maison de Gondi réussit à garantir des pirateries les laboureurs Bellilois, elle ne put les préserver de la gêne. Il est même présumable que cette gêne contribua à la ruine du dernier duc de Retz. Il fit de grandes dépenses à Belle-Ile. Il y eut amélioration dans l'agriculture des défrichements ; la population augmenta, mais la gêne persévéra même sous la maison de Fouquet qui fit d'immenses sacrifices en travaux publics, encouragements à l'agriculture, développements du commerce, création de l'industrie. Malgré les généreux efforts des seigneurs propriétaires de l'île, les laboureurs continuèrent d'être dans la gêne et la misère. Cependant, leur condition était plus favorable que celle de la plupart des laboureurs du royaume. Seuls dans toute la France, et peut-être en Europe, ils ne payaient point la dîme de leurs récoltes, les quatre recteurs et les quatre vicaires prélevaient ensemble deux huitièmes de perrée de froment de chaque laboureur marié, par une sorte d'abonnement qui semble remonter aux ducs de Retz. Le nombre des chefs de famille n'étant, en 1766, que de 375, ne pouvait être plus considérable en 1686, en les supposant tous mariés, la redevance qui tenait lieu de dîme ne s'élevait qu'à 184 perrées, soit 368 hectolitres. Le fermage devait être bien modéré, puisqu'en 1752, M. d'Alion n'évaluait les redevances de toute espèce qu'à 23,550 fr. 40 c. Par

une concession qui remontait jusqu'au roi François Ier, les Bellilois avaient été exemptés du paiement de tous les impôts du roi
et de la province. Charles IX et Henri III étendirent ce privilége en
faveur du premier duc de Retz, Albert de Gondi, leur favori.
Louis XIII et Louis XIV donnèrent des lettres patentes de con-
firmation du privilége qui ne fut supprimé que vers les dernières
et malheureuses années du règne de Louis XV. Les Bellilois jouissaient au XVIIe siècle du privilége de la franchise dans toute son
étendue.

Cependant, au 31 décembre 1694, à l'expiration du bail consenti le 30 janvier 1686, les colons redevaient sur leur fermage,
1630 fr. en argent, 126 tonneaux et 6 perrées de froment (2532
hectolitres), et 603 tonneaux 4 perrées d'avoine (12,068 hectolitres). Au 31 décembre 1703, fin du bail du 10 janvier 1695,
ils redevaient 1320 fr. en argent, 182 tonneaux 3 perrées de froment (3646 hectolitres), et 755 tonneaux 2 perrées trois quarts
d'avoine (17,105 hectolitres). Cette même année, M. le comte
de Belle-Ile, leur en fit la remise, ainsi que de tout ce qu'ils redevaient en froment sur les baux antérieurs.

Lorsque par l'échange de 1719, Belle-Ile eut passé dans le
domaine du roi, la gêne des laboureurs dut s'aggraver ; à l'administration paternelle des seigneurs de Retz et de Fouquet, le fisc
royal substitua sa sévère exactitude, les fermiers et sous-fermiers
généraux, presque toujours en perte sur leurs baux, employaient
nécessairement des moyens de rigueur pour assurer leurs intérêts
compromis. Sur son bail, en 1737, Ferrier redevait beaucoup
soit aux fermiers généraux, soit au roi. Selon M. d'Alion, le bail
de la Plaine fut encore plus désavantageux ; la commune de ses
six années ne dépassa pas 28,000 fr. Le bail de Duval, regardé
comme le plus favorable, compta une année où le revenu ne s'é-
leva qu'à 10,994 fr. et une autre où il fut de 20,079 fr.

Dans son mémoire sur l'afféagement, M. d'Alion, régisseur
du domaine, et commissaire des guerres, nous apprend qu'en

1752, les colons redevaient 5000 perrées de froment et presque toutes leurs rentes en avoines. Ils en obtinrent la remise. Dès 1758, le registre du domaine contient la mention qu'au 30 octobre, les colons déclarèrent refuser de payer leurs rentes sur le pied actuel, prétendant qu'ils étaient trop surchargés et que le roi devait leur faire une diminution. M. Lartois Desbrieux était fermier général. En indemnisant les fermiers généraux de leurs pertes, le roi faisait des remises aux laboureurs Bellilois comme avaient fait les anciens seigneurs, conduite, dit le mémoire de 1789, qu'avaient imitée MM. des Etats de Bretagne. En septembre 1763, la province fit venir de Carnac et de Guidel 264 perrées de froment, 105 perrées d'avoine et 66 perrées d'orge. Il fut prêté aux laboureurs pour la semence 221 perrées 1 quart de froment, 68 perrées et demi d'orge, 99 perrées et demi d'avoine. Ces céréales rentrées sur la récolte de 1764, furent reprêtées pour la semence de 1765. Ces sortes d'avance se répétaient fréquemment, avant et depuis l'afféagement. On en trouve la mention sur les registres du domaine.

« C'est à l'heureuse époque de l'afféagement, dit l'auteur du
» mémoire de 1789, que l'on peut fixer le bonheur et la tran-
» quillité des habitants de cette île. Il y a lieu d'espérer qu'elle
» amènera un jour l'agriculture au plus haut point de perfection
» dont elle est susceptible. » Nous sommes encore fort éloignés de cette perfection en 1847, mais l'afféagement n'en fut pas moins une immense amélioration pour toute la population de l'île.

Les Etats de Bretagne accordèrent aux afféagistes la jouissance gratuite de cinq années, depuis 1764 jusqu'à 1768, première année où commençait le paiement de la redevance. Le 30 octobre, les colons du domaine refusèrent de payer leur rente, prétendant qu'ils étaient surchargés et que le roi devait leur faire une diminution. Elle eut probablement lieu, car le mémoire de 1787 assure que la redevance ne commença à être acquittée qu'en 1769; M. Lartois Desbrieux était fermier général.

État du Domaine de Belle-Ile, dressé en 1752, par M. d'Alion,

Approximatif pour l'étendue des Terres, Officiel pour la quotité des Redevances.

PAROISSE.	TERRES.					TOTAL	REDEVANCES.					
	Labourab.	Landes.	Communs.	Pâtures.	Prés.		Froment.	Avoine.	Argent.	Agneaux.	Toisons.	Poulets.
	JOURN.						PERRÉE.	PERRÉE.	F. C.			
Le Palais...	1429	274	55	168	52	1978	400	150	170 28	28	60	56
Locmaria...	1494	167	»	103	49	1813	470	501	205 55	53	74	66
Bangor.....	2111	415	»	370	37	2933	373	200	259 75	56	61	72
Sauzon.....	1252	65	273	57	24	1671	360	120	170 92	26	57	58
TOTAUX...	6286	921	328	718	142	8395	1603	771	806 50	163	252	252

Montant total de la redevance évaluée en argent, au cours de 1752.......................... F. 23,550 40 c.

Ce tableau de la contenance de l'île ayant été dressé d'après les déclarations faites par les colons de l'étendue de leurs fermes est beaucoup plus éloigné de la vérité que le procès-verbal d'échange, du 29 mars 1719.

Selon une vieille tradition, l'arrentement primitif aurait été fait à raison d'un huitième de perrée de froment par journal : les 1608 perrées auraient représenté 12,864 journaux. Les autres prestations auraient été ajoutées postérieurement.

Rentes censives ; Le Palais, 75 fr. 85 cent ; Bangor, 17 fr. 20 ; Locmaria, 18 fr. 30 cent. ; Sauzon, 18 fr. 55 cent. total 129 fr. 90 cent. (en 1783).

Décompte du Produit du Domaine de Belle-Ile, en 1752. — Redevances en nature, Prix moyen de chaque Denrée et Valeur totale du Domaine.

1608 perrées de froment, à 12 fr. l'une, prix reduit plutôt que moyen ci..................... F.	18,296	»
771 perrées avoines, à 4 fr. prix réduit.....	3,084	»
Redevance des moulins, 245 perrées de froment, à 12 fr......................	2,940	»
123 agneaux à 50 cent. par tête..........	61	50
252 toisons, à 40 centimes, l'une ci.......	100	80
252 poulets, à 50 centimes le couple......	63	»
Deniers certains, rentes en argent.........	806	30
Rentes censives......	117	85
Maison de la seigneurie, pour mémoire, occupée par le régisseur....................		
Maison du potager et dépendances, mémoire, occupée par M. le gouverneur.............		
A reporter....... F.	25,469	45

Report......	F. 25,469 45
Maison du pavillon Fouquet, mémoire, n'a jamais été louée, à cause de l'éloignement.....	
Les fours banneaux, les voûtes de la seigneurie, les cabanes.....................	1,250 »
Rentes en argent, deniers certains........	» »
TOTAL du net produit.........	F. 26,719 45

Dépenses, entretien des 123 villages, à 50 fr. l'un......	F. 6,150 »	
Des moulins, fours banaux, bâtiments civils..........	3,000 »	9,150 »
Le revenu actuel, en 1752 était de..................		F. 17,569 45

Les pensions des quatre recteurs, 764 fr., la fondation d'une mission, par an, 250 fr. de Madame Fouquet, à la charge du fermier, entrait en considération dans le prix du bail. Les gages du sénéchal, 300 fr. du procureur du roi, 200 fr., ci-devant à la charge des seigneurs, ont été supprimés par le roi.

Appréciation, par M. d'Alion, en 1752, du Revenu présumé du Domaine de Belle-Ile, par l'afféagement proposé.

NATURE DES BIENS DU DOMAINE DE BELLE-ILE.	REDEVANCES ÉVALUÉES.	
	F.	C.
6286 journaux, à 3 fr. 50 cent le journal labourable........................	22,001	»
Sept moulins, estimés de revenu brut 2,940 fr., revenu net......	1,400	»
A reporter........	23,401	»

NATURE DES BIENS DU DOMAINE DE BELLE-ILE.	REDEVANCES ÉVALUÉES.	
	F.	C.
Report........	23,401	»
Les deux fours banaux dans la même maison.	400	»
Deux cabanes au quartier du Sable.......	200	»
Une maison, occupée par le régisseur (aujourd'hui la manutention).........	200	»
Magasin séparé de ladite maison, destiné aux avoines.....................	150	»
Autre magasin près l'église, attenant à la sénéchaussée...................	150	»
Le potager et dépendances, non affermé, à affermer.......................	150	»
Pavillon Fouquet, non affermé, pourrait peut-être.......................	60	»
Rentes censives.....................	117	85
TOTAL de l'estimation du revenu présumé..	24,828	85
Le revenu actuel du domaine ne monte qu'à.	17,569	45
Le bénéfice au compte du roi serait de....	7,259	40

M. d'Alion ne donnait le nombre de 6286 journaux labourables que comme une approximation que le cadastre devait rectifier. L'arpentage le porta à 8,510 journaux, 26 cordes, 20 perrées, qui furent arrentés à un boisseau ou un huit de perrée, les landes, prés, pâtures furent exempts, comme dans son projet.

— 27 —

État des Concessions faites à Belle-Ile-en-Mer

Par MM. l'abbé de Brilhac, Le Provost, chevalier de La Voltais, et Hervagault, conseiller au présidial de Rennes, commissaires des États de Bretagne, de 1766 à 1769, et par M. Bigarré, subdélégué, en 1771.

PAROISSES.	FAMILLES D'ANCIENS COLONS.	FAMILLES D'ACADIENS.	FAMILLES DE JOURNALIERS.	TOTAL DES AFFEAGEMENTS.	TERRES labourables.			PRAIRIES.			PATURES.			LANDES.			TOTAL des TERRES.			REDEVANCES	
																				En blé par Boisseau ou 1/8ᵉ Perrée.	en Argent.
					J.	C.	P.	J.	C.	P.	J.	C.	P.	J.	C.	P.	J.	C.	P	B. G.	E. C.
Le Palais...	97	12	15	124	1757	16	2	80	55	5	225	19	4	485	38	21	2538	49	12	1756 5 1/2	5 05
Bangor......	99	31	62	192	2558	6	9	78	47	6	253	10	15	659	69	12	3548	36	3	2572 4 1/2	15 35
Sauzon......	77	20	9	106	1912	45		60	30	22	215	24	8	634	25	2	2822	45	22	1915 6	27 80
Locmaria....	102	15	22	139	2283	39	9	112	60	21	259	55	17	525	4	2	3180	20	7	2298 6 1/8	9 30
TOTAUX...	375	78	108	561	8510	26	20	330	24	6	953	29	20	2304	37	13	12089	70	18	8541 6 1/8	57 50

Décompte du Produit du Domaine de Belle-Ile, en 1787, extrait du Mémoire d'un Officier du Génie et des anciens Registres du Domaine.

Les afféagistes payent en froment 8,541 boisseaux deux tiers : le prix du blé a varié, il était, en 1734 à 14 fr. ; en 1755 à 13 fr. 50 cent., et 1756 à 14 fr. 50 cent., et à 19 fr. ; en 1764 à 16 fr. ; en en 1766 à 22 fr. ; l'orge 10 fr. ; l'avoine 12 fr. ; en 1767 à 20 fr., 1768 à 20 fr., en 1769 à 26 fr., en 1770 à 26 fr. 50 cent., en 1771 à 26 fr., en 1772 31 fr. 45 cent., en 1773 à 32 fr. 35 cent., avant la récolte, en octobre à 25 fr. ; 1774 à 20 fr. 17 cent., 1775 à 28 fr. 17 cent., 1778 à 22 fr. La redevance est évaluée au prix de 24 fr. 8,541 boisseaux deux tiers à 3 fr. l'un, ci..... F. 25,681 »

Les moulins étaient affermés tous les neuf ans et variaient de prix. Bail de 1772 à 1781. Moulin des glacis de Roserière, 40 perrées de froment, de Porhullan, 48 perrées un quart, Borvreau, 25 perrées, Bourhic, 25 perrées, Gouc'h, 30 perrées un quart, de la Lande, 32 perrées, de Kerlédan, 34 perrées, Logonet, 31 perrées un quart. Chaque meunier devait à Noël 2 chapons gras, portés en compte à 1 fr. le couple. Les meules devaient avoir 10 pouces d'épaisseur. A l'expiration du bail, le meunier payait 10 fr. par chaque pouce manquant. Le bail de 1781 à 1790 était de 271 perrées. L'année commune, évaluée à 240 perrées, à 24 fr. ci.. 5,760 »

(Avant 1772, les moulins de Porhallan et de Roserières, de 45 à 55 perrées ; de Borvrau, de 24 à 36 perrées ; de Bourhic, de 30 à 35 perrées ; Gouc'h, 48 perrées ; la Lande, de 42 à 44 perrées ; Logonet et Kerlédan, de 30 à 40 perrées et les 16 chapons.)

A reporter ..... F. 31,441 »

Report.....	F. 31,441	»

Cabanes, au quartier des Sables, 1re de 100 fr. à 120 fr., en 1792, 90 fr.

Id.   2me de 100 à 120 fr.   90 fr.

Trois presses, sous le magasin des avoines, 1re, de 40 fr. à 48 fr., 2e id., 3e id.

Quatre voûtes, donnant sur la rue des ormeaux, sous la maison de la seigneurie, les deux voûtes doubles, de 30 à 60 fr.; les deux simples de 30 à 40 fr.; cellier, sous les greniers derrière l'église, joignant la sénéchaussée, de 40 à 63 fr.; les deux fours banaux, affermés en 1765, 410 fr.; 1766, 450 fr.; 1768, 1,000 fr.; 1770, 700 fr.; les deux cabanes; les trois presses, les quatre voûtes, les deux fours, le cellier évalués en 1789, ci.............................. 2,300 »

Le potager avait été affermé à J. Jouannault et Yvonne Guillard, son épouse, 150 fr.; les gouverneurs ou commandants militaires en jouirent gratuitement jusqu'en 1776 que M. de Puget, lieutenant du roi, l'afferma 200 fr. il y mourut. Son successeur, M. de Béhague en 1783, paya aussi fermage de 200 fr. réduit à 120, ci.......................... 120 »

Le pavillon Fouquet et le terrain clos de mur appelé la Garenne.

La 22e mesure de sel introduit et le 13e vase de poterie introduit, affermé de 80 à 100 fr. en 1734, à 200 fr., en 1786, à 200 fr., en 1789, non renouvelé faute de soumissionnaire, ci.......................... 200 »

Le greffe était affermé de 1771 à 1779, à 75 fr., en 1786, affermé 225 fr., ci......... 225 »

Rentes censives et deniers certains en argent.   300 »

F. 34,586 »

3

NOMS DES VILLAGES CORRECTEMENT ÉCRITS, SUIVANT LEUR ÉTYMOLOGIE PROBABLE.

Commune du Palais.

Porthallan.
Nanscol.
Bortelo.
Begarros.
Mérézel (moulin et village).
Borfloc'h.
Portsalio (moulin et village).
Bordardoué.
Kerviniec.
Kerven.
Kaëspernn.
Borgwareguer.
Tinéué (la maison neuve).
Bordilia (Bord'iac'h).
Roz-Rozen (la vigne).
Le Beausoleil.
Le Potager.
Ti Roc'h.
Ros-Bocer.
Kerdenet (village et moulin).
Deléléé.
Antourho.
Truantguen.
Borduster.

Bruté.
Souverain (le moulin).
Ligniour.
Loctudi.
Kersablen.
Roserières.
Pavillon et moulin.
Bordren'eau.
Borstank.
Quinenek.
Andrestol.
Kerbelek.
Chubiguer.
Karvo.
Kergoret.

Anciennes Chapelles.

Loctudy.
Notre-Dame.
Saint-Sébastien.
St-Gérand ou St-Irech ou Direc.
Chapelle à la citadelle.

Commune de Bangor.

Martha.
Kerlann.
Er Warck.

Parlavan.
Kerguinolé.
Tirgallic.

Gouastenn.
Kerourdi.
Gouc'h (moulin).
Erlenn.
Borlagadek.
Kervarejonn.
Bortimoul.
Kalastrenn.
Borderouant.
Kerohen.
Bordenech.
Kerprad.
Kernest.
Kerguelen.
Kerel.
Bornord.
Bordelouet.
Domoie.
Radenek.

Anvag.
Kervilaouen.
Moulin de Bundaoul.
Berzos.
Wazen.
Donant.
Bedesk.
Cosquet.
Bordhaleguen.
Tin'ucé.
Bourdoulik.
Keriero.
Runelo.
Moulin de la lande.
Goiland.

Anciennes Chapelles.

Saint-Thomas.
Saint-Amand.
Saint-Guenolé.

Commune de Sauzon.

Kergostioc'h.
Kerzo.
Brennantek.
Locqueltas.
Bord'lou'h (Crafort).
Borgroès.
Lanno.
Kervelan.
Feunteuniou.
Keroyan.
Anterr.
Borméné.
Envor.

Kerledan.
Bordlann.
Borderunn.
Magorlec'h.
Kerguec'h.
Borcastel.
Borhedet.
Bortifaouen.
Daoubor'h.
Bord'terri.
Bordhenteturion.
Kerhuel.
Logonnek.

Chapelles.

Saint-Michel.
Saint-Benoist.
Saint-Gildas.

Sainte-Véronique.
Sainte-Scholastique.
Saint-Véron.
Saint-Jacques.

Commune de Locmaria.

La Métairie.
Borvran (et moulin.)
Por Kaoter.
Bornord.
Le Bourc'hic (et moulin).
Tiseveno.
Pouldon.
Grand'Kosket.
Bortero.
Borchudan.
Tiben.
Borsarazin.
Arnot.
Kervih.
Le Côti.
Kernejon.
Kerdavid.
Kerdalidek.
Kerroulep.
Borduro.
Samzun.
Coléti.

Bormenahic.
Kerouarh.
Kerdonis.
Magourik.
Borderhouat.
Kerzo.
Borderenn.
Borsarasin.
Maradenen.

Anciennes chapelles.

Saint-Michel.
Saint-Clément.
Saint-Laurent.
Saint-Guerech.
Saint-Samson.
Saint-Guenoel.
Sainte-Foy.
Saint-Marc.
Saint-David, qui a changé le nom du village de Kerdé en kerdavid.

CHRONOLOGIE DE L'HISTOIRE DE BELLE-ILE.

L'existence de Belle-Ile, comme île, est prouvée antérieure aux époques de la certitude historique ; l'existence de sa population n'est pas moins ancienne. Le grand nombre de monuments druidiques dont les traces ou le souvenir subsistent encore démontre que cette population était celtique. L'étude de la langue toujours usitée, et les enseignements de l'histoire nous apprennent qu'aux Celto-Kimrhus primitifs, se mêlèrent des Celto-Gaëls, vers le commencement du ve siècle ou vers la fin du siècle précédent ; qu'un certain nombre de familles françaises fut introduit au xvie siècle et quelques familles provençales au 17e siècle ; mais la masse de la population est Kimrhu et Gaël.

Cette ile devant nécessairement faire partie de la République des Vénètes, dut passer sous la domination romaine par suite de la victoire que Jules César remporta sur la confédération des cités armoricaines au printemps de l'année 696 de la fondation de Rome, 56 ans avant Jésus-Christ. Cette bataille, qui mit fin à l'antique puissance et à la nationalité des Vénètes, se donna dans la baie de Quiberon, entre l'embouchure de la Loire, les îles de Houat et d'Hédik et les côtes de Saint-Gildas, de Locmariaquer et de Carnac.

La présence des Romains à Belle-Ile est prouvée par quelques médailles qu'on y a trouvées, par un anneau d'or de chevalier et et par un vase en cuivre argenté présumés romains, et surtout par le nom et la fortification de la presqu'île du vieux château.

Le succès qu'obtint la révolte du tyran Maxime, mit fin à la domination romaine en Bretagne, dans l'année 383. Il avait été puissamment aidé dans son expédition par Conan Mériadec, prince d'Albanie, en Ecosse, qui lui avait amené une troupe de Celto-Gaëls, ses compatriotes. En récompense de ses services, Conan reçut de Maxime le gouvernement de l'Armorique, sous le titre de duc, ce qui supposait une vassalité ou dépendance de l'Empire ; mais les magistrats romains ayant été définitivement chassés, en 409, de l'Armorique, qui avait pris le nom de Bretagne, Conan

— 34 —

Mériadec en devint roi, après l'avoir gouverné comme duc pendant vingt-six ans.

Belle-Ile fit partie du royaume de Bretagne à peu près jusque vers la fin du viie siècle, passa sous la domination de la maison des comtes de Cornouaille qui la conserva pendant quatre générations. Geoffroi 1er, duc de Bretagne, mécontent de Budik, comte de Cornouaille et évêque de Quimper, s'empara de Belle-Ile, appelée alors Guedeb, et la donna à l'abbaye de Saint-Sauveur de Redon, par une charte de l'an 1006. Son fils, le duc Alain confirma cette donation ; mais Alain Caignard, fils et successeur de Budik, étant rentré, après une révolte, dans les bonnes grâces du duc de Bretagne, celui-ci révoquant la donation qu'avait faite son père et qu'il avait lui-même approuvée, restitua l'île de Guedel à la maison de Cornouaille. Alain Caignard la donna par une charte de 1029, à l'abbaye de Sainte-Croix qu'il fondait à Quimperlé au confluent des rivières d'Hellé et d'Isole.

Les bénédictins de Redon n'avaient possédé Belle-Ile que vingt-trois ans ; ceux de Quimperlé la possédèrent cinq cent quarante-trois ans. Le comte de Montgommery, chef d'une flotte de protestants Français, Hollandais et Anglais, ayant échoué dans une tentative de secourir la ville de La Rochelle, s'empara de Belle-Ile en 1572, dans l'intention de s'y établir : mais il fut obligé de l'évacuer à l'approche d'une armée que le duc de Montpensier avait conduite jusqu'à Auray, et d'une flotte que commandait Albert de Gondi, baron de Retz. Celui-ci mit probablement garnison dans l'île. Le roi Charles ix comprit qu'il ne pouvait laisser une position aussi importante à des moines incapables de la défendre. Il leur imposa des conditions de garde et de fortifications si onéreuses qu'ils firent de grandes objections, prétendant que ce domaine ne leur rapportait que 2000 fr. de rente. Le roi leur ordonna de la vendre au baron de Retz, qui en prit possession la même année. Elle contribua probablement à la ruine de sa famille. Son petit fils, Henri de Gondi, duc de Retz, la vendit au surintendant Fouquet, en 1658. Celui-ci n'en jouit que trois ans dans toute l'étendue des priviléges de quasi-souveraineté que les seigneurs de Retz avaient obtenus des rois Charles ix et Henri iii. En 1661,

Louis xiv s'empara de la souveraineté de l'île, ne laissant à la famille Fouquet que le domaine utile et le marquisat. Dans l'année 1719, Louis xv, sous la Régence, fit l'échange du domaine, de gré à gré, avec le petit fils du surintendant Fouquet. Les lettres-patentes sont d'octobre 1718.

M. Bréard, sénéchal de Hennebon, commis par la Chambre des comptes de Paris, rapporta le 19 mars 1719, le procès-verbal d'évaluation de l'île, pour l'échange, en présence de M. le chevalier Fouquet, de Belle-Ile, frère du marquis, seigneur et propriétaire de Belle-Ile. Cet acte est un document précieux pour apprécier qu'elle était alors la situation de l'île. Elle ne demeura qu'un an sous l'administration directe du domaine du roi.

En 1720, l'inféodation en fut accordée à la compagnie des Indes par un arrêt du conseil d'Etat, à la charge de payer au roi, en quatre termes égaux, une redevance annuelle de 50,000 fr. Sa majesté se réservant la souveraineté, la garde, les fortifications et munitions de guerre, les ports, la nomination des officiers publics. La compagnie se chargeant de l'entretien des villages et édifices civils appartenant à la seigneurie dont elle avait la jouissance. Le seul avantage qu'elle retirât de cette possession était probablement la facilité de faire la contrebande des marchandises prohibées, au moyen des ports de Sauzon et du Palais qui devenaient par le fait des ports francs. Il y eut sans doute de grands abus, puisque l'île fut retirée à la Compagnie des Indes en 1722. Le roi la céda, l'année suivante, aux fermiers généraux, pour une somme de 30,000 fr., en dédommagement des pertes qu'ils faisaient sur les domaines de Bretagne. En 1757, lors de la suppression des sous-fermes générales, elle passa sous la régie du riche financier Samuel Bernard, qui la sous-ferma à M. Lartois Desbrieux pour 28,000 fr.

Ensuite d'un arrêt du conseil, par contrat passé le 18 février 1759, entre les commissaires du roi et MM. des Etats de Bretagne, enregistré au Parlement le 29 avril, même année, l'île fut aliénée aux Etats de la province pour en jouir par un effet rétroactif du premier janvier, dit-on. L'article 8 du contrat autorisait les Etats à faire des afféagements en telle quantité et division qu'ils jugeraient convenables, moyennant des rentes ou redevances en blé imposées sur les terres, Les actes d'afféagements devaient être approuvés et ratifiés au conseil du roi par des arrêts nécessaires. C'était l'exécution du projet soumis au roi sept ans auparavant par M. Porée-d'Alion, commissaire des guerres dans trois mémoires qu'il avait adressés au conseil. Les Bellilois lui en doivent une éternelle reconnaissance, puisqu'il a puissamment contribué à changer leur état de fermiers tenanciers, en celui de propriétaires fonciers.

En vertu du contrat de cession, le 21 octobre 1760, les Etats de Bretagne délibérèrent et statuèrent sur la meilleure forme à donner aux afféagements. Mais l'exécution fut suspendue par la conquête de l'île que les Anglais firent en 1761. Les préliminaires de la paix ayant été signés le 3 novembre 1762, dès le 25 du même mois les Etats arrêtèrent qu'il serait envoyé l'année suivante des commissaires et des arpenteurs à Belle-Ile, pour en lever le plan cadastral. La paix définitive ayant été conclue avec l'Angleterre le 10 février 1763, les Anglais évacuèrent l'île le 11 mai suivant. Les commissaires des Etats y arrivèrent la même année ; leurs arpenteurs s'occupèrent à lever le plan de l'île. Ils y travaillèrent pendant trois ans avec peu de succès. On envoya de nouveaux commissaires ; c'étaient MM. l'abbé de Brilhac, le chevalier Leprovost de la Voltais et Hervogault, Ils eurent recours aux arpenteurs du pays pour suppléer à l'incapacité de ceux que leurs prédécesseurs avaient amenés de Rennes. L'opération fut terminée à la fin de décembre 1766. Dès le mois de novembre précédent, les commissaires avaient déjà délivré des afféagements. M. Hervagault prolongea son séjour jusqu'en 1769. Mais le cadastre avait été si mal fait, qu'on reconnut qu'il restait d'assez grandes parcelles qui n'y étaient pas comprises. Il en fut dressé un état avec les noms des soumissionnaires. Par ordonnance du 22 mai 1771, de M. Dupleix de Bacquencourt, maître des requêtes, intendant de Bretagne, M. Bigarré, délégué de l'intendance au département de Belle-Ile, fut autorisé à délivrer ces derniers afféagements au nom du roi. Ainsi se termina l'opération du changement dans la possession de l'île ; elle se trouva partagée entre 375 familles d'anciens colons, 108 familles de gourdiecs ou journaliers, et 78 familles Acadiennes dont je vais faire connaître l'origine.

Leur pays, colonie française, séparait le Canada de la nouvelle Angleterre. Dans la guerre de 1757, les Anglais ayant élevé quelques prétentions sur l'Acadie, s'en emparèrent et voulurent obliger les braves habitants à combattre avec eux les Français du Canada. Les Acadiens refusèrent honorablement de porter les armes contre leur patrie, et ils furent tous déportés en Angleterre avec l'Abbé Lecouteux, leur missionnaire ou curé, qui les gouvernait. A la paix de 1763, ayant été échangés, on les établit provisoirement à Saint-Malo et à Morlaix, où ils vécurent des vivres et de la solde des troupes que le roi leur accorda. L'abbé Lecouteux se rendit à Versailles, fit connaître au roi le beau dévouement des Acadiens, obtint l'autorisation de leur établissement à Belle-Ile où il les amena le 9 novembre 1765. Il leur avait été accordé une part dans l'afféagement général par une délibération des états du 5 mars de la même année. L'abbé Lecouteux retourna à Versailles, et sur sa demande, le roi fit bâtir à ses frais soixante-dix-huit maisons pour les chefs des familles Acadiennes, leur donna à chacun une vache, un cheval, trois brebis, leur accorda les vivres des troupes, la solde pour cinq ans, à ceux qui étaient nés en Angleterre; une pension viagère, équivalente à la solde, à tous les individus nés en Acadie. Cette pension, supprimée pendant la Révolution, fut rétablie par Louis XVIII, et deux femmes en jouirent encore quelques années, l'une à Belle-Ile et l'autre à Nantes.

Voici quelle était la condition des colons avant l'afféagement. L'île, dont la contenance était alors évaluée à 13,000 journaux environ, avait été anciennement partagée entre 262 colons primitifs. A la mi-septembre ils acquittaient le prix de leurs fermes en froment, avoine, agneaux, toisons, poulets, rentes censives et deniers comptant. Le total général de la redevance fut évaluée en 1752, par M. d'Alion, à 23,550 fr. 40 cent.; seuls de toute la France et peut-être de toute l'Europe, les laboureurs bellilois ne payaient pas la dîme de leurs récoltes. Pour en tenir lieu, par suite d'une sorte d'abonnement, ou d'une condescendance des seigneurs de la maison de Gondi, les quatre recteurs recevaient un huitième de perrée de froment de chaque homme marié tenant à ferme des terres de la seigneurie. Chacun des quatre vicaires recevant la même quantité, il faut ajouter au prix du bail autant de demi perrée qu'il y avait de colons mariés. Leur nombre ayant varié de 262 à 375, en les supposant tous mariés en 1766, ils payaient au clergé 187 perrées et demie évaluées à 12 fr. l'une, c'était une somme de 2,250 fr. à ajouter au prix du bail, ci... .... F. 25,800 40

Les églises n'étant pas rentées, le seigneur était tenu à leur entretien et à leur reconstruction ainsi qu'à la reconstruction et entretien des 123 villages; cette dernière dépense était évaluée annuellement à 6,150 livres à raison de 50 livres par village. L'auteur du mémoire de 1789, parle d'un entretien auquel les colons auraient été assujettis : il s'agit sans doute des petites réparations locatives, car M. d'Alion, commissaire des guerres et inspecteur du domaine, dans ses mémoires très-favorables aux colons, dit formellement que l'entretien des maisons était à la charge du roi. Les colons étaient obligés à diverses corvées pour la réparation des routes, les transports des blés à l'embarquement et des matériaux à pied d'œuvre pour l'entretien et construction des édifices : en les affranchissant de tous les impôts, le roi Charles IX les obligea à travailler gratuitement aux fortifications. Cette obligation avait été renouvelée par Louis XIII, par Louis XIV et par Louis XV, en confirmant le privilège de l'affranchissement des impôts. Lorsque, vers les dernières années de son règne, Louis XV fit rentrer Belle-Ile dans le droit commun du royaume, par la suppression de la franchise, les corvées d'habitude continuèrent même sous la République et sous l'Empire, les cultivateurs faisaient par corvées gratuites l'armement et le désarmement de la côte. Ce ne fut que sous Louis XVIII, après les Cent Jours, qu'ils commencèrent à être payés pour les corvées du désarmement.

Avant la révolution et de toute antiquité, chaque homme de corvée, soit qu'il fût seul, qu'il eût un cheval ou une charrette attelée, recevait de la seigneurie deux livres de pain par jour. Cette dépense s'éleva en 1734 à 43 fr., la perrée valant 14 fr. elle représente à peu près 430 journées d'hommes. En 1735, la dépense fut de 87 fr. et de 64 fr. en 1737. Ce n'était pas une journée d'homme par an sur toute la population, mais cela revenait à une journée et demie pour chacun des 375 pères de familles laboureurs. La corvée se faisait par tour de rang ; les commandants militaires poussaient l'abus des corvées jusqu'à requérir des hommes et des charrettes attelées pour remplir de glace la glacière de la citadelle, lorsque la température le permettait, ce qui est rare à Belle-Ile où il ne gèle presque jamais. Ils rencontraient d'assez vives oppositions ; les terres de l'île avaient été anciennement partagées entre 262 colons primitifs, comme je l'ai dit. Par une sorte de tacite reconduction, elles étaient héréditaires dans les familles et se partageaient entre les co-héritiers laboureurs. Ce partage n'étant qu'une simple tolérance ou condescendance du seigneur, il en résultait, par une conséquence toute naturelle, que tous les co-héritiers étaient solidaires et tenus les uns pour les autres, sans qu'aucun d'eux pût, avant le paiement du prix de ferme, enlever ses meubles, ustensiles, grains ou bestiaux. Ainsi on lit sur le registre sommier de 1734 : « Les fermiers de Roserières, 45 » perrées de froment, les fermiers de Loctudy, 24 perrées de » froment, 4 perrées d'avoine, argent 8 livres, un agneau, deux » poulets et deux toisons, etc. On lit aussi : le Menager de Linncour, » 7 perrées et demie de froment, 4 perrées et demie d'avoine, argent, » 4 fr. 10 sols, 1 agneau 10 sols, 2 poulets 8 sols, estimés 18 sols » 2 toisons. » Pour distinguer le compte de chacun, la quittance était libellée au nom du chef de famille ; cette confusion indispensable à la garantie des intérêts du propriétaire, conséquence forcée des subdivisions devenait très-préjudiciable à ceux des colons qui étaient laborieux, économes et rangés. Le procès-verbal du 29 mars 1719 n'avait que trop raison de dire : « Le seigneur de » Belle-Ile est propriétaire des 123 villages et généralement de » toutes les terres et héritages de l'île ; les habitants labou- » reurs ne sont que ses fermiers tenanciers, obligés de travailler » pour le revenu de la seigneurie. »

« La régie de cette terre, dit Dom Morice, tom. 1, page 999, » est aisée et de peu de frais. Elle est confiée à une société

» d'hommes unis ensemble, qui se connaissent, se surveillent, se
» gardent les uns les autres, sans qu'aucun fermier puisse enlever
» ses meubles, ses ustensiles, ses grains ou ses bestiaux, tous
» étant solidaires, ce qui constitue la servitude universelle. »

Cette solidarité, cette mise en commun forcée des intérêts et du travail, des volontés et de l'intelligence, où chacun, quelque soit son apport social, a des droits aux bénéfices, n'est rien moins qu'une association fouriériste, vrai phalanstère de misère, où ne régnait qu'un genre d'émulation, savoir : de travailler moins et de recevoir autant que ses associés. De là, le découragement, l'apathie, la fainéantise, les désordres et la ruine des laboureurs. C'était un enfer que certains villages, certaines maisons, où des familles jalouses, ennemies, habitaient par fois la même chambre, faisaient la cuisine commune ou séparée au même foyer, travaillaient tous les jours à la même besogne, pied contre pied, main contre main, sans se parler ni s'entendre, leur vie durant. Les 262 familles de colons primitifs n'ayant pas également multipliées, il y avait des exploitations moins subdivisées, les co-héritiers avaient des habitations et des exploitations séparées; mais liés entre eux par la solidarité du paiement, par l'impossibilité d'immobiliser leurs épargnes, ils n'avaient ni émulation, ni ambition. La terre peu et mal cultivée rendait à peine, en outre d'une chétive nourriture pour le travailleur, le prix d'un petit fermage qui ne représente pas le sixième des contributions actuelles de l'île. L'association, basée sur le choix et le libre consentement, conditionnelle, temporaire, révocable à volonté, est un principe de vie pour la société, et un accroissement des forces intellectuelles et physiques de l'homme. Mais l'association constitutionnelle, permanente, la confusion des volontés, des intérêts et du travail dans le but commun d'un prétendu bonheur, c'est l'affaissement des intelligences, l'assujettissement des volontés, l'abrutissement des cœurs, la destruction de la moralité, de l'émulation, de l'activité, la suppression de l'homme enfin, et sa transformation en mécanisme. C'est la servitude de la glèbe que le fouriérisme, et l'état social nécessité à Belle-Ile, par la solidarité, en approchait beaucoup; cependant chacun avait la liberté de cesser d'être colon, parce qu'en France les hommes étaient libres, c'étaient les *choses*, les *propriétés* qui ne l'étaient pas ; ce serait le contraire dans le fouriérisme.

Il n'y a point de lois immuables qui régissent le cœur, l'esprit et la volonté de l'homme, comme il y en a qui régissent les phénomènes physiques. Là où la généralité des laboureurs bellilois trouvaient le malheur et la misère, quelques familles mieux assorties, trouvaient la tranquillité et l'aisance. Plusieurs de ces associations se perpétuèrent même après l'afféagement qui rendait à chacun sa liberté et son individualité. Deux familles honorables et aisées de Loctudy, les Le Goffe, les Gulcher, ont travaillé en commun jusqu'en 1846, quatre-vingts ans après l'abolition du phalanstère monacal !

Quoiqu'il en soit, l'afféagement partiel fut un grand bien, un véritable et immense progrès. S'il ne tint pas toutes les magnifiques promesses que l'honorable et spirituel M. d'Alion avait faites en son nom, il donna le goût de la propriété, ce puissant mobile de l'activité humaine, et le noble orgueil d'être chez soi, qui en amène l'amour de la liberté et de l'indépendance. Il y eut accroissement de bien-être et d'aisance, et meilleure distribution du travail ; le morcellement des terres, par une longue transmission héréditaire les avait enchevêtrées, elles furent concentrées et réunies par la nouvelle division, quelqu'imparfaite qu'elle fût. Il y eut aussi augmentation dans le nombre des travailleurs, et par conséquent il se fit des défrichements, ou plutôt on remit en valeur des terres autrefois labourées et qui avaient été abandonnées depuis des siècles. 78 acadiens et 108 journaliers ajoutés aux 375 anciens colons portèrent à 561 le nombre de laboureurs. Cependant il y a une bien petite différence entre l'étendue des terres labourables constatée par le cadastre de 1840 et ce qu'elle était à l'époque de l'afféagement. Selon M. d'Alion (¹) l'étendue des terres labourables avait été autrefois plus considérable. On découvre

---

(1) M. d'Alion, évaluait les terres labourables, d'après les déclarations des colons, à 6,286 journaux ; le cadastre de l'afféagement de 1769, le porte à 8,510 journaux ; le cadastre de 1840, à 8,461 hectares.

de vieux sillons dans presque toutes les landes et jusque sous les sables de Kerhuel et de Donnan qui ont recouvert le sol de 4 à 5 mètres.

Par arrêt du 1er janvier 1771, le roi ayant retiré aux états de Bretagne les domaines et autres droits qu'il avait aliénés à la province; un second arrêt du 9 juin confia la régie de Belle-Ile, au nom du roi, à partir du 1er juillet 1771, à Julien Alataire, adjudicataire des fermes du roi. L'île demeura attachée au domaine du roi jusqu'en 1790.

DÉFENSE DE L'ILE.

L'armement de l'île pendant la dernière guerre, de 1792 à 1814, va devenir de l'histoire ancienne, puisqu'un changement complet est arrêté en principe, quoique l'on ne soit pas encore fixé sur tous les détails des nouveaux projets. Le système de défense de la côte était basé sur l'examen attentif que l'illustre Vauban en avait fait pendant ses deux séjours dans l'île.

« J'ai fait, dit-il, la visite de tous ces lieux, et même revu
» les principaux deux et trois fois, par terre et par mer ; ce der-
» nier voyage, je pourrais même dire à pied, quoiqu'il y ait
» onze lieues. »

La commission de 1844 n'en pourrait dire autant. Elle n'a vu que les principaux lieux, une seule fois, à cheval et bien superficiellement. Cependant elle change le travail réfléchi du grand homme, qu'un ingénieur instruit, M. de la Sauvagère, avait achevé en 1747, et que l'expérience et les lumières d'officiers du génie célèbres, tels que MM. de Marescot et Rogniat avaient complété.

Je vais décrire la fortification de la côte telle qu'elle existe encore, quoique plusieurs des constructions commencent à tomber en ruine, et l'armement de l'artillerie tel qu'il existait en temps de guerre. Il ne reste aucune trace de cet armement aux archives de l'artillerie de la place. J'ai recueilli dans les souvenirs de quelques vieux garde-côtes employés comme garde-batteries depuis la paix. Le seul de leurs anciens capitaines qui vive encore, M. Sylvestre, ayant approuvé mon travail, je puis le considérer comme exact.

La côte Nord-Est, dont la longueur en ligne droite est de 11,000 mètres, s'étend de la pointe de Taillefer-Palais à celle de Kerdonis. La citadelle y est placée. Elle était ainsi armée, sauf l'indication des calibres qui ont souvent changé :

Enceinte, bastion n° 1, quatre canons, un mortier; courtine, trois canons, quatre mortiers; bastion n° 2, quatre canons; grand cavalier, 7 canons 1 mortier; bastion n° 3 : dans les flancs, quatre canons : dans le parc à boulets, quatre canons; bastion n° 4, trois canons; sur le petit cavalier, deux canons; tenaille sous le grand quartier, un canon, quatre mortiers. Total : trente-deux-canons, dix mortiers, dans le corps de la place.

Enveloppe, demi-bastion, sept canons; courtine au-dessus du bassin de la fontaine, deux canons; courtine battant sur le glacis Sud-Ouest, quatre canons; au-dessus des demi-lunes, deux canons; dans chaque demi-lune, deux canons; petite tenaille du jardin du lieutenant du roi, deux canons de 36. Total, vingt-un canons. L'armement de la citadelle était de soixante-trois bouches à feu.

1. La pointe de Taillefer-Palais, très-élevée, fait une saillie qui commande les approches des ports du Palais et de Sauzon et flanque les deux côtes du Nord et du Nord-Est. Trois canons de 36 et un mortier de 12 pouces.

Les points abordables de cette dernière côte sont : le port Saint-Julien, impraticable de basse mer, abordable sur 30 mètres de haute mer, pour trois chaloupes; mais il est fermé par un retranchement; les rochers escarpés sur les côtés ne permettent pas l'escalade. Il est flanqué par la batterie de Ramonet et défendu par le fort.

2. Saint-Julien, armé d'un canon de 24, deux de 18 et un mortier de 12 pouces.

3. Batterie Hoche, deux canons de 24, un mortier de 10 pouces.

L'entrée du port du Palais, ainsi que la rade, sont défendus par les feux directs et croisés de la citadelle, des batteries de Taillefer, de Hoche, de Saint-Julien, du Vésuve et de Ramonet, ayant trente-deux bouches à feu sur la mer.

4. La batterie du Vesuve, deux canons de 18.

Le port Hallan ou la Brasserie, d'une ouverture de 70 mètres, fermé d'un parapet terrassé et bordé de retranchements de campagne.

5. Le fort de Ramonet, deux pièces de 36, deux de 24 et un mortier de 12.

6. Le Portguen, ouverture de 90 mètres, fermé d'un parapet terrassé, armé de deux pièces de 12 ; retranchements de campagne sur les côtés. Flanqué par les batteries de Ramonet et du Gros-Rocher.

7. Port Laron, dans un enfoncement, en avant de la Belle-Fontaine, armé de deux canons de 18, flanqué par Ramonet, Portguen, le Gros-Rocher en mer.

8. Gros-Rocher en mer, trois canon de 18, un mortier de 10 pouces.

9. Gros-Rocher en terre, deux canons de 36, un mortier de 12 pouces.

10. Anse de Bordarderie, large de 100 mètres, fermée par un bon mur revêtu, lié au rocher de droite et de gauche par des murs terrassés, défendu par le puits ; batterie rasante du général Quantin, un canon de 12. Cette anse étant enfoncée dans la côte, se trouve flanquée par Ramonet, Portguen, le Gros-Rocher, Port-Laron.

Le port Yorck, à 4700 mètres du Palais, dans l'enfoncement de la côte, entre la pointe du Gros-Rocher et celle du Biguel, ouverture de 130 mètres, fermé d'un bon mur, défendu par le Gros-Rocher et Biguel.

11. Biguel, trois canons de 24, un mortier de 12 pouces.

Les grands sables de Sauzun, à 4800 mètres du Palais, dans le Sud-Est, ayant la forme d'un fer-à-cheval, forment un échouage de 1200 mètres d'ouverture, vu de revers par les batteries de Biguel et de la Biche, défendu par six batteries disposées sur deux rangs et qui donnent des feux directs, croisés et de flanc.

12. Bas Laurent, deux canons de 12.

13. La Ferrière, 2 canons de 12.

14. Bas Kerdavid, deux canons de 12.

Ces trois batteries, formant une ligne droite, sont réunies entre elles aux rochers voisins par de bons murs terrassés. Au milieu de cette courtine, il y a de petits bastions irréguliers qui la flanquent. A 30 ou 40 mètres en arrière, s'élèvent sur une seconde ligne les trois batteries suivantes :

15. Haut-Laurent, deux canons de 24.

16. Haut Kerdavid, deux canons de 24.

17. Sauzon, deux canons de 24. L'échouage se trouve défendu par dix-neuf bouches à feu.

18. Fort Labiche défend un échouage de 50 mètres, fermé d'un retranchement et dont les bords sont hauts et escarpés ; trois canons de 24. Ils défendent la rade.

Les ports de Kerhouarn et de Heulin, dont les bords sont escarpés et d'un difficile accès, sont défendus par :

19. La batterie de Kerhouarn, deux canons de 24, un mortier de 12 pouces.

20. Batterie de Sainte-Foy, deux canons de 24.

Le débarquement des Anglais, le 22 avril 1761, eut lieu, à 8588 mètres de la citadelle, par la Dent-du-Chien et par deux petits échouages abordables seulement de haute mer et qu'on avait négligés. Les rochers sur lesquels avaient gravi les Anglais ont été escarpés, et on a construit la batterie de Kerdonis.

La côte Sud-Est, la plus éloignée de la citadelle dont elle est à 8 et 9000 mètres, s'étend de la pointe de Kerdonis à la pointe au Canon, sur une longueur de 4500 mètres.

21. Batterie de Kerdonis, trois canons de 24, un mortier de 10 pouces.

Le port Andro, précédé d'un bon mouillage, au débouché d'un grand vallon de 90 mètres d'ouverture, fut le lieu du premier débarquement des Anglais : ils y mirent à terre mille homme dont neuf cent furent tués, noyés ou pris. Ce point n'était alors défendu que par la batterie. On y a ajouté depuis des fortifications qui rendraient très-difficile une attaque de vive force.

22. Batterie de Port-Andro, deux canons de 24.
23. Retranchement en arrière du port, deux canons de 12.

Le port Maria, situé au milieu de la côte Sud-Est de l'île, au débouché de deux vallons de 28 mètres d'ouverture, fermé par un retranchement terrassé, revêtu de maçonnerie. On a construit en avant du retranchement une petite jetée en maçonnerie à mortier de chaux, dans l'intention de mettre à l'abri les bateaux des pilotes. On n'a pas trop réussi. La chaussée, renversée par la mer a été reconstruite, mais les bateaux ne sont pas en sûreté. On avait, l'année précédente, construit une chaussée au port Blanc. L'emplacement était mieux choisi; la mer la renversa parce qu'elle était en pierres sèches sans fondations. Le port est fermé d'un retranchement.

Le port Andro forme un assez beau bassin. Les Anglais, pendant leur occupation de l'île, construisirent une belle route partant de ce port, passant au pont Kerhouarn, aux villages de Sauzon et de Kerdavid, et devant arriver au Palais par la côte.

24. Batterie de Port-Maria, un canon de 24.
25. Castel Karzo, deux canons de 24, un mortier de 12.
26. Pointe-d'Arzic, deux canons de 24, un mortier de 12.

La côte extérieure de l'île dont la longueur, depuis la Pointe-d'Arzic, jusqu'à celle des Poulains, est de 25,000 mètres, s'enfléchit aux pointes du Pouldon, du Talu, du Grand-Guet et de Kistinic. Elle est appelée côte de la Mer-Sauvage, à cause de la violence des tempêtes des vents de Sud, de Sud-Ouest et d'Ouest. Ses vallons affluents sont très-profonds et difficiles à franchir; ses bords sont élevés de 30 à 40 mètres et fort escarpés, leur approche est dangereuse. On la considère comme à peu près inaccessible et inabordable; les établissements militaires y sont peu nombreux. La sécurité qu'elle inspire, toujours trompeuse, le devient beaucoup plus depuis la création de la navigation à la vapeur. Du mois de mai au mois d'octobre, elle est abordable environ vingt jours par mois, pendant lesquels la mer est absolument calme, disposition très-favorable aux bâtiments à vapeur, tandis que les bâtiments à voile n'auraient pu approcher que par les vents qui agitent la mer sur cette côte. Cependant, lorsqu'en 1762 il fut question de chasser les Anglais de l'île, M. de Fourcroix, ingénieur distingué, qui connaissait les lieux, avait projeté un débarquement au Port-Kerel, vaste bassin de 80 mètres de largeur et de 400 de longueur, devant lequel, à un kilom. au large, il y a un bon mouillage. On pouvait aussi mouiller dans la rade de Saint-Marc et débarquer au port du Pouldon. Il y a un mouillage d'été devant Goulfur, qui est un assez bon port ; un autre à une demi-lieue au large des sables de Dounant. La mer étant profonde, les bâtiments à vapeur tirant peu d'eau, peuvent opérer le débarquement au moyen d'un pont volant et sans intermédiaire des bateaux, ce qui supprime l'opération longue, difficile et dangereuse du transbordement des troupes du bâtiment de transport dans ces bateaux. On avait et on aurait donc grand tort de négliger cette côte. Elle était ainsi défendue et armée.

27. La Pointe-au-Canon, 2 canons de 36.
28. Batterie de la gauche du port de Pouldon, un canon de 24.
29. Batterie de la droite, un canon de 24.

La première de ces deux batteries et celle de la Pointe-au-Canon défendent les petits échouages du Skeul, de Port-Loskas, et de Stranlanec dont l'accès est difficile et les bords escarpés.

30. Batteries de la pointe de Saint-Marc, deux canons de 24, un mortier de 12.

Le port Guen, en Bangor, les ports d'Herlenn et de Kolastrenn sont peu abordables, et défendus par la batterie précédente et la suivante.

31. Le port Kerel, à son extrémité supérieure, est fermé d'un retranchement ; ses côtés sont très-escarpés et bordés de retranchements de campagne. Dans la batterie, deux canons de 24.
32. La pointe de Castel-Bornrod, deux canons de 36, 1 mortier de 12 pouces.
33. La pointe du Talu, ou batterie de Dommoné, deux canons de 24.
34. Pointe du Grand-Guet, deux canons de 24, 1 mortier de 12 pouces. Elle défend le port de Vasen fermé par un retranchement et dont les côtés sont escarpés. Sa longueur est de 300 mètres et sa largeur de 46.

35. M. de Vauban dit : « Le Hâvre du Tonnant, vulgairement » appelé les Sables de Donnant, la côte ferrée et fort élevée, » l'entrée plate, avec une barre de sable qui fait grossir la mer : » elle déplie à faire verser les chaloupes, même dans le calme. » Le fond se divise en trois échouages de 110 toises de large, » les deux premiers, et le troisième de 62. Ils sont séparés par » des dunes de sable amoncelé que la mer a rejeté. » Ces échouages forment le débouché commun de trois grands vallons dont l'ouverture a 170 mètres de largeur. Batterie de la gauche de Donnant, deux canons de 24.

36. Batterie de la droite de Donnant, ou d'Anter, deux canons de 24. Cette batterie défend aussi l'échouage de Logonet qui a 40 mètres d'ouverture. Le port de Kerledan est fermé par un retranchement. Il y a :

37. Une caserne pour loger une compagnie de cent hommes et magasin à poudre.

38. La batterie du vieux château, deux canons de 24.

39. A la Pointe-aux-Poulains, deux canons de 24.

La côte du Nord s'étend de la Pointe-aux-Poulains à celle de Taillefer-Palais, sur une longueur de 9000 mètres.

Les ports d'Auborc'h et de Borderry se joignent. Ils sont précédés d'un bon mouillage, mais peu de navires se hasardent sur cette rade, attendu les courants qui portent sur la Pointe-aux-Poulains. Ce fut cependant à Auborc'h que se rembarqua, en..... l'armée hollandaise.

40. A Borderry, il y a un retranchement et une batterie de deux canons de 8.

41. La Pointe-du-Cardinal, trois canons de 36 et un mortier de 12 pouces.

Cette batterie est très importante et défend l'entrée du port de Sauzon.

42. Sauzon, au-dessus de la jetée, deux canons de 12 battant directement sur cette entrée. Ce port, à égale distance des Pointes-aux-Poulains et de Taillefer-Palais, à 5000 mètres de la ville du Palais, est le plus grand de l'île. Sa longueur est de 1200 mètres, sa largeur moyenne de 130. Il est défendu à gauche par la batterie

du Cardinal; à droite, par celles du Fort-Blanc et de Taillefer-Karzo. Les bâtiments de trois à quatre cents tonneaux y entrent de pleine mer. Mais l'entrée est assez difficile, la rade mauvaise et les courants gênants.

43. Le Fort-Blanc, sur la hauteur à droite de l'entrée, trois canons de 12.

44. Taillefer-Karzo, deux canons de 24, un mortier de 12 pouces.

45. Fort-Jean, un canon de 18.

46. Port-Fouquet, deux canons de 8.

Quarante-une de ces batteries avaient des magasins à poudre avec des corps-de-garde où loger quinze à vingt soldats. A chacune d'elles étaient attachés deux canonniers garde-côtes. A Kerlédan, il y avait une compagnie de soldats; aux Grands-Sables, une ou deux compagnies avec leurs officiers. A la Belle-Fontaine, un logement d'officier. Sauzon était occupé par un bataillon; à Locmaria et à Bangor, un autre bataillon.

Pendant toute la guerre, la garnison de l'île a varié entre quatre et dix mille hommes.

CHAPITRE II.

Mouvement de la Population.

L'erreur de la science politique serait de vouloir tout expliquer par des théories générales : son tort, de ne pas convenir qu'il y a des faits dont on ne peut trouver la raison dans ces théories. Au premier rang de ces faits, se classent peut-être les causes du mouvement et de la répartition de la population. Quel étonnement n'éprouve-t-on pas en voyant le savant Malte-Brun trouver le même résultat de 106 habitants par mille géographique carré dans la comparaison du Danemarck, avec ses longs hivers de cinq mois, son âpre climat et ses récoltes incertaines ; au Portugal, un des plus beaux pays du monde, où la terre produit, presque sans culture, d'abondantes moissons et des vins renommés, où croissent spontanément des forêts de myrthe et d'oranger. L'Espagne, non moins favorisée par la nature que le Portugal, ne compte que 78 habitants ! D'où provient cette inégalité ? Elle n'est pas particulière au Midi de l'Europe, et on ne peut en accuser le catholicisme avec ses moines et autres célibataires, puisque la haute Italie est une des contrées les plus peuplées de l'Europe. La magnifique plaine arrosée par le Pô, comprise entre le mont Cenis, la mer Adriatique, les Alpes et l'Apennin, est cultivée comme un jardin. Le côté des Alpes donne jusqu'à trois et quatre récoltes par an ; le côté des Apennins en donne au moins deux. Le Piémont, la Lombardo-Vénétie, Parme, Modène, Ancône, Bologne, ont une population supérieure à celle des vingt-sept principautés protestantes de l'Allemagne. La Bavière catholique est plus peuplée que le Hanovre protestant. La différence de culte est donc étrangère à la question. Il ne semble pas qu'on puisse attribuer plus d'influence à la différence des formes de gouvernement, la population du Danemarck augmente depuis qu'il a renoncé à ses institutions parlementaires ; il est toujours plus peuplé que la Suède constitutionnelle. L'absolutisme et le catholicisme de l'Autriche n'empêchent pas quelques-unes de ses provinces d'être aussi peuplées que des provinces analogues de l'empire Britannique. Enfin, l'empire de Russie voit sa population s'accroître aussi rapidement que celle des Etats-Unis. Encore l'augmentation est-elle moins étonnante en Amérique où elle doit beaucoup à l'immigration, qu'en Russie où l'on ne va pas chercher fortune.

Selon M. MATHIEU ([1]), *la population serait proportionnée à la production des substances alimentaires ; une nombreuse population indiquerait des produits abondants. Les pays les plus fertiles seraient aussi les plus peuplés* ([2]). Mais la fertilité du sol ne change pas, et cependant la proportion de la population varie. On a vu des pays presque stériles se couvrir d'une nombreuse population ; d'autres, toujours fertiles et jadis très-peuplés, sont devenus presque déserts ([3]).

On ne pourrait accorder une influence décisive aux progrès de l'industrie, à l'accroissement des relations commerciales, ni même au perfectionnement de l'agriculture. Quoique l'Irlande soit dépourvue de tous ces moyens de prospérité, sa population a doublé en trente-deux ans.

Il est douteux même que les malheurs des guerres de l'empire, auxquels on attribue la mort de six millions d'hommes, aient sensiblement arrêté le progrès de la population ; en France, du moins, elle semblerait avoir produit un résultat presque contraire. Les hommes mariés ayant toujours été exemptés des rappels sur

---

(1) Annuaire du Bureau des Longitudes de 1845.
(2) L'Attique, la Judée.
(3) L'Asie-Mineure et le Péloponèse.

les conscriptions antérieures, on se mariait davantage et plus jeune, ce qui a dû élever la proportion des naissances. On peut consulter les registres de l'état-civil de 1806 à 1814, et l'on reconnaîtra qu'il se faisait beaucoup de mariages immédiatement après le tirage de la conscription. Je croirais que l'habitude de se marier plus jeune qu'autrefois s'est conservée au moins dans les campagnes.

Des savants ont écrit que la France devait en grande partie l'accroissement de sa population depuis cinquante ans au morcellement des grandes propriétés confisquées sur la noblesse et le clergé. Mais l'accroissement avait commencé avant les confiscations, puisque dans l'espace de quatre-vingt-six ans, de 1700 à 1785, la population du royaume avait augmenté de 6 millions (de 19,669,000 âmes à 25,600,000). L'augmentation aurait été de 705,882 âmes par an : elle n'est plus, de 1841 à 1846, que de 234,061. Mais si l'on tient raisonnablement compte du perfectionnement de la méthode de faire les recensements, on n'aura aucun égard à la comparaison de ceux de 1700 et de 1785. Il n'y avait point de recensement exact possible avant l'établissement général et régulier des municipalités. Je ferai observer que depuis le morcellement des biens confisqués, l'accroissement de population n'a pas marché en France aussi rapidement qu'en Irlande et en Russie dont le sol est partagé en grandes propriétés. Le morcellement ne favorise que la multiplication des familles agricoles qui nourrissent moins de familles étrangères à l'agriculture. Le sol de la France se trouve partagé entre quatre millions de propriétaires, formant environ un million de familles. Soixante-cinq laboureurs français nourrissent cent autres consommateurs. Il n'y a guère plus de vingt-cinq à trente mille familles de propriétaires en Angleterre et quarante laboureurs suffisent pour nourrir cent consommateurs. Ces quarante laboureurs ont quatre fois plus d'aisance que nos soixante-cinq, et l'Angleterre est plus peuplée que la France. Il n'est donc pas prouvé que le morcellement de la terre soit favorable à l'accroissement de population. D'ailleurs, M. MICHELET, dans son *Livre du Peuple*, a très-bien établi que la petite propriété ne date pas en France de 1789 ; il en fait remonter l'origine aux temps les plus reculés de la monarchie. Je croirais que l'époque des croisades la multiplia particulièrement, ainsi que toutes les grandes guerres des temps postérieurs. La noblesse servant à ses frais devait nécessairement s'endetter, et ses biens passaient aux mains des capitalistes. On peut remarquer qu'en France, où la population est très inégalement répartie, puisque la proportion varie de 191 à 22 habitants par kilomètre carré, les départements à grande culture sont en général les plus peuplés, en même temps qu'ils fournissent davantage à l'approvisionnement des grandes villes. Il y a beaucoup d'exceptions à cette règle.

Il y a tant d'exceptions et d'objections qu'on ne peut attribuer une influence exclusive, ni même décisive, à aucune des causes que j'ai indiquées. Quelques-unes d'entre elles, diversement combinées, ont pu contribuer à l'accroissement de la population ; mais il semble moins dépendant qu'on ne l'a dit du bien-être social et de l'aisance. Les pauvres multiplient pour le moins autant que les riches ; il en est de même des pays pauvres tels que l'Irlande et la Russie. En tenant compte du nombre d'enfants conservés par la vaccine depuis quarante-cinq ans, et des hommes épargnés par la mort depuis trente-deux ans de paix, je croirais que la culture de la pomme de terre rendrait à peu près raison du progrès de la population dans les pays pauvres et dans les campagnes ; elle s'est rapidement propagée en Europe. La pomme de terre ne contient qu'un quart de substance alimentaire du même poids en céréales (¹), mais elle produit dix-huit fois plus à la culture, exige trois fois moins de travail, occupe la terre un tiers moins longtemps. Elle offre donc un aliment à bon marché, autant qu'il est salubre et agréable. La partie de son produit qui n'est pas directement consommée par l'homme, l'est indirectement puisqu'elle sert à la nourriture des animaux qu'il consommera, et de ceux qui comme les chevaux consommeraient des céréales auxquelles on la substitue. Cette culture fut introduite à Belle-Ile par les Anglais pendant

---

(1) Le froment, en général, contient plus de 60 p. % de fécule. Les meilleures pommes de terre n'en donnent que 28 p. %. Les plus mauvaises n'en contiennent que 20.

leur occupation de 1761 à 1763. Les 78 familles acadiennes arrivées à Belle-Ile dans le mois d'octobre 1765, après un séjour de sept ans en Angleterre, contribuèrent beaucoup à accréditer et à propager la culture de la pomme de terre. Outre la consommation qu'en faisaient les habitants et les troupes de la garnison, il en était annuellement exporté, dès 1787, plus de 4000 hectolitres, au prix de 5 à 6 francs, avec un bénéfice de 2 francs ; le prix n'était dans l'île que de 3 à 4 francs. Cette branche de commerce a presque entièrement cessé, quoique la culture se soit étendue : elle occupe le cinquième des terres labourables ; mais la population est presque double de ce qu'elle était en 1787, et la consommation des pommes de terre étant probablement quadruple, celle des céréales a diminué.

J'ai fait un relevé des mariages, naissances et décès de vingt-un ans, choisis par séries de trois années consécutives entre 1759 et 1844. Les naissances surpassent les décès de 721, à raison de 34,33 par an, ce qui donne pour les 85 ans une augmentation de population de 2918. Ajoutant la population de 1759 qui pouvait être de 5200 âmes comme celle de 1778, on retrouve la population de 1846; elle est de 8080. Beaucoup d'étrangers se sont établis dans l'île. Leur nombre doit faire compensation avec celui des indigènes qui auraient émigré. Le nombre des mariages étant de 1092 pour vingt-un ans, donnerait un mariage sur 155 habitants, 463 millièmes de la population actuelle ; mais celle-ci ayant varié, je prends trois périodes : de 1759 à 1787, il se faisait un mariage sur 127 habitants, 200 dix millièmes ; de 1794 ; à 1813, la proportion s'éleva à un mariage par 87, 173 millièmes; depuis la paix, de 1814 à 1844, la population moyenne étant de 8,096 et le nombre des mariages, pour sept ans, de 395, c'est à raison de 56 mariages 4286 dix millièmes par an, ou un mariage sur 143 habitants 4733 dix millièmes. Le nombre proportionnel des mariages a donc diminué non-seulement sur la période des guerres de la république et de l'empire, mais aussi sur l'époque antérieure troublée par la guerre de sept ans et par la guerre d'Amérique. J'en conclurais que la guerre favorise les mariages, en tenant compte des progrès du luxe dont les exigences toujours croissantes, ainsi que le relâchement des mœurs, favorisent le célibat. Une civilisation avancée donnant aux besoins factices du luxe une force égale, si elle n'est supérieure à celle des besoins naturels, non seulement le nombre des mariages, mais celui des naissances diminuerait. Ici, la théorie se trouverait en défaut ; 368 mariages dans la première période ont donné 1669 enfants, ou par mariage 4,53509 ; dans la seconde 329 mariages ont donné 1075 enfants, ou par mariage 3,2674, et dans la troisième, 395 mariages donneraient 1,691 enfants, ou par mariage 4,28098 ; mais en prenant les trois années 1842, 1843 et 1844 comme l'expression de la situation actuelle, on ne trouvera plus pour 214 mariages que 673 naissances ; pour un mariage, 3,1895. La proportion des mariages par rapport à la population et le nombre d'enfants de chaque mariage continueraient de diminuer de 1759 à 1844, sauf la période intermédiaire des guerres de l'empire et de la république. Le rapport des naissances à la population suit à peu près la même progression. Entre 1859 et 1787, on trouve une naissance par 28 habitants 48 millièmes. On en trouve un par 26,753 de 1794 à 1814 ; une par 33,513 de 1814 à 1844, et seulement une par 36,003 pour les trois années 1842, 1843 et 1844 que je prends pour l'expression de la position actuelle. Mais si le nombre des naissances n'augmente pas en proportion de l'accroissement de population, il augmente pourtant au fur et à mesure qu'elle s'accroît par la diminution du nombre des décès. Ce nombre, démesurément augmenté par les guerres de la république et de l'empire, est aujourd'hui inférieur à ce qu'il était avant 1787. Dans la période de 1759 à 1787, 1542 décès en neuf ans donnent 171,333 par an, soit un décès sur 30,3502 ; la population étant de 5200 âmes. Je ne comprendrai pas, dans la seconde période, 570 conscrits réfractaires, morts à Belle-Ile de 1811, 1812 à 1813, d'une fièvre contractée dans les prisons. Il reste pour les cinq années 1,038 décès, ou 207,6 par an, ce qui donne un décès sur 27 habitants 63 centièmes. La population étant de 5,736, cette énorme proportion n'a rien d'étonnant, l'île fournissait aux levées de la marine et de l'armée de terre, sans avoir jamais un seul déserteur ni un réfractaire. Encore suis-je certain que le décès des prisonniers morts en Angleterre n'a pas été exactement constaté. Les sept années que j'ai relevées depuis la paix présentent 1195 décès ou 70,716 par an, la population étant de 8,096, c'est un décès sur 47,4239. On n'en trouve plus qu'un sur 54,6216. Si l'on prend les trois années 1842, 1843 et 1844, dont la population moyenne est de 8,084 et les décès de 444, la proportion est encore plus favorable pour la garnison. De 1832 à 1845, en quatorze ans, il n'est mort qu'un soldat sur 89, 215 de l'effectif. Il est tout naturel que les hommes vivent plus longtemps, quand on ne les tue pas dans la force de la jeunesse. Si on ajoute aux jeunes hommes que la paix conserve, les enfants que la vaccine, très-répandue à Belle-Ile, a préservés, en tenant compte de l'aisance générale provenant du rétablissement de la pêche de la sardine, de l'activité de la navigation et du commerce, de la propagation de la culture des pommes de terre et du progrès de l'exportation des céréales, on comprendra que la population ait augmenté en même temps que la durée moyenne de la vie. Les progrès de l'art de guérir ne sont pas étrangers à cet heureux résultat.

Si la durée moyenne de la vie s'améliore il n'en paraît pas être de même de la durée exceptionnelle. Le nombre des décédés qui avait atteint ou dépassé quatre-vingts ans étant de 46 pour les neuf années antérieures à 1787, c'est à raison de 5 $1/9$ par an. Pour les cinq années de guerre, on en trouve 42 ou 8 $2/5$ par an. Les sept années de paix en donnent 37, soit 5 $2/7$ pour chaque année.

Cette quantité d'octogénaires se répartit diversement sur les communes. Au Palais, entre les 1738 décédés des vingt et une années relevées, il y a 57 octogénaires, c'est un par 30,491. A Locmaria, on trouve 661 décédés dont 23 octogénaires, un sur 28,736. A Bangor, 651 décédés,..... octogénaires, un sur..... A Sauzon, 650 décédés, dont 47 octogénaires; c'est un sur 13,83. En ne prenant que les dix ans de 1832 à 1841, on trouve un octogénaire sur 11,619. Cette proportion doit être rare en France, d'après les tables de Duvillard, rectifiées par M. de Monferrand. Sur 30 enfants qui naissent en France, il n'y en aurait que 1,0412 à parvenir à l'âge de 80 ans, et il y en aurait 1,7537 à Sauzon.

On a dit qu'en avançant du Nord au Midi, la fécondité des mariages augmente. A la vérité, dans les provinces septentrionales de France, un mariage donne exactement quatre enfants; dans les provinces méridionales, il en donne 4,34 ; en Suède, 3,62, tandis qu'en Portugal, un mariage donne 5,1 ; mais en Russie, il naît 5,25. En Bohême et en Belgique, 5,27. Dans le canton de Fribourg, 5,35, et dans une partie de la Bretagne, 5,52. A Belle-Ile, dont le climat est le plus doux de la Bretagne, la proportion n'est que de 4,0615. Ainsi, la Belgique et le Nord de la France, pays contigus, dont la température se rapproche autant que possible, où les peuples jouissent des mêmes institutions, de la même civilisation et du même bien-être matériel, présentent autant de différence, quant à la fécondité des mariages, qu'il y en a entre ces mêmes provinces du Nord de la France et le Portugal, pays les plus dissemblables qu'il y ait. On ne peut donc tirer aucune induction logique de faits aussi contradictoires. On a voulu attribuer la fécondité des femmes de la Sologne et d'une partie de la Bretagne, contrées presque également pauvres et mal cultivées, au sarrasin qui fait la base de la nourriture des habitants. Il faudrait d'autres faits analogues pour appuyer cette conjecture. Toujours est-il qu'on ne mange point de sarrasin à Belle-Ile, le canton le plus peuplé du Morbihan.

La densité de la population est d'autant plus remarquable dans l'île que les terres labourables n'occupent que la moitié de son étendue; les prairies n'en forment qu'un dixième. Tout le reste est pâtures et landes également peu productives. Or, sur une contenance totale de 8461 hectares 5 ares 13 centiares, soit 84 kilomètres carrés, elle nourrit 8,031 habitants, c'est à raison de ..... par kilomètre, ce qui la place entre les départements de la Manche et de la Loire, qui sont les 8e et 9e de France pour la population. Le Morbihan n'est que le 38e : il ne compte que 64 habitants par kilomètre carré.. L'Ile-de-Ré n'est guère plus étendue que Belle-Ile, elle nourrit 16,000 âmes; mais elle a deux riches produits, le vin et le sel, qui suppléent à l'insuffisance des céréales. L'île de Jersey, qui n'est que d'un tiers plus grande, a 29,000 habitants. Guernesey dont l'étendue est précisément double de celle de Belle-Ile, nourrit 24,000 âmes, mais ces deux îles enrichies par la contrebande, ne paient de contributions que les taxes municipales, tandis que Belle-Ile est surchargée d'impôts qui écrasent l'agriculture. Avec des capitaux, la moitié des landes pourraient être défrichées, et Belle-Ile nourrirait plus de 11,000 habitants sans diminuer l'exportation des céréales. Sa population est sobre et se contente d'une nourriture médiocre, quoique plus salubre et préférable à celle des cultivateurs de l'intérieur du Morbihan. Le pain n'y entre que pour environ trois cinquièmes, mais il est de pur froment, et d'autant mieux fait que beaucoup de cultivateurs ont renoncé à le cuire et même à pétrir, par suite de la rareté du combustible et de la subdivision des fermes. Il existe dans l'île quinze boulangers et douze fourniers, tous très-occupés. Comme les meuniers sont aussi très-multipliés, il y en a dix-sept au lieu de huit qu'il y avait autrefois, le pain que mangent les Bellilois est assujetti à bien des prélèvements en nature qui ne sont limités que par la bonne foi. On peut évaluer la consommation journalière à raison de 350 grammes de blé (500 grammes de pain) par individu de tout âge et sexe, ce qui donne environ 10,000 hectolitres de froment pour 8,000 âmes, plutôt au-dessous qu'au-dessus.

Si le plus ou moins de blé nécessaire pour nourrir dépend du plus ou moins de perfection de l'art de moudre, la consommation du blé à Belle-Ile est susceptible de diminuer encore, car la mouture y est fort imparfaite (¹). Tous les moulins n'ont d'autre moteur que le vent dont la vitesse est trop inégale et change trop brusquement pour donner un bon résultat. Les meules étant piquées à tête de diamants, les arêtes sont plus sujettes à se briser. Il reste beaucoup de graviers dans la farine. Il n'y avait anciennement dans l'île qu'une seule famille, Celte de meuniers, les Korret (le nain) : les seigneurs de Gondi amenèrent des meuniers Fran-

---

(1) Selon PARMENTIER, il fallait autrefois 480 kilogrammes de blé pour nourrir un homme. L'art de moudre s'étant perfectionné, la consommation fut réduite à 360 kilog. Un progrès de plus l'a amenée à 270 kilog., suffisants pour nourrir l'homme le plus robuste ne vivant que de pain.

çais, les Brière; ce fut sans doute un progrès dans ce temps-là. Le progrès désirable aujourd'hui serait la construction d'un moulin à vapeur.

LAVOISIER évaluait la nourriture d'un Français à 466 livres 68 centièmes (228 kilog. 36) de céréales, et à 116 livres 67 centièmes (56 kilog. 78) de fruits, de légumes et autres végétaux. On comprend tout ce que ces évaluations peuvent avoir de hasardé ; mais en les acceptant pour approximation quelconque, je les traduirais ainsi : pour la nourriture d'un Bellilois, sans tenir compte de la différence entre la consommation des hommes et celle des petits enfants : Froment, 126 kilog. 750 grammes ; bouillie d'avoine de maïs, de millet, 53 kilogrammes 250 grammes ; pommes de terre cuites à l'eau, tenant lieu de pain, et mangées avec la viande et le poisson ou réduites en bouillie avec addition d'un peu de farine de froment, 250 kilogrammes contenant environ 100 kilogrammes de fécule; plus, 5 kilogrammes de légumes ([1]).

Dans un discours prononcé en 1846 devant les électeurs du Mans, M. LEDRU-ROLLIN s'appuyant de documents fournis par l'autorité, a conclu que la subsistance du peuple s'est amoindrie depuis soixante ans et que les hommes ont dégénéré sous le rapport des forces physiques, par suite de l'établissement vicieux des impôts et d'une administration imprévoyante : l'accusation me semble vague; elle est peut-être injuste dans sa généralité. J'attribuerais l'affaiblissement de la génération actuelle à deux causes principales étrangères à l'action du pouvoir : d'abord à la multiplication des manufactures dont les travaux sont peu favorables au développement des forces physiques, comme le prouvent la difficulté qu'il y a à former le contingent du recrutement à Lyon et à Rouen, par suite du défaut de taille des jeunes gens. Secondement, aux temps de la république et de l'empire, tous les hommes les plus robustes ayant été levés pour la guerre, il ne restait en

---

[1] Le savant rapporteur de la loi sur les céréales de 1820, M. CARRELET DE LOISY, évaluait la consommation d'un homme à 3 hectolitres de blé. Il se pourrait que les hommes les plus robustes les mangeraient, mais en tenant compte des femmes, des enfants, des hommes faibles et de ceux qui mangent beaucoup de viande, on ne peut évaluer la consommation générale à plus d'un hectolitre soixante-dix litres.

général, pour la reproduction que les hommes réformés pour infirmités ou défaut de taille. Cette cause toujours agissante, par suite de l'exagération des armées européennes, tend à abatardir l'espèce humaine déjà menacée par le travail manufacturier. Il est urgent d'y remédier en France et d'abaisser la taille exigée pour le service militaire.

Quant à l'amoindrissement de la subsistance du peuple, c'est un fait démontré par la diminution de la consommation de la viande en France et même à Paris, où elle s'élevait, en 1789, à 75 kilogrammes par tête. D'après les derniers tableaux publiés par le ministre du commerce, et les faits recueillis aux sources officielles par M. Dupont-Withe, la consommation de la viande n'était plus à Paris, en 1836, que de 50 kilog.; elle a encore diminué depuis. La consommation moyenne dans toute la France qui était, sous la restauration, de 22 kilogrammes 2 tiers par tête, est tombée depuis 1830 à 11 kilogrammes. Ces évaluations ne peuvent avoir de base que dans les localités assujetties à l'octroi. Il n'en est pas de même pour les boissons dont la consommation aurait aussi diminué selon MM. Ledru-Rollin et Dupont-Withe. En ne comparant que les années de 1806 à 1811 avec les années de 1830 à 1835, la consommation du vin a diminué de 59 litres par tête : la diminution sera de 70 litres si l'on compare 1808 à 1840. J'attribuerais l'effet à une cause opposée à celle qu'accuse M. Ledru-Rollin, à la passion de l'égalité, qui a fait faire d'immenses progrès au luxe depuis quinze ans, et à la consommation du tabac qui est double de ce qu'elle était sous la restauration et triple de ce qu'elle était au temps de l'empire. Cet excédent représente pour un fumeur la valeur de plus de 20 litres de vin ou de 10 kilogrammes de viande. Il faudrait aussi vérifier si l'accroissement de la consommation de la bière, de l'extrait d'absinthe et autres liqueurs alcooliques n'a pas contribué à diminuer la consommation du vin.

Quant aux reproches adressés à la législation, ils me paraissent injustes. On ne peut nier que l'administration ne soit, en général, mieux organisée, plus régulière et plus éclairée qu'elle ne l'était avant la révolution, peut-être devient-elle en même temps plus coûteuse, plus gênante et moins paternelle, mais le remède est bien simple et consiste dans la réduction du nombre des commis et agents de la centralisation parisienne. Les impôts sont infiniment mieux assis et plus également établis qu'ils n'étaient autrefois. Sans cette égalité de répartition, la France succomberait sous l'énorme fardeau des impôts qu'elle acquitte pourtant, quoique avec gêne. Le remède encore est facile, c'est la diminution des dépenses qui permettrait de réduire ceux des impôts qui pèsent sur le pain, sur la viande, le sel, le vin, le cidre. Mais quand on parle de réduire la taxe des lettres et le timbre des journaux, ce n'est pas de l'amélioration de la subsistance du peuple qu'on se préoccupe : on ne s'en occupait pas d'avantage en 1832 lorsque pour grever la propriété foncière de fr. 92,000,000 on prétendait que la Restauration l'avait réduite de cette somme pour favoriser ses députés, tous grands propriétaires fonciers. D'après ce système, la contribution ayant toujours augmenté, le prix du blé et de la viande a dû suivre la même progression ascendante. Par la même raison la subsistance du peuple, sauf la circonstance aggravante des progrès du luxe, s'améliorerait si la contribution foncière qui frappe sur le pain et la viande, était réduite, en même temps que l'on diminuerait les tarifs des droits sur le vin, sur le cidre et sur le sel. On pourrait avec avantage pour la morale et pour le bien-être du peuple élever les droits sur le tabac, sur la bierre et sur les liqueurs alcooliques. Ces modifications semblent indiquées ; quand on manque d'argent pour acheter du pain, il faut surtaxer le tabac qui est une consommation de luxe : puisque les produits de la culture de la vigne excèdent la consommation sans satisfaire les besoins naturels, tandis que le produit de la culture des céréales est insuffisant, il faut encourager par une réduction de taxe la consommation du vin qui est nécessaire à la santé, et s'opposer par une surtaxe à l'accroissement que prend chaque jour la fabrication de la bierre qui emploie des céréales.

M. de Châteaubriand attribue la lenteur des progrès de la civilisation chez les sauvages de l'Amérique au manque absolu de troupeaux, ces premiers législateurs des peuples ; il ajoute que les deux nations que les Espagnols trouvèrent à demi civilisées, les Mexicains et les Péruviens, étaient parvenues à assujettir à la domesticité deux espèces d'animaux vivants dans le pays à l'état sauvage. La science de l'économie politique a confirmé par l'observation cet aperçu du génie : on évalue le degré de civilisation d'un pays d'après le rapport du nombre d'hommes et d'animaux domestiques avec l'étendue du terrain sur lequel ils vivent. Ainsi, sur une lieue carrée, l'Angleterre compte 1746 habitants, ayant par individu une tête de bétail; on suppose que chaque anglais pourrait manger 50 kilogrammes de viande par an. La Belgique avait, en 1825, 1862 habitants ayant une tête de bétail pour trois dont chacun mangerait 33 kilogrammes; la France n'ayant qu'une tête de bétail pour cinq des 1196 habitants que nourrit en moyenne une lieue carrée, chaque français mangerait 20 kilogrammes de viande (¹).

D'après cette théorie, un Belle-ilois serait aussi bien nourri qu'un anglais, l'île étant peuplée de 1450 habitants et de 704 animaux de race bovine, par lieue carrée; c'est à raison d'une tête de bétail pour deux et demi. Malheureusement la consommation de la viande ne se répartit pas en raison du nombre des animaux et de celui des hommes qui les élèvent. Non-seulement les villes consomment plus que les campagnes, et l'homme riche plus qu'un pauvre, mais un ouvrier, un soldat mange plus de viande de boucherie que le propriétaire d'un nombreux troupeau. Au lieu d'un demi bœuf, il ne revient pas au Belle-ilois plus d'un demi-kilogramme. Pendant l'année 1845 il a été déclaré à l'octroi 242 bœufs et 50 vaches d'un poids moyen de 150 kilogrammes, ensemble 43,800 kilogrammes (²) attendu l'élévation du prix, les 495 soldats n'ont

---

(1) **MALTE-BRUN** ne s'accorde pas avec M. **MATHIEU** pour la répartition de la population. Elle était en 1845 de 64,868 par kilomètre carré, ou 1017,888 par lieue carrée.

(2) Dans le numéro du 12 mars 1847 du journal le *Siècle*, M. E.-J. évalue la race bovine à 10 millions d'individus en France, le poids d'un bœuf, à 250 kilogrammes; d'une vache, à 125 kilogrammes; d'un veau, à 25 kilogrammes. Quoique ces évaluations soient toutes exagérées pour le poids moyen, il ne revient encore que 14 kilogrammes de viande à chaque français, non compris le mouton qui peut donner un kilogramme et le porc qui en donnerait deux.

pu acheter chacun 250 grammes par jour, supposons 200, c'est-à-dire 73, au lieu de 91 kilogrammes par an, 36,135 total. Il ne reste pour la consommation des officiers, fonctionnaires, voyageurs et habitants de l'île que 7,665 kilogrammes par an, environ 15 par semaine, ce que je crois inférieur à la consommation effective. Il a été abattu 1231 veaux et moutons à 14 kilogrammes l'un, total 17234. Viande de porc dépecée, 5278 kilogrammes, plus 95 porcs, ensemble 11928. La quantité de toutes viandes consommées par les 2000 habitants de la ville du Palais serait de 36827 kilogrammes, à raison de 18 kilogrammes 50 grammes par personne et par an. Beaucoup de cultivateurs viennent vendre en ville une moitié du porc qu'ils abattent. La viande dépecée représente au moins le quart des porcs qui sont tués annuellement hors la ville. Ce serait donc 21112 kilogrammes à partager entre les 5000 personnes habitant hors la ville, à raison de 3 kilogrammes 50 grammes. Peut-être la consommation atteindrait-elle 5 kilogrammes, en supposant que le poids moyen dépassât 70 ; mais je ne crois pas qu'il soit abattu annuellement dans l'île plus de 500 porcs. Avant 1787, il était abattu 666 porcs, pesant 46,620 kilogrammes, donnant plus de 8 kilogrammes par habitant. On mange dans l'île beaucoup de poissons frais et salés (1).

Le nombre des bestiaux n'a pas augmenté à Belle-Ile, ni même en France, en proportion de l'accroissement de population ; l'étendue des prairies suit moins encore que celle des terres labourables la progression ascendante de cet accroissement. Il en résulterait que la consommation de la viande tendrait à diminuer, puisque la production n'augmente pas comme le nombre des consommateurs. A Belle-Ile le rapport a rétrogradé. Le recensement de 1778 donnait une tête de bétail par 2,30 habitants ; celui 1787 une par 1,95 ; celui de 1804 une par 1,98 ; celui de 1841 ne donne plus qu'une

---

(1) Le Congré peut être considéré comme le bœuf du pays. On en fait d'excellente soupe et des ragoûts. Il est toujours à bas prix. Les plus gros, pèsent 19, 20 à 30 kilogrammes, se vendent de 75 centimes à 2 francs et 2 francs 50 centimes. Il en est pris et mangé frais ou salé immensément. On fait aussi de la soupe avec l'Orphie, et le Pironneau.

tête de bétail par 2,29, à peu près le même rapport que soixante-trois ans auparavant.

Je n'ai pas de documents sur la consommation des boissons antérieurement à la révolution. Elle était considérable pendant la période de la république et de l'empire ; mais la garnison ayant fréquemment varié entre 10,000 hommes et 3,000 hommes, il serait impossible de déduire les quantités afférentes aux habitants. Vers 1812 et 1813, la recette des divers droits impériaux et municipaux sur les boissons dépassait 70,000. Elle n'est plus en 1845 que de la moitié, le nombre des consommateurs n'a pas diminué en proportion.

Pendant l'année 1845, il a été consommé à Belle-Ile 13,500 litres d'eau-de-vie, 8,600 de bierre, 406,900 de vin et 96,900 de cidre. Cette dernière consommation exceptionnelle, se remplace habituellement par des vins de Marennes et de Saint-Denis. En augmentant la quantité de vin du quart de la quantité de cidre, on trouve à peu près la consommation ordinaire, soit 431,200 litres de vin dont il faut déduire à peu près la moitié que boivent les militaires, les marins et pêcheurs étrangers. Il restera environ 30 litres par an pour chaque habitant. Beaucoup ne les boivent pas, mais tous en boivent pendant les fêtes du carnaval. C'est un antique usage que de partager, à cette époque, une barrique de vin entre parents et voisins. Les armateurs à la pêche de la sardine, font aussi boire leurs matelots chaque fois qu'ils prennent du poisson. Les marchés de bestiaux et autres grandes affaires se terminent souvent au cabaret, mais les ivrognes d'habitude sont peu nombreux. Il n'y a pas, en Bretagne, de population plus sobre que les Belle-ilois. Il n'y en a pas non plus de mœurs plus douces et d'un caractère plus bienveillant et plus sociable. L'élégance et la propreté des vêtements et des habitations, les habitudes de politesse et de subordination font des Belle-ilois une peuplade à part en Bretagne et très-supérieure, par exemple, à ses proches voisins. Les procès excessivement rares, toujours arrêtés en conciliation, sont relatifs aux loyers et fermages, salaires des ouvriers et domestiques, dommages aux récoltes, contestations de limites des propriétés, injures verbales rarement suivies de coups. Depuis plus de trente ans, quatre ou cinq au plus ont été portés à la connaissance des autorités locales. Les seuls délits poursuivis en police correctionnelle avaient pour cause quelques soustractions de matériaux, de débris ou marchandises venus à la côte après naufrage, d'outils ou de planches laissés sur la voie publique, et un seul vol dans une boutique. Depuis plus de quatre-vingts ans il n'a été commis que trois crimes par des Belle-ilois natifs. Un cabaretier jeta brutalement sur le pavé un homme qui mourut du coup, une fille tua son enfant et un homme empoisonna une femme dont il héritait. Il n'y a probablement pas, en France, de canton où il y ait moins de procès, de délits et de crimes.

Avant la révolution, l'usage des serrures était presque inconnu dans l'île. Encore à présent, beaucoup de portes ne seferment pas à clef et peu de fenêtres ont des contrevents. La sécurité est entretenue par la difficulté qu'aurait un voyageur étranger de s'échapper après un crime commis. Les passeports sont soigneusement visités à l'entrée dans l'île, par les concierges militaires. Dès que les Belle-ilois n'ont rien à redouter des étrangers, ils sont en sûreté. Ils doivent, ce me semble les qualités morales qui les distinguent à plusieurs causes. FILAUGIERI a dit : « Rapprochez les hommes, » vous les rendrez industrieux et actifs ; séparez-les, et vous en » ferez autant de sauvages incapables même d'avoir une idée de » leur perfectibilité. » (*Traité de Législation*, liv. II, ch. XXVI.) Leur rapprochement contribue aussi à les civiliser, à adoucir les mœurs et à éclairer les esprits. La population agglomérée dans la ville et les trois bourgs étant de 2,900, représente plus du tiers de la population totale, proportion très-élevée pour la Bretagne, surtout si l'on considère qu'il y a peu d'habitations isolées et que la population éparse se répartit dans 139 villages.

La longue domination des moines, la position dépendante des colons et même des afféagistes envers les fonctionnaires qui représentaient le seigneur, le despotisme militaire et l'état de siége ; l'habitude de la discipline contractée par les marins et les gardes-côtes ont dû profondément modifier le caractère breton généralement fier et opiniâtre jusqu'à la violence. Il en est résulté un caractère et des mœurs exceptionnelles qui font croire aux étrangers qu'en habitant Belle-Ile, ils ne sont pas en Bretagne. Quelque soit la ressemblance qui doive nécessairement exister entre des hommes rapprochés sur un petit espace, mêlés par les déménagements et les mariages, on distingue pourtant les habitants originaires de chacune des quatre paroisses, moins encore par le costume que par la constitution physique en général; cependant les qualités physiques sont celles des pays secs et élevés, peu d'embonpoint, de la force musculaire, de l'agilité, la taille assez élevée et bien prise, le teint coloré et de belles dents.

Autrefois les femmes étaient vêtues de droguet, étoffe très-économique mais très-laide, fabriquée dans le pays, passée aux foulons à Vannes; la chaine était en fil et la trame moitié fil et moitié laine. Les acadiens y substituèrent une étoffe bien préférable ayant aussi la chaine en fil et la trame entière en laine de diverses couleurs formant des rayes perpendiculaires au jupon. Les vêtements des hommes, les jours ouvrables, sont faits de cette dernière étoffe dont la laine est gris bège. Les dimanches ils sont tous bien vêtus en drap bleu, et les femmes en cotonnades, en mérinos, ou autres étoffes nouvelles en laine, avec des tabliers de soie pour la plupart, et une coiffe dont la forme est assez pittoresque. Les deux sexes sont vêtus avec une élégance remarquable.

Les deux sexes sont doués d'une intelligence remarquable et font de rapides progrès dans l'instruction soit littéraire élémentaire, soit professionnelle. On s'étonne, par exemple, que des marins de plus de vingt ans qui n'ont point fait d'études régulières et ne savent que lire, écrire et les premiers éléments de l'arithmétique, deviennent en peu de mois capables de subir des examens de maîtres au cabotage et de capitaines au long cours, raisonnent sur les pays qu'ils ont parcourus et sur les observations qu'ils ont faites, avec un bon sens et des lumières naturelles, rares parmi les personnes qui n'ont pas fait leur étude de l'art d'observer et de raisonner.

Les Belle-ilois sont d'excellents marins, très-estimés dans les ports de commerce et au service de l'état où ils sont toujours placés parmi les marins d'élite. Ils sont robustes, actifs, obéissants, plus propres dans leur tenue et moins adonnés à l'ivrognerie que les autres bretons. Pas un seul n'a déserté pendant la guerre. Depuis la paix six seulement ont pris du service à l'étranger. Ils sont renommés pour leur empressement à porter des secours aux navires en danger sur leurs côtes. Il y a peu de pilotes plus intrépides et qui s'exposent plus facilement par devoir et par sentiment.

Au service de terre, les Belle-ilois ne désertent jamais, et pas un seul n'a subi de condamnation de mémoire d'homme.

Les ouvriers des professions mécaniques ont eu des occasions de s'instruire en travaillant sous la direction de MM. les officiers du génie et de MM. les ingénieurs civils ; ils ont eu souvent pour maîtres des ouvriers habiles de Paris et des grandes villes qui se rencontrent dans les troupes de la garnison. Chaque ouvrier cumule plusieurs professions. Les maçons, tailleurs de pierres, sont au besoin plâtriers ; les forgerons sont taillandiers, serruriers et maréchaux ; les menuisiers sont vitriers, peintres, tapissiers et charpentiers. Il y a peu de laboureurs qui ne sachent maçonner au moins des murs de clôtures. Presque tous savent construire leurs charrues et plusieurs font des charrettes, et les charpentes de leurs granges et écuries qu'ils couvrent eux-mêmes en chaume ou en paille.

Tableau comparatif du Mouvement de la Population

Dans les quatre communes de Belle-Ile, non compris Houat et Hédic, divisé par séries de trois années choisies, en raison de l'état de paix ou de guerre.

ANNÉES ANTÉRIEURES A LA RÉVOLUTION.

	1759	1760	1761	1780	1781	1782	1784	1785	1786	Totaux
LE PALAIS.										
Mariages	17	34	8	12	6	16	22	15	21	151
Naissances	73	79	80	74	68	72	76	75	65	662
Décès	80	67	75	69	42	92	44	78	59	586
Augmentation	»	12	5	5	26	»	32	»	26	76
Diminution	7	»	»	»	»	20	»	3	»	»
Octogénaires	»	2	1	2	3	3	3	1	2	17
SAUZON.										
Mariages	5	14	7	4	7	5	14	8	1	65
Naissances	37	45	36	34	47	29	43	45	27	343
Décès	65	49	65	22	17	24	22	29	40	333
Augmentation	»	»	»	12	30	5	21	16	»	10
Diminution	28	4	29	»	»	»	»	»	13	»
Octogénaires	3	4	3	»	»	2	3	2	5	22
LOCMARIA.										
Mariages	6	»	6	7	2	11	19	1	3	55
Naissances	33	34	35	45	44	41	28	43	38	341
Décès	16	27	45	26	18	33	21	27	45	258
Augmentation	17	7	»	19	26	8	7	16	»	83
Diminution	»	»	10	»	»	»	»	»	7	»
Octogénaires	»	2	»	1	»	3	1	»	»	7
BANGOR.										
Mariages	10	15	»	5	31	14	12	3	9	99
Naissances	35	43	33	39	51	38	26	58	40	323
Décès	53	34	74	34	34	34	34	34	34	365
Augmentation	»	9	»	5	»	4	»	4	6	»
Diminution	18	»	41	»	3	»	8	»	»	42
Octogénaires	»	»	»	»	»	»	»	»	»	»

PENDANT LES GUERRES DE LA RÉPUBLIQUE ET DE L'EMPIRE.

	1794	1795	1796	1812	1813	Totaux.
LE PALAIS.						
Mariages	27	19	34	28	39	147
Naissances	138	84	108	100	122	552
Décès	120	221	65	95	106	607
Augmentation	18	»	43	5	16	»
Diminution	»	137	»	»	»	55
Octogénaires	2	4	2	7	8	23
SAUZON.						
Mariages	8	12	10	9	26	65
Naissances	38	34	51	31	42	196
Décès	16	31	18	49	40	154
Augmentation	22	3	33	»	2	42
Diminution	»	»	»	18	»	»
Octogénaires	»	5	»	5	2	12
LOCMARIA.						
Mariages	»	14	10	10	34	68
Naissances	20	39	37	37	50	183
Décès	28	22	36	48	40	174
Augmentation	»	17	1	»	10	9
Diminution	8	»	»	11	»	»
Octogénaires	2	1	»	3	»	7
BANGOR.						
Mariages	8	17	1	9	14	49
Naissances	12	13	30	40	49	144
Décès	11	9	3	55	25	103
Augmentation	1	4	27	»	24	41
Diminution	»	»	»	15	»	»
Octogénaires	»	»	»	»	»	»

DEPUIS LA PAIX.

	1814	1828	1829	1830	1842	1843	1844	Totaux.
LE PALAIS.								
Mariages	23	25	24	16	29	27	26	170
Naissances	128	94	94	89	89	83	102	696
Décès	86	68	68	94	93	53	69	545
Augmentation	42	29	26	»	»	30	33	154
Diminution	»	»	»	5	4	»	»	»
Octogénaires	2	1	2	2	4	1	3	15
SAUZON.								
Mariages	5	15	6	3	8	14	16	67
Naissances	46	35	50	36	30	29	39	265
Décès	34	19	26	37	16	14	20	166
Augmentation	12	16	24	»	14	15	19	99
Diminution	»	»	»	1	»	»	»	»
Octogénaires	1	1	»	6	2	1	2	13
LOCMARIA.								
Mariages	9	8	9	6	15	15	16	78
Naissances	54	49	58	54	46	41	54	356
Décès	43	36	31	45	22	25	27	229
Augmentation	11	13	27	9	24	16	27	127
Diminution	»	»	»	»	»	»	»	»
Octogénaires	»	1	5	1	»	2	2	9
BANGOR.								
Mariages	3	12	9	11	25	11	9	80
Naissances	53	67	49	45	44	62	54	374
Décès	34	38	35	43	50	36	39	255
Augmentation	19	29	14	2	14	26	15	119
Diminution	»	»	»	»	»	»	»	»
Octogénaires	»	»	»	»	»	»	»	»

— 71 —

Récapitulation des trois Périodes.

POPULATION.	NOMBRE des ANNÉES.	MARIAGES PAR AN.	RAPPORT à la POPULATION.	NAISSANCES PAR AN.	RAPPORT au nombre DE MARIAGES.	DÉCÈS PAR AN.	RAPPORT à la POPULATION.
5200	9	368 — 40,89	1 par 127,2001	1669 — 185,44	4,53509	1542 — 171,333	1 par 30,3502
5736	5	329 — 65,8	1 par 87,173	1075 — 255	3,2674	1038 — 207,6	1 par 27,63
8096	7	395 — 56,4286	1 par 143,4755	1694 — 241,57	4,281	1195 — 170,716	1 par 47,4259
8084	3	211 — 70,333	1 par 114,924	673 — 224,35	3,18958	444 — 148,	1 par 54,6216
Moyenne. 6544	24	1092 — 52,	1 par 122,	4455 — 211,19	4,06	3714 — 176,857	1 par 56,4362

Relevé des Recensements.

Dans leur requête au Roi pour obtenir la dîme, en 1752, MM. les Recteurs-Curés de l'Ile, portaient la population de 6,000 à 7000 âmes, évaluation évidemment exagérée, puisqu'en 1778, M. Bigarré, sénéchal et subdélégué, la porte à 5,200.

	LE PALAIS.	SAUZON.	BANGOR.	LOCMARIA.	TOTAUX.
Population agglomérée	1200	300	105	124	1729
— éparse......	823	783	900	762	3273
Recensement de 1787..	2028	1083	1005	886	5002
Population agglomérée.	1327	341	128	119	1915
— éparse......	843	824	1134	1020	3821
Recensement de 1804..	2170	1165	1262	1139	5736
Population agglomérée.	1620	»	»	131	»
— éparse......	1638	»	»	1220	»
Recensement de 1820..	3258	1237	1418	1351	7264
Recensement de 1825..	3345	1294	1517	1472	7628
Population agglomérée.	1800	634	»	176	»
— éparse	1784	820	»	1381	»
Recensement de 1831..	3584	1454	1638	1557	8233
Population éparse.....	1702	860	1632	1398	5592
— agglomérée.	1944	684	130	203	2961
Recensement de 1836..	3646	1544	1762	1601	8553
Population agglomérée.	1933	623	175	169	2900
— éparse......	1316	844	1567	1430	5157
Recensement de 1841..	3249	1467	1742	1599	8057
Population agglomérée.					
— éparse......					
Recensement de 1846..	3276	1469	1712	1574	8031

ÉTAT COMPARATIF

Du Mouvement de la Population et de la Propriété.

DÉSIGNATION.	Le Palais.	Sauzon.	Bangor.	Locmaria.	TOTAL.
Afféagements de 1769........	20 jour. 1/2	26 jour. 54	18 jour. 7/8	22 journ.	21 jou. 3/32
Familles d'anciens Colons.....	97	77	99	102	375
Familles de Journaliers......	15	9	62	22	108
Familles Acadiennes	12	20	31	15	78
Total des Afféagés.....	124	106	192	139	561
Familles non Afféagées.......	391	152	18	46	607
Total des Feux en 1787 .	515	258	210	185	1168
Hameaux ou Villages.........	34	28	36	34	132
Personnes de tout âge et sexe.	2028	1083	1005	886	5002
Hommes en état de porter les armes.................	450	250	250	200	1150
Bataillon de Canonniers......	180	118	108	98	504
Soldats du Guet............	270	132	142	102	646
Matelots et Pilotes présents...	100	50	30	25	205

RECENSEMENT DE 1841.

	Hect	Hect.	Hect.	Hect.	Hect.
Etendue moyenne des Fermes.	6	4 16 93	»	4 13 65	»
Nombre moyen des Parcelles.	»	17 1/2	»	33 3/4	»
Total des Parcelles....	6,111	9,289	11,425	16,151	»
Nombre des Villages........	40	29	37	33	139
Popul. éparse dans les Villages	1316	844	1567	1430	5157*
— agglomérée aux chefs-lieux	1933	623	175	169	2900
Population totale.....	3249	1467	1742	1599	8057
Nombre des Feux ou Familles..	672	294	203	304	1473
Fermes de 10 à 15 hectares...	33	27	53	23	136
Nombre des Propriétaires.....	»	»	»	»	1557
Garde nationale............	»	»	»	»	»
1re Compagnie de Canonniers.	150	»	»	»	»
3 demi-compagnies de Canonniers dans l'île..........	»	»	54	»	»
1 Bataillon de Fusiliers......	670	»	133	»	»
Matelots et Pilotes......	»	»	»	»	»
Nombre des Moulins en 1787..	2	2	2	2	8
— Moulins en 1841..	6	3	4	4	17
— Charrettes en 1787	296	218	352	316	1182
— Charrettes en 1841	148	108	»	160	»

* A raison de 37 habitants par village.

CHAPITRE III.

Climat et Végétation.

Chaque famille de végétaux vit naturellement sous une température atmosphérique qui lui est propre et dont elle ne dépasse guère la limite, à moins d'être acclimatée par l'industrie de l'homme : ainsi en parcourant les différentes zônes d'une chaine de montagnes, on pourrait y rencontrer successivement des plantes et des arbres, des températures analogues de toute la surface du globe, ou du moins des végétaux des mêmes familles. On oppose, comme objection, une classification des plantes par nature de terrains. Il y en aurait qui croîtraient exclusivement sur le granit, le calcaire ou le schiste. Mais sur un sol calcaire pur, sur le granit nu, il ne croit qu'un petit nombre de genres de plantes vivaces et beaucoup moins de plantes annuelles. La végétation dépend du climat bien plus que du sol dont les principes constituants ne sont jamais assez tranchés pour que les plantes n'y trouvent pas les éléments qu'elles puissent s'assimiler. Ces éléments minéraux existent dans tous les êtres organisés dont les détritus forment l'humus qui est la terre végétale, à peu près exclusivement un sous-sol. C'est le support qui donne son nom aux terrains : il ne change pas, et pourtant la végétation change. Les végétaux fossiles découverts en Sibérie, par le professeur Pallas, n'y croissent plus, apparemment parce que la température a changé, car les rochers du sous-sol sont restés les mêmes. L'élévation d'une muraille suffit pour produire cet effet. Quoique le sol demeure des deux côtés, granitique, calcaire ou schisteux comme auparavant, les plantes qui ont besoin de plus de chaleur et de lumière disparaîtront bientôt du côté du Nord. Donc le sol influe moins sur la végétation que la lumière et la chaleur. L'eau et la proportion des gaz qui entrent dans la composition de l'atmosphère exercent aussi une action sur les végétaux. Il y a des plantes des terrains secs et humides, comme il y en a du Nord et du Midi, plutôt que du schiste, du calcaire et du granit. M. de HUMBOLDT a reconnu que le nombre des plantes diclines et cotylédonées augmente avec la chaleur, du pôle à l'équateur; tandis que celui des plantes hermaphrodites et acotylédones diminue. Ainsi, la température agit plus sur la végétation que la nature du terrain. A Belle-Ile, le sous-sol est une roche schisteuse, dira-t-on qu'il n'y croit que les végétaux propres aux terrains schisteux, mais l'humus dans lequel elles vivent, soit qu'il provienne de transport, de dépôt ou de détritus des êtres organisés, ne contient pas que de l'alumine. M. de SAUSSURE n'en a pas trouvé dans le terreau qu'il a analysé avec tant de soin. Les terres arables sont communément composées de silice, de chaux, d'alumine, de magnésie, d'oxide de fer et d'alkalis, substances que l'on retrouve dans les plantes où l'on n'a point découvert de feld-spath qui est le caractère du granit. Ainsi la classification des terrains par les nouveaux botanistes est incomplète et erronée. Selon la base qui domine, il y a des sols siliceux, calcaires, schisteux, magnésiens, ferrugineux ou alkalins, le tout indépendamment du sous-sol, par rapport à la végétation. Pourvu que la température le permette, les mêmes familles de plantes croissent partout où il a existé des êtres organisés dont les débris décomposés par l'influence atmosphérique laissent à nu les éléments minéraux nécessaires à la végétation.

A quelque distance que soient deux contrées, si les mêmes végétaux y croissent naturellement, il y a quelque analogie de température: elle existe au moins entre le minimum de chaleur nécessaire à la maturation et à la germination de la graine et le maximum de froid qui permet la conservation des racines. Ce sont là les vraies limites de la végétation identique, bien plus que la nature des roches du sous-sol. Sous le rapport des limites de la végétation identique, le climat de Belle-Ile est dans les mêmes conditions que celui des bords de la Méditerranée puisqu'on y trouve environ deux cents plantes qui croissent en Languedoc, en Provence, en Italie, en Grèce et en Afrique.

Cette circonstance n'est pourtant pas dans l'Ouest de la France, exclusivement propre au climat de Belle-Ile : des plantes, quelques arbres et arbustes du Midi croissent également sur la côte méridionale de la Bretagne, parce qu'il fait moins froid sur les bords de la mer que dans l'intérieur. Mais il y a des plantes du Midi, à Belle-Ile, qu'on ne retrouve pas ailleurs dans l'Ouest. Il y en a de particulières à l'île dont le climat dépend aussi de la disposition du sol à s'échauffer promptement et à conserver longtemps sa chaleur.

Les grenadiers, les myrtes, le laurier-franc, le laurier-cerise, le laurier de Portugal, le lauretin, croissent en pleine terre sans aucune précaution, fleurissent chaque année et se reproduisent de leurs fruits, atteignent souvent une hauteur de 2 à 8 mètres, une circonférence de 30 à 40 centimètres. Telles sont les dimensions du budlige globuleux du Chili. Avec quelque abri contre le Nord, le laurier rose fleurit, à Belle-Ile, en pleine terre, comme dans la Morée. La clématite odorante réussit à toutes les expositions. Le figuier produit d'excellents fruits et devient, par sa hauteur et sa grosseur, un arbre pour ainsi dire forestier. On en a vu dont le tronc était deux fois plus élevé que celui du fameux figuier de Roscoff, que nous avons vu sans étonnement, quoique ses branches soutenues par des appuis aient une prodigieuse envergure, mais elles sont grêles et l'arbre est rachitique. Les abricots, les pêches, alberges et brugnons mûrissent très-bien, ainsi que le raisin. La culture de la vigne, pour faire du vin, introduite par le surintendant Fouquet, s'est soutenue pendant plus d'un siècle dans le clos appelé Ros-Rozen et dans celui du Beau-Soleil. A la vente de M. d'Alion, propriétaire de Ros-Rozen (en 1759), son vin fut coté à 108 francs le tonneau. Pendant le siége de 1761, M. Bigarré acheta les huit dernières barriques de vin récoltées dans le Beau-Soleil. A l'Ouest de ce clos, la vigne était aussi cultivée dans un petit vallon dépendant du potager, il y a... ans, une vigne fut plantée dans un pré de la métairie de Rosbocer, elle était fort bien venue lorsqu'on l'arracha faute de savoir fabriquer le vin. A la même époque, le sieur Labattut planta à Locmaria, 46 ares de vigne qui subsiste toujours.

Le sol composé d'argile, de débris de coquillages, de sables calcaires et quartzeux, étant imprégné des vapeurs salines de la mer, se trouve dans les meilleures conditions de fertilité ; la végétation est hâtive parce qu'il s'échauffe promptement. Les herbes poussent dès le commencement de mars. Si les pâtures sont maigres, recouvertes d'un gazon assez chétif et qui se dessèche en été, la qualité des plantes aromatiques qui le forment est excellente, surtout sur les collines, au bord de la mer. Le mouton de Belle-Ile et le bœuf sont renommés par la saveur et la délicatesse de leur chair ; on doit regretter que l'art de les engraisser soit absolument inconnu. Le mouton, bien nourri, pourrait former une branche d'exportation productive. Le pâturage des prairies situées dans les vallons est bon et abondant, quoiqu'il y croisse par endroits, beaucoup de prêle (equisetum fluviale. Linn.), fourrage qui ne convient pas aux bêtes à cornes, mais que les chevaux mangent volontiers, soit en vert, soit séché. On y trouve aussi la persicaire d'Orient (polygonum persicaria. Linn.) Le poivre d'eau (polygonum hydropiper. Linn.) des tussilages, des rumex, des renoncules, la crête de coq, les euphorbes, le phellandre aquatique, la petite ciguë. Les pertes de bestiaux étant assez fréquentes, on peut attribuer une partie des accidents aux deux dernières plantes qui sont très-vénéneuses, et à quelques renoncules.

Les bonnes prairies et pâtures foisonnent de huit variétés de trèfle, de plusieurs cotières, de melilot, de fétuque, de gesse, de minette dorée, et d'avoine jaunâtre, de chiendent et de ray-grass (lolium perenne. Linn.) ; mais les terres arables sont empoisonnées d'arrête-bœuf, quintefeuille, camomille, moutarde, raifort, chardons et rumex. Les labours ne sont pas moins insuffisants que les sarclages pour les détruire. On ne pourrait réussir que par l'introduction des récoltes sarclées qui exigent que la terre soit ameublie au moyen du rouleau et de la herse, et par la culture en grand du trèfle et du ray-grass.

Les légumes ont plus de saveur à Belle-Ile qu'au continent. On apprécie particulièrement les petits navets, les pommes de terre, les choux, les asperges et les artichauts. Les artichauts gèlent rarement, quoiqu'on ne les couvre pas en hiver, si ce n'est dans les plus rigoureux ; ils produisent souvent jusqu'à la fin de novembre. Les petits navets doivent uniquement au sol de l'île, leur parfum et leur saveur, car la graine transportée hors de l'île dégénère dès la seconde année, et la graine des navets du continent, semée à Belle-Ile, se transforme. Le navet acclimaté acquiert bientôt les qualités de celui du pays.

On fait peu d'usage de la criste marine (cristhmum maritimum. LINN.), très-commune sur la côte, mais on emploie beaucoup la pulmonaire (pulmonaria officinalis. LINN.), qui n'est pas moins commune, on la boit en infusion théiforme ; les personnes âgées d'origine bretonne, en font des décoctions, qui, sucrées et coupées avec du lait servent de déjeûner. Les acadiens buvaient autrefois des infusions de sauge, coupées avec du lait. L'usage du café, qui commence à se répandre dans les campagnes, remplacera bientôt les boissons indigènes, moins coûteuses et plus salutaires.

La température de l'île est douce, mais extrêmement variable, aussi voit-on les hirondelles revenir et repartir plusieurs fois au commencement du printemps. Le mercure parcourt parfois, en vingt-quatre heures, jusqu'à 6 degrés du thermomètre de Réaumur. Cependant il descend rarement à 1 ou 2 degrés au-dessous de zéro. Plus de quatre ou cinq jours dans un hiver, plus rarement s'abaisse-t-il à 4 ou 5 degrés. Il fut jusqu'à 7 degrés dans l'hiver de 1819 et à 9 degrés dans le rigoureux hiver de 1794. Ces exceptions se placent hors des limites ordinaires du froid dont l'extrême rigueur ne dépasse 5 degrés que rarement. Il y eut en 1845 neuf jours de glace en février et six dans le mois de mars, mais non consécutifs. Une série de six jours de glace ou de verglas ne se voit presque jamais, et la glace ne supporte pas le poids d'un homme une fois en dix ans. Ordinairement elle résiste à peine, à la chute de hauteur d'homme, d'un poids de 40 grammes. En ne se levant qu'à midi, on pourrait habiter plusieurs années Belle-Ile sans en voir, car elle fond presque toujours à cette heure. Il en est de même de la neige, si elle tombe dans la matinée. Lorsqu'elle tombe dans la soirée elle persiste plusieurs jours, sa couche ne recouvre presque jamais entièrement la terre, et il n'en tombe pas tous les ans.

L'agitation que les vents donnent à l'air ne permet guère l'humidité du sol et la constitution atmosphérique calme, chaude et pesante qui favorisent le développement des phénomènes électriques. Il tonne rarement. En trente-trois ans, je n'ai entendu que quatre fois des coups de tonnerre comparables à ceux qui sont si fréquents dans l'Est de la France. Le 5 mars 1825, après un tonnerre épouvantable, il tomba de minuit à huit heures du matin une pluie continue extraordinaire : les ruisseaux changés en torrents renversèrent dans leur direction presque tous les murs de clôture des prés. Les vallons étaient inondés. L'eau arrivait à 1 mètre de la clef de la grande voûte au haut du potager ; ne pouvant s'écouler sous le pont de briques, elle le démolit en partie, se répandit sur la prairie ; arrêtée par le grand pont et par les deux voûtes de sortie des murs extérieurs elle couvrit tout le parterre anglais et entra dans la maison, ce qui suppose une crue de 3 mètres. C'est la seule inondation dont on ait conservé le souvenir. En l'année 1827, il y eut, pendant une nuit un orage comme on en voit peu en Bretagne. La foudre tomba sur une maison du village de Kerguenolé et tua une jeune fille. Le jour de la Fête-Dieu de l'année 1846, pendant la grande messe, on entendit trois coups de tonnerre. La foudre tomba en plusieurs endroits de l'île et tua, au village de Doubore'h une jeune fille et ses deux vaches. Dans la nuit du 31 juillet au 1er août de la même année, il y eut encore un violent orage accompagné de tonnerre et d'une grande pluie.

A moins d'un orage, il ne grêle qu'au printemps. Ce météore, peu fréquent, n'a pas d'effets nuisibles à Belle-Ile. Les brouillards sont plus fréquents sans être insalubres. On les voit au printemps et en automne, rarement toute la journée. Ils se dissipent presque toujours vers midi, mais les gelées blanches tardives nuisent à la végétation précoce que la température humide et chaude des mois d'avril et mai a commencé à développer. Les bourgeons des feuilles et branches, les boutons et même les fleurs des arbres fruitiers sont quelques fois gelés, particulièrement des abricotiers, pêchers et pruniers qui fleurissent plus tôt. La température du printemps commence à se faire sentir vers la fin de mars. Au mois d'avril le mercure s'élève dans le thermomètre jusqu'à 11 degrés au-dessus de zéro. La sève, mise en mouvement trop tôt, développe les bourgeons, épanouit les fleurs que les gelées détruisent. Les abeilles se réveillent, sortent des ruches et périssent. Il y en a très-peu dans l'île. Quoique le thermomètre marque rarement moins de 8 degrés et s'élève jusqu'à 12 1/2 au mois de maï, il y a des journées très-froides lorsque les vents de l'Ouest ou de l'Est ont de la vitesse. De juin à la fin d'octobre, la température se maintient habituellement entre 18 et 11 degrés à l'exception des journées les plus chaudes des mois de juillet et d'août pendant lesquelles le mercure atteint 22 et même 24 degrés, rarement 26. De onze heures du matin à deux heures du soir, le soleil ayant échauffé toute la surface d'un sol argileux et quartzeux, dépourvu d'ombrage, la chaleur est excessive jusqu'à ce que la brise du soir vienne rafraîchir l'atmosphère. Ainsi les extrêmes limites des thermomètres seraient 6 degrés au-dessous et 24 degrés au-dessus de zéro.

Le mercure se meut dans le baromètre au-dessus de 27 pouces et au-dessous de 29. Sa plus grande élévation en 1845, fut de 28 pouces 11 lignes en octobre. Son extrême abaissement de 27 pouces 5 lignes en avril. Moyenne, 28 pouces 3 lignes. Cette marche indiquerait une constitution atmosphérique moins humide qu'il ne convient à un pays où il pleut soixante-quinze jours dans l'année. Cela provient de ce qu'il y a peu d'arbres, peu de haies ni de buissons ou clôtures de plus de 80 centimètres d'élévation. Les vents ne rencontrant aucun obstacle balayent promptement l'humidité de la pluie, des brouillards, de la rosée et du sol. Tout est sec, l'air comme la terre. Il n'y a ni eau stagnante, ni marais ; car on ne peut qualifier de marais le vallon du Port-Yorck où il ne séjourne de l'eau douce que jusqu'au mois de juin. Ce n'est qu'un terrain humide. Il faudrait de grandes étendues d'eau stagnante pour corrompre la salubrité de l'air purifié par l'agitation presque journalière qu'y entretiennent les vents. Les vents et la pluie, voilà les intempéries les plus intenses et les plus persistantes du climat de Belle-Ile. Au printemps les jours où il vente plus ou moins fort sont triples des jours de pluie. Il y a aussi en été beaucoup de jours de bonne brise, surtout avant le lever et après le coucher du soleil. En automne, quoiqu'il y ait de fort belles journées, on peut compter quarante, cinquante et même soixante jours de pluie, de bonne brise ou de grand vent. Le reste de la saison se fait remarquer par une température tiède. Il pleut moins en hiver, mais il y a vingt-cinq à trente jours de grand vent.

Les vents soufflent au moins deux cents jours par les rhumbs de l'Ouest, depuis le Sud-Ouest compris jusque compris le Nord-Ouest. Cent cinquante jours par le Nord. Cent trente jours par l'Est et cent jours par les rhumbs du Sud. Sur une trentaine de jours de tempêtes qu'il y a dans une année, on en compte onze du Nord-Est, quatre du Sud-Est, trois de l'Est, cinq de l'Ouest, quatre du Sud-Ouest et trois du Nord-Ouest.

Les vents de la partie de l'Ouest persistent sans relâche; huit, dix, douze, quinze et vingt jours, en variant du Sud-Ouest au Nord-Ouest. Il y a des séries de vents de Nord-Est de huit à quinze jours. Voilà pourquoi les tempêtes sont plus fréquentes dans ces rhumbs, il faut que des vents d'une vitesse de 20 à 30 mètres par seconde continuent plusieurs jours pour agiter profondément la mer. Lorsque les vents de la partie de l'Ouest ont acquis cette vitesse et cette durée, ils soulèvent ce qu'on appelle des lames de fond. La mer sauvage, comprise entre la pointe de Dommoné et celle des Poulains, gronde sourdement : ce rugissement grave, sans intervalle, se fait entendre dans toute l'île plusieurs jours avant que la tempête éclate : le vent n'augmente pas nécessairement de violence; mais aussitôt que la mer a été ébranlée à une grande profondeur, elle blanchit d'écume à perte de vue, sa couleur se rembrunit du vert au bleu foncé : d'énormes vagues, longues, larges et hautes se soulèvent lourdement, avec lenteur, sont lancées contre les rochers aigus et déchirés de la côte élevée de 30 à 40 mètres et au-dessus de laquelle elles rejaillissent à une hauteur, égale au moins, en sorte qu'elles dépassent de

60 à 80 mètres le niveau des basses marées d'équinoxe. En retombant de cette élévation, la partie des vagues qui a été brisée se trouve chassée par le vent, comme une pluie fine, à un kilomètre dans l'intérieur des terres, elle les couvre et parfois coule en ruisseaux sur les pentes. Les blés arrosés d'eau salée languissent en jaunissant et la récolte manque dans un rayon assez étendu. Par un beau soleil du mois de septembre, à une grande distance de la côte, nous avons été mouillé par cette pluie de la mer comme par une grosse pluie qui serait tombée du ciel. Le vent chassait l'écume jusqu'à ce qu'elle rencontrât un obstacle qui l'arrêtât, elle s'entassait dans les rues du village d'Enter comme de la neige que des enfants auraient roulée, à la hauteur du toit des maisons, au point qu'on ne voyait pas d'un côté de la rue à l'autre.

Il ne faut pas approcher de la côte sans précaution, de crainte d'accident. Mais si on parvient à gagner l'abri du parapet d'une batterie, on jouit d'un magnifique spectacle, dont le point de vue près du phare, ne donnerait qu'une faible idée. Au phare on est, trop loin de la mer pour saisir le détail de tant d'accidents pittoresques, de tant de mouvements des flots si tumultueux, si désordonnés en apparence, se heurtant, se confondant, mais se succédant toujours régulièrement comme la série des êtres qui se renouvellent et se remplacent sans cesse. On court à grands frais d'argent, de fatigues et de dangers admirer la Suisse avec ses montagnes couvertes de neiges dont les glaces muettes et immobiles ne sont toujours que la nature morte : c'est à Belle-Ile, à la mer sauvage, pendant une tempête d'équinoxe, qu'il faut venir contempler le mouvement et la vie dans leur sublime majesté, entendre la grande voix de l'Océan qui crie gloire à Dieu! car aucun spectacle ne peut donner mieux qu'une tempête l'idée de l'infini, rien n'inspire davantage la pensée de Dieu.

Lorsque la vitesse du vent dépasse trente mètres par seconde, la tempête devient un ouragan tel que celui du lundi Saint de l'année 1836, qui, en moins de quatre heures, au milieu du vallon du potager, abrité de tous côtés par des collines, brisa à 2 mètres de hauteur un gros ormeau âgé de plus de soixante ans, déracina ou brisa trente-deux peupliers de 20 mètres de hauteur et de 1 mètre 20 centimètres de circonférence. A Bruté, des sapins furent arrachés. Dans toute l'île il y eut des cheminées renversées, des toitures enlevées. Les plombs du grand quartier de la citadelle et de l'arsenal furent repliés et roulés comme une feuille de papier.

Les Belle-ilois indigènes envisagent avec une prévoyance intelligente les habitations qu'ils bâtissent dans la campagne : toutes présentent leurs pignons, en chevron brisé, au Nord-Est et au Sud-Ouest, la façade se développant devant l'Est et le Sud se trouve garantie des mauvais vents de toute la partie de l'Ouest. Les granges, écuries, étables et bergeries ont la même direction, qui, outre la salubrité, a l'avantage de moins exposer aux coups de vent les toitures défendues par le chevron brisé sur le pignon. Des étrangers qui ont bâti sans consulter l'expérience des indigènes s'en trouvent assez mal. Les vents sont l'intempérie dont il importe le plus de se garantir; puisque les villages sont situés en général sur le plateau, au lieu d'être dans les vallons, encore faut-il orienter les maisons de manière à préserver leur intérieur du souffle du vent d'Ouest, toujours chargé de vapeurs salines qu'absorbent les organes de la respiration, il occasionne chez les hommes et les animaux des inflammations des poumons et des bronches, très-tenaces quand la cause subsiste toujours. L'impression de froid plus ou moins vive et de courte durée que l'on éprouve, non seulement en hiver, mais par instant dans toutes les saisons, provient plutôt de la vitesse des vents que d'un abaissement considérable de température puisque la marche du thermomètre démontre que la température est toujours très-modérée. Les matinées sont toujours froides au printemps et en automne, saisons où il vente davantage. Parfois aussi une forte brise du soir rafraîchit excessivement la fin des plus chaudes journées d'été. Ces variations subites de température sont dangereuses pour la santé, surtout lorsqu'il vente de l'Ouest. Ce vent redoutable nuit à la végétation. Les arbres qui s'y trouvent exposés sans abri demeurent rabougris par le tronc, mutilés par la tête. Ils s'élèvent difficilement à une moyenne hauteur. Leurs branches inclinées à l'Est, Nord-Est, paraissent taillées en biseau de l'Ouest à l'Est, le second rang s'élevant au-dessus du premier, le troisième au-dessus du second ; ainsi des autres. C'est donc le vent de l'Ouest qui s'oppose à la bonne croissance des arbres isolés sur le plateau. Ce danger disparaîtrait

— 84 —

si l'ile était suffisamment boisée. Les jeunes branches des frênes, des ormeaux, des chênes sont plus facilement brûlées par le vent que celles des châtaigniers, des pins, des trembles, peupliers et ypreaux.

La ligne méridienne ou longitude de l'ile, à 5 degrés, 26 minutes, 15 secondes à l'occident de Paris, passe sur le croisillon de l'église du Palais, aboutissant, au Nord, dans l'Est du port de Kinennek, et au Sud, coupant le village du Skeul, le port Kaoter et la pointe au Canon.

La ligne parallèle, ou latitude, à 47° 17' 16", est prise au maître autel de l'église, coupe le clocher, se prolonge au milieu du tumulus de Runello, passe par la pointe de Vazen et par les deux ilots des Baguenelles.

M. Lambert, professeur d'hydrographie, a bien voulu me communiquer les calculs suivants des heures des levers et couchers vrais du soleil, à Belle-Ile, au temps moyen civil.

Le 21 mars, lever du soleil, à 6 heures, 5 minutes, entre Houat et Hédick.

Le même jour, coucher du soleil, à 6 heures 10 minutes.

La longueur du jour, à l'équinoxe du printemps, est de 12 heures 10 minutes.

Le 22 juin, lever du soleil, à 4 heures 9 minutes, sur l'ile de Houat.

Le même jour, coucher du soleil, à 7 heures 58 minutes.

Le jour le plus long, au solstice d'été, est de 15 heures 49 minutes.

Le 23 septembre, lever du soleil, à 5 heures 49 minutes.

Le même jour, coucher du soleil, à 5 heures 52 minutes.

La longueur du jour, à l'équinoxe d'automne, est de 12 heures 3 minutes.

Le 23 décembre, lever du soleil, à 7 heures 50 minutes.

Le même jour, coucher du soleil, à 4 heures 6 minutes.

Le jour le plus court, au solstice d'hiver, est de 8 heures 15 minutes.

Le jour le plus long de l'année, à Belle-Ile, est de 15 heures 49', au solstice d'été.

Le jour le plus court est de 8 heures, 15 minutes, au solstice d'hiver.

CHAPITRE IV.

Marine.

Les Belle-ilois sont d'excellents marins, très-estimés au service de l'État et dans les ports de commerce. Nous avons vu des lettres par lesquelles des capitaines de vaisseaux, demandaient au commissaire du quartier, des Belle-ilois pour faire les marins d'élite de leurs équipages. Ils sont robustes, actifs, obéissants, plus propres dans leur tenue, moins adonnés à l'ivrognerie que les autres bretons. Je n'en ai connu que trois qui aient pris du service à l'étranger dans les quinze premières années de la paix.

Le morcellement des terres, l'augmentation de la population et du nombre des capitaines au long-cours et des maîtres au cabotage, reçus depuis trente ans, contribuent au rapide accroissement de l'inscription maritime, comme on le verra dans le tableau ci-après :

ANNÉES.	Officiers du Corps Royal.	Capitaines au long-cours.	Maîtres au Cabotage.	Officiers Mariniers.	Matelots et Novices.	Mousses.	Hors de Service.	Pensionnés.	Total des Gens de Mer.	Chaloupes à la Pêche.	CHALOUPES au Pilotage et Cabotage.	Navires Pontés.
1787	6	1	14	31	600	...	...	...	...	120	15	10
1810	3	1	20	7	72	23	69	»	195	8	19	14
1811	3	1	19	12	122	35	41	4	237	18	25	13
1812	3	1	16	15	97	33	70	9	244	15	24	15
1813	3	1	16	15	94	40	75	12	272	10	12	23
1816	3	»	35	38	414	90	91	55	726	70	32	24
1817	2	2	37	25	394	82	132	54	728	75	20	25
1818	2	1	41	26	401	89	138	47	746	72	29	24
1820	2	1	41	26	398	125	143	49	814	93	...	...
1828	2	5	61	23	709	99	166	55	1120	93	29	41
1829	2	5	63	22	709	142	150	68	1161	94	27	39
1830	2	7	64	28	644	145	143	69	1127	96	...	41
1835	1	14	88	18	666	159	122	82	1182	...	...	...
1840	2	17	96	31	721	137	121	99	1223	62	17	42
1842	1	18	99	52	697	175	205	91	1338	38	23	45
1845	1	17	112	57	767	124	131	96	1322*	...	...	46

Dans le relevé de 1787, il manque trois colonnes, les mousses, les marins hors de service et les pensionnés. Les novices ne sont pas compris parmi les matelots. On pourrait peut-être évaluer le nombre total des gens de mer à cette époque à environ 7 à 800. Dans la guerre d'Amérique, on leva 200 jeunes gardes-côtes qui furent embarqués comme matelots. On sait que Louis XVI commença cette guerre en armant quatre-vingts vaisseaux de ligne. Il renforçait l'inscription maritime par une levée d'habitants des côtes, déjà familiarisés avec la mer. Napoléon, au contraire, affaiblissait l'inscription en faisant des régiments de marins, qu'il envoyait à l'armée de Russie. Afin de ménager les populations des cantons maritimes, la restauration a décrété que les marins ne seraient pas exempts du tirage au sort pour l'armée de terre, mais ceux qui tombent dans le contingent, sont comptés en déduction sans faire le service de terre. C'est une importante amélioration pour la population des côtes.

(*) En 1845 sont compris, pour la première fois, 14 ouvriers et 2 apprentis.

Si nous avions les relevés des gens de mer pour 1771 et 1783 comme nous avons ceux de 1787 et 1813, nous pourrions comparer l'influence sur la marine d'une guerre glorieuse et en général heureuse avec l'une des guerres les plus désastreuses qu'elle ait soutenues.

Aucun état ne donne le nombre des marins levés pour le service ni des prisonniers pendant la guerre de 1792 à 1813 ; il ne restait dans l'île que 205 matelots à la pêche, au pilotage et cabotage, savoir : au Palais, 100 ; à Bangor, 50 ; à Sauzon, 30 ; à Locmaria, 25. Il y avait 3 officiers du corps royal, 17 maîtres au cabotage, 15 officiers mariniers, 68 matelots, 10 invalides pensionnés, 70 hors de service, à la pêche. Le 10 décembre 1814, une partie des prisonniers de guerre étant rentrés, il fut fait un recensement qui donna le résultat suivant : officiers, 3 ; maîtres, 21 ; officiers mariniers, 22 ; matelots, 565 ; invalides, 100 ; pensionnés, 44 ; absents sans nouvelles, 105 ; total, 857. Le nombre des prisonniers était donc de 602, desquels une centaine avait péri dans les prisons de l'Angleterre. Un plus grand nombre avait dû mourir dans les combats et dans les campagnes des Antilles (1).

La dernière guerre ne fut pas moins ruineuse pour le commerce que pour la marine. Les vins de Bordeaux qui se vendent actuellement de 80 à 100 francs la barrique étaient à 30 et 36 francs, mais le fret qui n'est plus que de 12 à 16 francs par tonneau, se payait 140 et 160 francs. Les croisières anglaises interceptaient le cabotage. Rarement les navires marchands hasardaient d'aller de Bordeaux jusqu'à Brest, heureux d'atteindre la Vilaine et de remonter jusqu'à Redon. Les vins et eau-de-vie, transportés sur des chalands jusqu'à Rennes étaient expédiés par le roulage non-seulement en Normandie, mais à Saint-Malo, Dinan, Saint-Brieuc,

---

(1) J'ai trouvé aux archives de la marine une note qui ne porte les marins présents, en 1813, qu'à 180 et celui des prisonniers à 677.

Roscoff, Morlaix, Brest et même à Quimper, à Quimperlé et Lorient. La crainte des Anglais élevait le prix des assurances au-dessus des frais d'un long transport par terre. C'est alors que l'on comprit l'utilité de la navigation intérieure : si les canaux de Bretagne avaient été exécutés, leur produit eut couvert la dépense en moins de dix ans.

Par suite du système impérial les marins étant assujettis aux levées pour recruter à la fois l'armée de terre et l'armée de mer, se gardaient bien de se faire inscrire. On eut recours à la formation des équipages de ligne pour renforcer l'inscription maritime volontaire par un prélèvement sur la conscription. Ce système peut avoir quelques résultats utiles en ce que plusieurs conscrits prennent le goût de la navigation et la continuent à l'expiration de leur service forcé, mais en général les marins des équipages de ligne sont très-inférieurs à ceux de l'inscription. Cette belle institution donnée à la France par le génie de Louis XIV et des deux Colbert, fournit à l'État des fils de famille, domiciliés, déjà instruits dans leur profession et habitués à la mer, classés selon leur âge, leurs aptitudes spéciales, leurs services, leurs grades. L'odieuse presse anglaise et le recrutement forcé des autres pays maritimes ne donne que des vagabons, la plupart trop âgés, trop dégradés par la débauche pour devenir de bons marins. La France a donc sur ses voisins un élément de supériorité incontestable. Je m'abstiendrai de discuter les causes de l'infériorité habituelle de sa marine.

La consommation de bois que nécessita la création de la flotille de Boulogne fut énorme et empêcha le renouvellement de l'approvisionnement des grands arsenaux maritimes. Sous le ministère de M. Portal en 1817, il n'existait dans le port de Brest d'autres mâts de réserve que ceux qui avaient été achetés par le maréchal de Castries. Ainsi les approvisionnements faits par Louis XVI avaient suffi à la consommation de la guerre d'Amérique et à celles de la république et de l'empire. Depuis 1830 on ne construit dans les ports que des bâtiments avec de la chaux et du moëllon. C'est le siècle de la truelle et de la pioche.

Une autre institution fondée par Louis XIV, la caisse des invalides fut mise à profit. Son existence a été souvent attaquée par ceux qui ne connaissent pas les services qu'elle rend. Comme caisse de retraites, elle a reçu de l'état un premier fonds de dotation, mais c'est avec le produit des épaves de mer et des retenues sur les gages et bénéfices des marins valides qu'elle paye la demi-solde aux marins invalides, à leurs veuves et à leurs enfants. Comme caisse de bienfaisance, elle aide les marins à élever leurs enfants par des secours temporaires jusqu'à l'âge de l'inscription, et donne des secours à ceux qui n'ont pas encore droit à la demi-solde. Comme une sorte de maison de banque, elle transmet aux parents du marin au service le tiers de sa solde délégué sous le nom de mois de famille. Elle liquide aussi le décompte de la solde arriérée du marin qu'il reçoit à sa rentrée dans ses foyers et qu'il dissiperait sans utilité pour sa famille s'il était payé dans les ports militaires. Cette caisse a payé, à Belle-Ile, pendant l'année 1845 :

1 Pensions des invalides et demi-solde......	23,079 fr.	55 c.
2 Autres paiements pour le compte des invalides	2,454	65
3 Secours temporaires et gratifications......	1,665	»
4 Délégations d'un tiers de la solde des marins au service, mois de famille............	10,767	18
5 Envois et décomptes de solde des marins au service...........................	16,969	77
6 Envois des marins du commerce sur leur solde	2,913	41
7 Dépôts divers, gratifications et solde à terre.	406	76
8 Bris et naufrages..	1,230	12
9 Frais de route aux marins (conduites).....	797	57
A raporter.........	60,284	01

Report........	60,284 fr.	01 c.
10 Payé sur traites et mandats des marins.....	5,768	88
11 Traitements des Commissaire, secrétaire, hydrographe, trésorier, gendarme........	7,548	94
	73,601	83
2 gardes-pêche, à 300 fr. et 120 fr. pour chaque bateau, ci.....................	840	»
	74,441	83

La marine marchande, et par suite la marine militaire étaient anéanties lorsque la guerre finit en 1814. Pour s'en convaincre, il faut comparer les trois dernières années de la guerre, avec une année d'une paix florissante.

Effectif des marins des trois années 1811, 1812, 1813, valides.		753
Employés au cabotage (navires pontés et non pontés)......		603
Sans emploi..........................		150
Marins sans emploi pendant les trois années.............		150
Faisant la pêche en saison (environ 6 mois)...........		119
Sur un si petit nombre de marins pour trois ans..........		30
Restaient absolument sans emploi.................		
Effectif de l'inscription de 1829.................,		1161
Sur lesquels il y avait marins valides..........	941	
Les navires du quartier en occupaient....	592	
Long-cours et cabotage extérieur......	195	
Service de l'État...................	142	929
La pêche occupait, patrons..........	94	
Matelots..........	43	
Novices..........	90	
Mousses..........	84	311	1240

L'inscription était donc insuffisante puisque 79 hommes non classés trouvaient de l'emploi; une seule année de paix faisait vivre sans danger le double des marins employés en trois ans de guerre. Aussi de 1823 à 1829 le nombre des inscrits augmenta de 253 hommes. L'année 1830 fut également très-favorable à la navigation, l'expédition d'Alger ayant nécessité le nolissement d'un grand nombre de bâtiments de commerce, comme transports; ceux qui restèrent disponibles reçurent des frets très-élevés.

Maintenant je comparerai 1787, la quatrième année après la paix de Louis XVI, et 1818, quatrième année après la paix de Louis XVIII. Le nombre des matelots, comme je l'ai déjà fait observer, est à peu près égal. Il y a moins d'officiers mariniers, mais il y a trois fois plus de maîtres au cabotage en 1818 qu'en 1787. Cette progression a continué d'augmenter. En 1842, il y a sept fois plus de maîtres au cabotage qu'en 1787, et de plus, 18 capitaines au long-cours. Cela prouve la propagation de l'instruction, et nécessairement l'accroissement de la richesse dans la classe des marins : la famille d'un maître a toujours au moins de l'aisance, tandis que celle d'un matelot n'a trop souvent que le strict nécessaire. La population maritime s'est portée au cabotage, le nombre des bâtiments pontés a augmenté de 10 à 24 et leur tonnage s'est élevé de 480 à 1050 tonneaux; mais le nombre des chaloupes de pêche est tombé de 120 à 72 (¹).

En résulte-t-il un accroissement de richesse ou d'aisance pour le pays, en général ? Autrement les 14 bâtiments de 1818 excédant le nombre de 1787, donnent-ils plus de bénéfice que n'en donnaient les 48 chaloupes de pêche de 1787, excédant le nombre de 1818 ? La question se complique de manière à ce que sa solution ne peut être que relative.

Les 14 navires pontés de 1818 appartiennent au moins pour la moitié à des étrangers qui prélèvent la moitié des bénéfices. Les 48

---

(1) Dans l'année 1845 ont été employés au pilotage, à la pêche du gros poisson ou de la sardine, 98 chaloupes, bateaux et canots, jaugeant 442 tonneaux et montés par 517 marins. Il y a dans le quartier 46 navires pontés, jaugeant 1682 tonneaux pour 343 marins. Mais c'est le tonnage légal qui n'a pas, à Belle-Ile, de navires au-dessus de 80 tonneaux, tandis qu'au tonnage effectif, plusieurs portent jusqu'à 100 tonneaux. Les maîtres ou capitaines au long-cours de Belle-Ile commandent, en outre, 41 navires étrangers au quartier.

chaloupes de pêche de 1787 appartenaient entièrement à des Belle-ilois. Les marins caboteurs dépensent en voyage, hors du pays, une partie de leur gain, et ne font vivre que leurs familles. Les marins pêcheurs dépensent, dans l'île, tout leur bénéfice et font vivre les professions accessoires, tonneliers, femmes de cabanes, etc. Ils occasionnent l'importation des matières premières de la pêche et l'exportation de ses produits fabriqués. Il semblerait donc que les mêmes capitaux et le même nombre de marins employés à la pêche, donneraient plus de bénéfice au pays, en général, que s'ils étaient employés au cabotage. Mais les marins ont raison de préférer la navigation à la pêche, parce qu'ils reçoivent un salaire plus élevé, assuré pour toute l'année. Leur intérêt individuel paraît donc en opposition avec l'intérêt général du pays ; il n'en est pas moins légitime. C'est un argument contre les fouriéristes.

En 1787, MM. Bigarré aîné, Le Luc et Orceneaux étaient lieutenants de vaisseaux. Le premier avait fait la guerre d'Amérique, M. Lanco était officier auxiliaire et chevalier de Saint-Louis.

M. Willaumez aîné, qui avait servi comme chef de timonerie dans l'expédition de d'Entrecasteaux, fut fait officier de marine… il est devenu vice-amiral et pair de France. C'est le seul belle-ilois officier de marine en 1843. M. Labadeau, son frère cadet et M. Leblanc aîné, sont morts capitaines de vaisseaux. M. Arigoin est mort enseigne, en 1851. Tous ces officiers ont fait honneur au pays. Sur la demande unanime du conseil municipal de la commune du Palais, une ordonnance royale a donné à la rue du Four le nom de M. l'amiral Willaumez. La même ordonnance donne à la place Saint-Sébastien le nom de M. le lieutenant-général Bigarré, frère de l'officier de marine (1).

---

(1) Voici les noms des Belle-ilois, officiers dans l'armée de terre avant la révolution.

Sous Louis XV, M. Lamy, officier d'infanterie, devenu major de place et chevalier de Saint-Louis.

Sous Louis XV et Louis XVI, M. Lamy fils, capitaine, chevalier de Saint-Louis, major de place.

M. de Tremerreuc, fils d'un officier marié à Belle-Ile, devenu lui-même capitaine et chevalier de Saint-Louis.

Si les Belle-ilois restaient au service de l'État, ils obtiendraient de l'avancement, mais ils préfèrent naviguer pour le commerce. Plusieurs ont obtenu, à Bordeaux, le commandement des plus grands navires de ce port. D'autres naviguent pour le commerce de Bayonne, de Nantes, du Havre, de Rouen, etc. Ils vont à Gènes, en Espagne, en Angleterre, en Russie, en Amérique, dans l'Inde. Quoique les navires de l'île aient toujours été jaugés au-dessous de 100 tonneaux, il y en a cependant qui portent jusqu'à 140 et 160 tonneaux.

ÉCOLE DE NAVIGATION.

Je transcrirai un extrait du mémoire lu par moi au conseil d'arrondissement de Lorient, dans la session de 1825, en ce qui concerne l'établissement d'un professeur d'hydrographie à Belle-Ile.

« On se plaint souvent que nous manquons de marins, tant pour
» le service de l'État que pour le commerce. Il y a surtout un éloigne-
» ment pour la marine militaire qui a fixé l'attention du roi, quoiqu'il
» ne soit pas particulier à la France. Notre auguste souverain
» cherche à remédier à ce danger :
» 1° Par la création d'équipages enrégimentés, composés soit de
» volontaires, soit de jeunes gens non soumis à l'inscription. On
» ne peut espérer que ces hommes deviendront tous de bons
» marins, mais quelques-uns prendront le goût du métier et pas-
» seront dans l'inscription ;

Officiers mariés à Belle-Ile. M. de Combe, chevalier de Saint-Louis, ingénieur en chef, marié à une demoiselle Penne.

Le premier Tremerreuc, marié à une demoiselle Briancourt, fille du receveur des domaines. Le second, marié à une demoiselle Fronteaux Laclos, fille du procureur du roi.

M. Lefebvre, capitaine d'artillerie, chevalier de Saint-Louis, beau-frère de M. Bigarré.

M. François Poux, capitaine d'artillerie, chevalier de Saint-Louis, gendre de M. Bigarré

M. Guillemin, capitaine dans la reine cavalerie, devenu colonel de cuirassiers et inspecteur en chef aux revues, gendre de M. Bigarré.

20 officiers, dont 3 nobles et 5 non nobles.

» 2º Une disposition législative plus importante est celle qui
» abaisse l'âge et abrége la durée des services nécessaires pour
» obtenir la pension de retraite. Par malheur, cette ordonnance est
» incomplète puisqu'elle laisse la demi-solde au quart de la solde,
» et qu'elle n'accorde aucun avantage au matelot qui a plus de
» service sur les bâtiments de guerre ;
» 3º L'amélioration du sort des maîtres des diverses professions,
» l'augmentation de leur solde, l'admission de ceux qui seront
» aptes dans le corps royal des officiers de vaisseaux, ce qu'aucun
» gouvernement n'avait tenté de faire ;
» 4º La création d'écoles d'élèves-maîtres où l'on formera
» nécessairement d'excellents marins et officiers mariniers.
» On ne peut qu'applaudir à la sagesse de ces ordonnances,
» parce qu'elles se rattachent aux grandes conceptions du génie de
» Louis XIV et des deux Colbert, ses ministres. Tout ce qui aura
» pour but de perfectionner, d'étendre le système des classes
» d'améliorer le sort des marins inscrits et d'exciter les jeunes
» gens à se faire inscrire sera d'une haute importance pour
» la grandeur de la France. Notre marine est un élément de
» puissance et de prospérité qui n'a pas été apprécié par le gou-
» vernement impérial. Il commit la même faute que Louis XV,
» qui, par l'envoi d'une armée en Hanovre, souleva une guerre
» continentale, tandis qu'il ne voulait attaquer que l'Angleterre
» contre laquelle il aurait dû concentrer uniquement toutes ses
» forces. La France ne voulut-elle conquérir sur le continent
» qu'un seul village ou un ruisseau, elle éveillerait le soupçon et
» conjurerait toutes les haines de l'Europe. Mais les puissances
» rivales la verraient sans inquiétude écraser la puissance navale
» de l'Angleterre et conquérir toutes ses colonies. Lorsque le
» grand Frédéric disait que s'il était roi de France, il ne se tirerait
» pas un coup de canon en Europe sans sa permission, il com-
» prenait que ce beau pays est placé de manière à être tout à la
» fois une puissance continentale et maritime. Avec le système des
» classes que compléterait le recrutement sur la navigation des
» rivières, avec les enrôlements volontaires pour les équipages
» dans lesquels on devrait faire entrer le contingent des cantons

» maritimes, avec un corps d'officiers de vaisseaux éminemment
» distingués par leur incontestable instruction, leur courage, leur
» noble émulation ; avec des maîtres qui se recrutent dans des
» écoles et qu'encouragent l'espoir d'un avancement légitime, la
» certitude d'un avenir, la marine française est plus largement assise
» qu'aucune autre marine de l'Europe. Elle deviendra nécessai-
» rement de plus en plus formidable. Si l'on persévère dans le sys-
» tème adopté en 1818 et 1821. Mais parmi ces grandes amélio-
» rations on n'a encore peu fait pour le matelot. Il faut :

» 1º Régulariser les levées, augmenter la solde d'activité et
» la demi-solde de retraite en tenant compte de la durée des ser-
» vices militaires ;

» 2º Reviser le Code maritime dont les peines, d'une sévérité
» flétrissante, ne s'accordent pas avec le sentiment d'honneur qui
» est le fond du caractère national. L'odieuse presse anglaise ne
» recrute qu'une vile populace qu'aucun traitement ne peut
» dégrader, mais notre belle inscription n'amène sur les vaisseaux
» du roi que des jeunes gens domiciliés, élevés par leurs familles
» dans des principes d'honnêteté et de délicatesse qu'il importe de
» respecter. Quelle horreur inspirent les châtiments du Code mari-
» time à celui qui n'a jamais été frappé dans la maison paternelle !
» En vain on objecterait l'indispensable nécessité d'une discipline
» plus rigoureuse pour maintenir l'ordre parmi un grand nombre
» d'hommes rassemblés sur un petit espace, lorsqu'il est évident
» que le moindre désordre, la moindre désobéissance, la moindre
» négligence peut compromettre le salut commun. Rien ne peut
» justifier des coups que reçoivent des hommes qui ne sont pas con-
» damnés à une peine infâmante. Mieux vaudrait pour la justice et
» pour la moralité, comme pour l'honneur de la marine, passer un
» coupable par les armes, que d'en fouetter dix pendant la durée
» d'une campagne. Personne ne réclamerait contre la discipline
» maritime, quelque sévère qu'elle fût, si elle n'infligeait que des
» châtiments analogues à ceux que prescrit le Code militaire. »

J'ajouterai, en 1842, que l'on condamne beaucoup trop de matelots à la peine du boulet ou des travaux publics, ils se corrompent et
perdent, sans utilité pour l'État, cinq ou six ans de leur jeunesse, pour

une faute souvent légère, ivrognerie, absence du bord, prolongée de trois jours, après une campagne de mer de deux ou trois ans, quelques fois pour quelques paroles inconvenantes. Mieux vaudrait les condamner à faire un an ou deux de service de plus, les priver des permissions de venir à terre, les embarquer pour les stations lointaines. On ne devrait condamner au boulet que les voleurs, et aux travaux que les révoltés coupables de voies de fait.

» Le mauvais choix des peines, et lors même que leur appli-
» cation ne serait pas rigoureuse, la crainte qu'elles inspirent,
» sont un grand obstacle aux enrôlements volontaires dans la
» marine et nuisent à l'inscription dont elles écartent les fils de
» familles aisées. La révision du Code et un nouveau règlement du
» service à bord des bâtiments du roi, seraient deux grands moyens
» d'accroître la population maritime. Mais il en est un autre non
» moins puissant, c'est de faciliter l'instruction en multipliant les
» écoles. »

Au temps de l'empire, on avouait hautement qu'il ne fallait pas recevoir trop de maîtres au cabotage, ni de capitaines au long-cours, parce que l'obligation de les employer dans leur grades diminuait singulièrement le nombre des meilleurs matelots. Il ne m'appartient pas d'apprécier jusqu'à quel point cette prévoyance était légale, mais on pourrait atteindre le même but par un moyen plus conforme à l'équité et qui n'eut pas brisé l'avenir d'un marin, c'eut été de n'attribuer le grade qu'au commandement exercé pendant un certain nombre d'années, et non à la capacité que confère l'examen. Le commandement honorablement exercé est un droit acquis, que la loi doit respecter, parce qu'il est injuste et imprudent de dégrader un chef sans des motifs qu'un jugement seul peut rendre légitimes. L'examen constate bien la capacité, si l'on veut, et pourtant ce n'est qu'une présomption jusqu'à ce que l'expérience l'ait confirmée.

L'étude des théories scientifiques est pour la marine marchande une entrave d'une utilité assez équivoque et les examens de théorie, sans prouver grand'chose, constituent un privilége qui n'est pas sans inconvénient. Par exemple, un maître au cabotage aura fait comme second les voyages au long-cours, il aura commandé dix ans un trois mâts et navigué dans la Méditerranée, l'Océan et la Baltique. La loi lui défend de conduire ce navire seulement à Terre-Neuve ou aux Antilles. Il faut prendre un porteur d'expéditions, capitaine sans emploi, pour des motifs quelconques, ce qui prouve au moins qu'il n'inspire pas autant de confiance que le maître au cabotage, puisqu'il n'a pas, et qu'il n'aura peut-être jamais de commandement. Cet abus nuit à la navigation en la surchargeant d'un salaire et d'un homme inutiles. Il y a plus d'un inconvénient à avoir un chef postiche et un chef de fait.

En Angleterre où les lois favorisent la liberté de la navigation, quiconque construit un navire, peut le commander lui-même ou le confier à qui bon lui semble, sans que le pouvoir intervienne (1). Je ne dis pas que ce système soit bon, quoiqu'il ne réussisse pas trop mal. Mais je pense que s'il est absolument nécessaire de tout réglementer en France, il conviendrait peut-être de conférer les grades après les examens, en raison de l'importance des commandements exercés. Celui qui aurait commandé cinq ans un brick au long-cours serait enseigne. Après cinq ans de commandement sur un trois mâts, il deviendrait lieutenant

---

(1) Voilà un résultat comparatif des lois de navigation anglaises et françaises, en 1842, il est entré dans les ports de la Grande-Bretagne, 19,675 navires jaugeant 3,655,000 tonneaux. 14,000 de ces navires appartenaient aux trois royaumes et seulement 5,675 étaient étrangers. En France, en 1832 il est entré 16,000 navires, mais il n'y avait que 5,700 français et 10,300 étrangers. On apprend beaucoup de théorie scientifique aux maîtres et capitaines du commerce, mais il y a une pratique que l'on oublie de leur apprendre, par suite de cette omission on voit sans emploi, sur la seule place de Bordeaux, 200 capitaines au long-cours, sans parler des maîtres. En 1847, l'effectif de notre marine marchande a diminué depuis dix-sept ans. Pour prouver le contraire, le ministre comprend des embarcations de 4 à 10 tonneaux. Il n'y avait en 1845 que 13,825 navires à voile ou à vapeur, jaugeant 611,429 tonneaux, en moyenne 44 tonneaux par navire. Pas un seul ne dépasse 600 tonneaux, 6 de 5 à 600, 33 de 4 à 500 tonneaux, 650 au-dessus de 200 tonneaux et 13,175 au-dessous. L'effectif de la marine marchande anglaise, se composait en 1845 de 31,817 navires, jaugeant 3,714,061 tonneaux; moyenne 116 tonneaux par navire. De 1830 à 1845, la marine anglaise s'est accrue de 1,182,242 tonneaux; c'est 46 pour cent. La marine américaine s'est accrue de 1,376,508 tonneaux; c'est 115 pour cent.

(Extrait du *Siècle* du 31 juillet 1847.)

de vaisseau, et après cinq ans sur un bâtiment de 800 tonneaux, il serait capitaine de corvette. Il faudrait abaisser à vingt-et-un ans l'âge de la réception, réduire le temps du service exigé pour subir l'examen, employer au moins six mois le récipiendaire à l'école de manœuvre et l'obliger, après sa réception, à faire une ou deux campagnes dans le grade de second maître. Alors l'emploi sur les vaisseaux de l'État, et la pension seraient en rapport avec les grades dans la marine royale.

Les écoles d'hydrographie devraient, dans ce système, être réunies aux écoles de manœuvre établies dans les ports. L'instruction y serait gratuitement donnée, à tous les jeunes marins capables d'en profiter. Plus on recevra de maîtres qui inspirent la confiance par la moralité, plus il y aura de matelots, parce qu'un maître avantageusement connu créera un équipage. Les relations commerciales s'étendront, se multiplieront, *si la loi des douanes les protège.* La concurrence combinera un système d'armement plus économique et mieux entendu. Le taux du nolissement s'abaissera. On transportera à meilleur marché et à de plus grandes distances des objets de moindre valeur, ce qui augmentera la masse des chargements. Il en résultera que le prix de l'hectolitre de froment ne sera plus à 21 fr. dans le département des Bouches-du-Rhône quand il est à 13 fr. dans le Morbihan. (*Tableau ministériel d'octobre* 1823.)

Je ne répéterai pas les raisonnements par lesquels je démontrais l'à-propos de l'établissement d'une école d'hydrographie à Belle-Ile. Il me fut répondu que le nouveau travail du mois d'avril ou mai de cette année, n'accordait au Morbihan que deux professeurs fixés à Vannes et à Lorient. En janvier 1829, M. le comte Hyde de Neuville, étant ministre de la marine, je lui fis remettre par M. le général Cadoudal, son ami, une pétition, par laquelle je renouvelais, comme maire, la demande que j'avais faite en 1825 au conseil d'arrondissement. On promit que le premier professeur d'hydrographie qui serait nommé serait placé à Belle-Ile et que l'allocation nécessaire serait portée au prochain budget. Les événements politiques ayant ajourné ce projet, M. l'amiral de Rigny devint ministre. Lorsqu'il commandait le brick le *Cuirassier*, il avait pour second et pour ami M. Le Blanc, dont il appréciait le mérite et la loyauté. J'avais donné connaissance à cet honorable Belle-ilois des démarches que j'avais faites et de la promesse que j'avais obtenue. Il en parla vivement au ministre qui lui répondit : « Je ne peux établir plus de professeurs qu'il n'en est porté au » budget, mais je pourrais transférer à Belle-Ile le professeur » d'un quartier qui présenterait moins de marins inscrits. » M. le commandant Le Blanc ayant prouvé que le quartier de Martigues était dans ce cas, le professeur de Martigues fut transféré à Belle-Ile au mois de juillet 1832. Il a eu quatre successeurs..... élèves ont suivi les cours depuis l'établissement de l'école ; 14 ont été reçus capitaines au long-cours ; 90 ont été reçus maîtres au cabotage. Il y a eu jusqu'à ce moment,...décembre 1846.... élèves. Ainsi les jeunes marins Belle-ilois doivent à leur honorable compatriote, à leur constant protecteur M. Jacques Le Blanc, capitaine de vaisseau, le bienfait de l'instruction, dont un si grand nombre a déjà profité. Il est à regretter que le conseil municipal n'ait pas donné à une des rues de la ville le nom d'un homme qui aimait sincèrement son pays et qui lui a fait tant d'honneur.

L'école est fréquentée par de jeunes marins du continent. Mais je le répète, dans l'intérêt général de la marine, les écoles de théorie scientifique devraient être unies aux écoles de manœuvre. Les élèves embarqués sur une corvette, entretenus aux frais de l'État, y recevraient gratuitement l'instruction de quatre ou cinq professeurs formant un collège, et ayant voix délibérative dans les examens qui sont aujourd'hui une formalité insignifiante.

CHAPITRE V.

Anciens Monuments.

MONUMENTS CELTIQUES ET DRUIDIQUES.

Avec la langue des Celtes, la Bretagne a conservé leurs monuments, dont les formes dépourvues d'art, l'aspect brut et sauvage répondent parfaitement à la triste monotonie des landes désertes où ils sont placés. On éprouve toujours une profonde émotion en contemplant ces premiers efforts de l'industrie humaine, cette première ébauche de l'association des forces individuelles dans un but commun. Notre glorieux compatriote, non moins distingué par son patriotisme de Celte que par les lumières d'un savant, les vertus d'un citoyen et le courage d'un soldat, Latour d'Auvergne Corret (1), a fait cette réflexion sur les monuments de l'Armorique :
« La main de l'homme est si faible, et ces monuments si étonnants
» que le premier sentiment qu'on éprouve en les voyant est d'y
» faire entrer un peu de magie. Le temps, auquel rien n'échappe,
» semble avoir pris du plaisir à protéger contre ses propres injures
» ces précieux restes de l'antiquité, qui malgré leur simplicité
» seront encore dans vingt siècles l'étonnement et l'admiration
» des hommes. »

---

(1) Corret, signifie *le nain*. C'était le nom de la mère du premier grenadier de France, fils naturel du prince de Bouillon, et par lui reconnu plus tard.

Leurs formes sont différentes comme devaient l'être leurs destinations. Les plus considérables qu'il y ait dans le Morbihan, se voyent à Karnak, à Locmariaquer à Pluherlin, à Sainte-Avée, à Plumellek. Il y a peu de paroisses du département qui n'offrent quelques-uns de ces demeurants des vieux âges. Je ne parlerai que de ceux de Belle-Ile où l'on en voyait, il y a soixante ans, beaucoup plus qu'aujourd'hui, car ils disparaissent sous les efforts des hommes et avant les temps prédits par le premier grenadier de France. Leur situation avait une singularité qu'il ne faut pas omettre. L'île est un plateau élevé de 25 à 30 mètres au-dessus des plus basses marées d'équinoxe, renflé sur ses bords de 35 à 45 mètres et plus, par endroits, partagé en deux versants, dans toute sa longueur, du Sud-Est au Nord-Ouest, par un sillon ou arrête dont les points culminants ont de 50 à 73 mètres d'élévation au-dessus des basses marées. Or, tous les monuments celtiques et druidiques, c'est-à-dire civils et religieux, étaient placés le long de cette arrête, qu'on pourrait appeler les hauts lieux. Ils n'en existait aucun dans les quarante-deux principaux vallons qui partent de cette arrête, ni dans la multitude de petits vallons affluents des premiers. Voici la description de ces monuments.

TUMULI.—Les tombelles ou montissels qu'on appelle en Bourgogne des combes, sont des monticules ou buttes en terres rapportées et mêlées de pierres. Les unes ont dû servir de tombeaux ; alors elles sont surmontées d'une sorte de colonne funéraire, monolithe, dit : *Peulvan* (*peul*, pilier, *man*, apparence, figure, personnage). Quand on a ouvert ces tombelles on y a trouvé des débris d'armes en pierre ou en métal, des fragments de poterie grossière, des charbons et des cendres. D'autres montissels doivent avoir servi au culte et supportaient des autels : quand on ouvre ceux-là, on y trouve des souterrains voûtés, dont voici la forme : au centre du monument, au niveau du sol naturel, par conséquent au-dessous de toutes les terres rapportées, il y a un espace carré d'environ 1 mètre 40 centimètres de côté. Sur chacun des quatre côtés, avisagés aux quatre points cardinaux, s'élève une pierre plate, plus haute que large, inclinée, sur la pierre opposée, de manière que les quatre pierres se joignant au-dessus du milieu de l'axe, forment une voûte de plus d'un mètre d'élévation au sommet. A ces quatre grandes pierres correspondent quatre branches de souterrains voûtés aussi en pierres plates, posées de champ et inclinées sur leur sommet, mais leur hauteur diminue régulièrement en s'éloignant du centre, de manière qu'à l'extrémité l'élévation de la voûte n'est pas de plus de 15 à 20 centimètres. Ces quatre branches ont au moins dix mètres chacune de longueur. Elles communiquent à la grande voûte par des ouvertures pratiquées au marteau dans les quatre pierres des côtés. Toutes ces pierres en schiste du pays, sont exactement jointoyées avec de bon mortier en argile jaune. Quelle pouvait être la destination de ces singulières constructions? Les Belle-ilois les appellent des Garennes et prétendent qu'elles étaient bâties pour servir de retraites aux lapins, dont il y avait autrefois une multitude dans l'île. Les Celto-Kimrhus du continent prennent ces souterrains pour l'habitation des nains mystérieux. (*Ti korrignet*) pour la demeure des fées (*ti boudigned.*)

1. Le principal montissel, par son étendue, l'élévation du sol qui le supporte, est situé à peu près au centre de l'île, à l'angle de jonction des limites de trois des quatre communes de l'île. Il se nomme Runélo (la butte du peuplier tremble). Son élévation au-dessus de la basse-marée d'équinoxe est de 60 mètres 67 centimètres, et d'environ 7 mètres au-dessus du sol naturel. Je ne sache pas qu'il ait été fouillé, mais un défrichement, un chemin avec ses rigoles et ses berges l'ont défiguré. Les Anglais, en 1761, y firent des excavations pour fonder une tour de Vigie, qui s'écroula avant d'être achevée. Tant de mutilations ne permettent guère de reconnaître la circonférence et la hauteur primitives de ce montissel, cependant on en voit assez pour croire qu'il y a de l'exagération à dire avec M. l'abbé Mahé, que c'est un des plus considérables du Morbihan.

2 et 3. On en trouve deux autres plus petits à 3 ou 400 mètres dans le Nord-Est de Runélo. L'un se nomme *Runoter*, butte de la Violence ou du terrible; l'autre, *Runedool*, butte de la Table, supportait il y a vingt ans un autel en pierre (*Dolmen, taol-méan.*) On l'a remplacé momentanément par un four à chaux. Je mentionne cette circonstance, afin qu'en trouvant des cendres et des charbons

à la place où fut l'autel druidique quelque archéologue futur ne devine pas que des victimes humaines y ont été brulées dans des simulacres d'osiers par nos ancêtres dont pourtant je ne garantis pas la mensuétude.

4, 5 et 6. Dans un espace d'environ 500 mètres, il y avait trois autres montissels détruits par suite d'un défrichement, et sous lesquels on a trouvé des souterrains voûtés, semblables à celui que j'ai décrit.

7. Dans la commune de Sauzon (*Saozon*, les Saxons, les Anglais.) On voit le joli montissel de Bordrune, élevé de 52 mètres 17 centimètres, au-dessus des plus basses marées, et d'environ 7 ou 8 mètres au-dessus du sol. Il a été taillé et retaillé sur ses côtés, aussi ne conserve-t-il pas la forme arrondie et les pentes douces qui donnent tant de grâce et d'élégance aux montissels, qui sont demeurés intacts. Tous ceux de Belle-Ile, sans exception, ont été mutilés, si ce n'est détruits par l'ignorance agricole et la pauvreté des cultivateurs qui ne connaissent d'autres engrais qu'une addition de terre quelconque. On a bâti sur ce montissel la maison de Vigie où logeait l'un des trois gardes des sémaphores, pendant la guerre maritime.

8, 9 et 10. Entre les villages de Kervélan, de Borticado et de Locqueltos, on voit encore les restes de deux petits montissels presque détruits par les cultivateurs voisins. Ils ont enlevé en entier celui qui est marqué, sur les anciennes cartes de l'île, à l'Est du village de Bordgroaz.

11. Dans la commune du Palais, il y en avait un très-élevé entre ma ferme de Délélée, et les villages de Kardenet, et d'Antourc'ho. En l'applanissant pour bâtir le moulin, on trouva des souterrains voûtés. La base, qui subsiste, est encore à 60 mètres 44 centimètres au-dessus des basses marées.

12. Le montissel de Kaëspern a été aussi abaissé pour y placer un moulin. Il y avait des souterrains voûtés. Ces voûtes si simples, faites de deux pierres espacées à la base, se joignant au sommet, pourraient bien être la forme primitive et d'origine de la forme ogive qui se serait élargie et abaissée jusqu'à la voûte plate et presque carrée. Ces voûtes aiguës faites de deux pierres, n'ont

pas cessé d'être en usage à Belle-Ile, depuis le temps des Celtes : les murs de clôture des prés en sont criblés, en guise d'arches pour l'écoulement des ruisseaux.

13. Sur le bord de la route du Palais à Bangor, à moins de 50 mètres du montissel de Kaëspern, il y a une petite butte, faite de main d'homme et surmontée d'une croix. Le nom de cette butte, *Merzer*, martyre, indique suffisamment qu'elle recouvre le corps d'un chrétien, mort pour la foi. Serait-ce quelque bon hermite, égorgé par les pirates normands du IXe au XIe siècle? Peut-être le crime remonte-t-il moins haut, et l'assassin, touché de repentir aura érigé une croix sur le lieu de son crime, et fondé, en expiation, dans le village voisin qui en aura pris le nom de *Merzel*, une rente pour dire des messes.

L'usage d'enterrer la victime sur le lieu de l'assassinat et d'y ériger une croix expiatoire, a été général dans toute la chrétienté. Longtemps après qu'il eût été proscrit en Bretagne par les statuts de plusieurs évêques, on en vit encore des exemples. Les extraits des registres de la chancellerie, pour les années 1474 et 1475, nous apprennent que le duc François II, *permit à Jeanne de Carné, femme de Jean Labbé, Seigneur de Rochefordière, d'élever une croix de pierre dans la forêt du Cellier, à l'endroit où est enterré Berthelot Labbé, assassiné là du consentement de ladite de Carné.* A cette époque il n'était donc plus permis d'enterrer les *meurtris* sur les bords des chemins, ni d'élever des croix sur leurs tombes, à moins d'être autorisé par le souverain. Ainsi le petit monument de Merzel est antérieur au XVe siècle, et peut-être beaucoup plus ancien. Toutes les croix, sans exception, que l'on voyait autrefois sur les chemins, constataient, soit le repentir d'un meurtrier, soit la piété des parents ou la charité des chrétiens qui avaient rendu les derniers devoirs à la victime d'un crime. Il y a des communes en Bretagne où subsiste encore dans la tradition le souvenir de cet hommage rendu à la conscience par le repentir : la croix sainte ne défend que d'une manière assez précaire la tombelle rognée par un défrichement, pélée pour fournir de l'engrais et réduite à des proportions fort exigues. Elle n'a pas défendu non plus les quatre beaux ormeaux que j'y avais plantés en 1827. Mais je dois dire que cette croix, abattue et brulée par l'impiété sacrilége des iconoclastes de 1793, fût rétablie en 1825 par la piété du propriétaire du terrain adjacent.

13. Un des huit plus anciens moulins de l'ile, celui de Borfloc'h, a remplacé un montissel encore élevé de 58 mètres 50 centimètres au-dessus de la plus basse marée et de plus de 2 mètres au-dessus du sol.

14. Depuis quelques années on a détruit un autre montissel sur les terres du village de Karvo (*Karo, Karv.* Cerf.) On y trouva des voûtes.

15. Dans la commune de Bangor, à ma connaissance, il n'en reste plus qu'un seul, près du village de Bordlagadek. Chaque année les voisins en enlèvent quelque partie, comme engrais. Il semble diminué de moitié dans toutes ses dimensions, et ne tardera pas à disparaitre entièrement.

16. Celui de Bordnard, en Locmaria, a disparu depuis peu, dans un défrichement. Il avait des voûtes.

17. La même cause a bien réduit les proportions de celui de Bord-Coter.

18. Il en reste un très-beau au Pouldon.

19. Il en existe un autre entre les villages de Kerdavid et de Borduro. Il a été attaqué par les enleveurs de terre.

20. Le plus remarquable, parce qu'il occupe le point le plus élevé de l'ile, est situé entre le bourg de Locmaria et le moulin de Borderun. Sa hauteur est de 73 mètres 50 centimètres au-dessus de la basse marée et d'environ 4 à 5 mètres au-dessus du sol. C'était pendant la guerre la troisième station des gardes des sémaphores, espèces de télégraphe substitué par un officier de marine à l'ancien système des pavillons pour annoncer l'approche, la situation et le nombre des vaisseaux ennemis en vue.

DOLMENS. —Les dolmens (*taol maen*, table de pierre), sont des autels formés d'une large table de pierre posée horizontalement sur deux ou trois piliers de pierre. Il y en a dans le département de plusieurs formes et dimensions : les plus grandes sont appelées des Roches-aux-Fées. Les plus belles sont situées en Elven, en Pleucadeuc, en la Chapelle. Celle de Kerfili est la plus considérable, mais elle n'approche pas du beau monument que l'on voit en la commune d'Essé, département d'Ille-et-Villaine. Je l'ai décrit dans le compte rendu des travaux de l'académie de Mâcon, année 1823. Il n'existe plus de dolmen à Belle-Ile : j'ai parlé de celui qu'on voyait il y a une trentaine d'années sur le montissel de Runedaol, dont il reste encore un des pilliers. Il y en avait un autre qui a donné ce même nom au moulin de Runedaol, en Bangor. Dans cette même commune, non loin du moulin de Gouc'h (*Eouc'h*, couverture d'une ruche), il y a deux pierres, l'une en forme de dé, est enfoncée en terre et sert de support à une autre beaucoup plus grosse et plus longue, puisqu'elle a 4 mètres 50 centimètres de long, elle a 2 mètres sur une de ses faces, et plus de 1 mètre sur deux autres. Je crois que c'était une pierre d'épreuve pour la fidélité conjugale, la surface du support étant polie, la pierre supérieure était placée en équilibre de manière qu'il suffisait d'une légère impulsion pour la mettre en mouvement, mais aussi il y avait moyen de la rendre immobile. Le secret de la mouvoir est perdu ou l'équilibre a été dérangé ; elle ne bouge plus et l'oracle est devenu muet. Ces monuments, appelés *men-dogan* (*maen-daougan* (¹), (pierre au cocu), sont rares dans le Morbihan ; il y en a plusieurs dans le Finistère et les Côtes-du-Nord. Entre les villes de Tréguier et de Lannion, on en voit un dont la pierre supérieure cube 15,000 kilogrammes et qu'un enfant met facilement en mouvement.

MENHIRS. — Ce sont des pierres longues, comme l'indique leur nom, toutes plantées en terre verticalement, leurs dimensions varient : il y en a de 1 mètre et d'autres de plus de 20 mètres de hauteur. Celui de Locmariaker a 21 mètres et pèse 200,000 kilogrammes. De nombreux témoignages historiques prouvent que ces monuments avaient une destination religieuse : le culte des pierres brutes, que le fer n'avait point taillées, fut une des superstitions les plus anciennes, les plus généralement répandues et qui persista plus longtemps. La pierre de Béthel, chevet de Jacob, sans être

---

(1) *Daou* deux, *Kan*, chant, deux chants, *coucou*.

adorée comme un dieu, était pourtant révérée comme sacrée. Le culte des pierres debout ne tarda pas à s'introduire chez les hébreux, puisque Moïse le défend positivement, au chapitre XXVI, verset 1 du lévitique. Depuis l'établissement du christianisme il est mentionné comme toujours subsistant par saint Clément d'Aléxandrie, Minucius Félix et Arnobe l'ancien, qui vivaient au IIIe siècle, de 215 à 285. Il fut défendu comme un coupable sacrilége au quatrième concile d'Arles, relatif à la discipline, tenu en 452 (¹). Au concile tenu à Tours en 567, aussi sur la discipline. En Espagne, aux onzième et douzième conciles de Tolède, tenus sur la discipline, vers 633 et 638, et dans un concile tenu à Nantes, en 658.

Les nations européennes conservèrent les pratiques du paganisme beaucoup plus tard que les orientaux. En 540, Théodebert, petit-fils de Clovis, ayant une armée de Francs en Italie, des victimes humaines furent sacrifiées dans son camp. C'est la dernière fois que l'histoire parle de ces horribles sacrifices ; mais le culte des pierres brutes, arrosées d'huile, durait toujours, ainsi que celui des arbres et des fontaines. Plusieurs dispositions précises des capitulaires de Charlemagne, vers 779, proscrivent très-sévèrement ces diverses superstitions. Il est ordonné à ceux qui ont sur leur terrain des monuments ou objets d'idolâtrie, de les détruire, sous peine d'être poursuivis comme sacriléges. Il existe un règlement semblable d'Edgard, roi d'Angleterre, de 967. Ses dispositions pénales furent renouvelées au XIe siècle, par le roi Canut. Cependant la religion toujours indulgente pour la faiblesse humaine, concourut par un moyen ingénieux et plus puissant que les châtiments, à abolir ces dernières traces de l'idolâtrie ; elle consacra les menhirs, les fontaines, les arbres vénérés par les signes du christianisme : les uns furent surmontés de croix, les autres ornés de petites statuettes de la Vierge. Cet usage subsiste encore particulièrement en Basse-Bretagne ; il y a peu de chapelles

---

(1) Vers l'année 556, le roi Childebert, fils de Clovis, ordonna, par un édit, la destruction des temples des païens.)

qui n'aient une fontaine où les dévots pèlerins se lavent les mains et le visage, devant une petite statuette de la vierge, placée dans une niche au-dessus de la fontaine. Ces chapelles et ces pélerinages chrétiens indiquent souvent des lieux où les druides célébrèrent leurs plus cruels mystères. Aussi voit-on beaucoup de statuettes de la vierge dans de vieux chênes, comme par une sorte d'expiation.

Depuis longtemps, il n'est plus nécessaire d'ordonner la démolition des monuments du paganisme ; la cupidité suffit, et l'autorité a changé de rôle. J'ai lu dans les mains d'un huissier une assignation qui défendait à un entrepreneur de travaux publics de continuer à démolir le monument de Karnak, non moins respectable, et probablement plus ancien que les pyramides d'Egypte.

Les monuments de Belle-Ile n'ont pas été épargnés ; j'ai parlé de vingt montissels qui subsistent encore en 1846, ou dont le souvenir se conserve parce qu'ils ont été récemment détruits. Des nombreux menhirs que l'on remarquait il y a soixante ans, deux seuls sont restés debout dans les landes de Kerlédan, commune de Sauzon. Ils sont en schiste du pays. Leur élévation est de..... un troisième, en quartz blanc, a été renversé sur le bord de la route du Palais à Locmaria entre le montissel de Borlagadec et le men-dogan du moulin Gouc'h. Sa longueur est de 3 mètres 60 centimètres ; grosseur...... J'en ai vu briser deux beaux depuis douze ans. L'un en schiste rouge du pays, appelé Jean de Runélo, était situé au pied du grand montissel de ce nom, mince et d'une forme élégante, il s'élevait de 3 mètres 60 centimètres. Le second, Jeanne de Runélo, éloigné de 300 pas du montissel, était de granit, il avait 7 mètres 86 centimètres de longueur, et cubait un poids de 25,300 kilog. M. de la Sauvagère l'a fait graver dans ses antiquités de la Gaule. L'ayant renversé pour faire des fouilles, la chute l'avait rompu en deux. C'est en cet état que je l'avais vu. Ces deux beaux menhirs ont été stupidement brisés pour bâtir les murs de la cour de Kersantel. Les frais de l'opération ont dépassé la valeur des pierres.

C'est donc sans aucun bénéfice qu'on a détruit ces grands débris des anciens âges. A Jeanne de Runélo se rattachait une autre question que la question religieuse : l'île entière se compose de schiste mêlé de quartz, sans aucune parcelle de granit ; or ce grand menhir était un bloc de granit où le quartz par assez gros fragments dominant sur le Feldspath, donnait à la pierre une couleur de gris de fer clair. Le point de la côte du continent le plus rapproché de Belle-Ile, où l'on trouve du granit de cette nature et de cette nuance, est à Pontaven, dans le Finistère. C'est donc au moins de 15 lieues que Jeanne avait été amenée par mer à la côte de Belle-Ile, et de là, conduite par terre à 5 kilomètres de distance, par une montée de près de 60 mètres d'élévation.

Ce ne fut pas sans difficultés que la ferme volonté du pape Sixte-Quint, aidé de l'habileté de son ingénieur Fontana, parvint après un an de travail à dresser debout l'obélisque du Vatican, à l'aide de 900 hommes et de 60 chevaux, au moyen d'une dépense de 120,000 fr. : de nos jours l'érection de l'obélisque de Louqsor a été considérée comme une opération difficile. Cependant il y a plus de trois mille ans que les Celto-Kimrus dressaient le monolithe de Locmariaker, moins long de 5 mètres, mais beaucoup plus lourd que l'obélisque de Sixte-Quint. Ils amenaient d'assez loin, élevaient et plaçaient horisontalement sur ses supports la plus grosse des trente-deux pierres du monument d'Essé qui pèse 26,000 kilogrammes. On suppose qu'ils employaient des moyens d'une grande simplicité, le plan incliné sur lequel, au moyen de roulaux, on amenait le menhir jusqu'à moitié de la hauteur qu'il devait avoir étant dressé, alors le faisant basculer sur une de ses pointes, il tombait perpendiculairement dans les fondations qui lui étaient préparées, où étant consolidé, on enlevait tout l'échaffaudage de terres rapportées et de maçonneries qui avaient aidé à l'opération. Elle aurait exigé, j'en conviens, une moindre dépense d'esprit et de calculs que de temps et de force ; mais cette explication en l'admettant comme probable, si on veut, ne rendrait pas raison du transport par terre et par mer, d'un bloc de granit pesant plus de 25,300 kilogrammes, depuis les carrières de Pontaven jusqu'à Runélo. Aujourd'hui, un navire de 800 tonneaux, commandé par un Belle-ilois, a été construit à Nantes, spécialement pour transporter les grosses machines à vapeur. La pesanteur d'aucune de ces machines n'excède 17,000 kilogrammes, les deux tiers seulement du poids du menhir de Runélo, on ne les embarque pas sans danger pour le navire, ni sans de grandes difficultés. Pour les décharger dans le port de Lorient, la grue étant trop faible, il fallut employer la machine à mâter, renforcée par des poutres et manœuvrée par 500 hommes. En 1845, le navire les *Deux-Maries* amena dans le port de Rouen huit blocs de marbre, destinés au tombeau de Napoléon et pesant chacun de 20 à 25,000 kilogrammes, poids encore inférieur à celui de notre menhir; les journaux de Paris ne manquent pas de dire : « Le débarquement » de pierres d'un poids aussi considérable a exigé de l'habileté et » de grandes précautions. » C'est dire que malgré le progrès des sciences et le perfectionnement des machines, l'opération est difficile au XIXe siècle. Elle se faisait pourtant dans le Morbihan il y a trois mille ans. Les Celtes n'avaient probablement point de navires de 800 tonneaux : ils auront chargé l'énorme bloc sur une prame, sorte de chaland sans quille, des chaloupes l'auront remorqué de Pontaven à Belle-Ile, où étant débarqué il aura fallu le transporter par terre à 5 kilomètres de distance, à 60 mètres d'élévation, en gravissant une montée assez roide. Ces opérations seraient impossibles à exécuter à Belle-Ile avec les ressources locales, quoiqu'il y ait de savants ingénieurs civils et militaires qui disposent des machines et apparaux nécessaires à leurs travaux et à l'armement de la citadelle et des côtes.

J'en conclus que ce menhir, en granit étranger à l'île, du poids de 25,300 kilogrammes, démontrait que les Celto-Kimrhus avaient dans la statique de grandes connaissances, et qu'ils employaient des moyens mécaniques supérieurs aux nôtres. Cette donnée me semble assez curieuse pour faire regretter le renversement d'un pareil argument.

Le territoire de Runélo a dû être comme une sorte de terre sacrée : sur une étendue de moins de 100 hectares, il y avait le grand montissel de Runélo et cinq autres plus petits, les deux menhirs, le dolmen de Runédaol; il y avait aussi un petit cromlech, enceinte circulaire destinée aux opérations magiques, et formée de pierres de moyenne dimension, enfoncées verticalement en terre, sur une ligne circulaire. On voyait encore, il y a dix ans, dans une lande de Kersantel, une espèce de chaussée d'une forme bizarre et d'une destination inconnue. Sa surface, arrondie comme un quart de cercle, terminée par deux fossés sous berges, ne semblait pas devoir servir de route ; il était presque impossible d'y marcher. Elle avait au moins 15 mètres de largeur et plus de 600 pas de longueur, dans la direction de Runélo au village de Kergoguez. Mais il n'y a aucun rapport entre cette chaussée et un champ voisin appelé de la Vieille-Vigie, où se trouvent des morceaux de briques anglaises qui ont servi à la construction de cette tour de vigie que le général Crawford voulait bâtir en 1761, et qui tomba avant d'être achevée, probablement parce que son poids rompit la voûte placée au centre du tumulus.

Il y a dans l'île deux fontaines que je présume d'origine druidique. L'une, située au village de Kariero, en Bangor, est revêtue de maçonnerie et recouverte d'une voûte d'une construction évidemment très-ancienne. Les pierres de schiste sont usées par le temps : cependant on aperçoit encore les vestiges de la niche dans laquelle était placée la statuette de la Vierge. Il y a quelque tradition sur l'antiquité et l'importance attachée à ce village, dont toutes les maisons actuelles sont modernes.

L'autre fontaine se voit au village de Sauzun, en Locmaria, non loin de la chapelle de Saint-Samson. Elle est remarquable par une très-belle coupe en granit, dite l'auge, et de la contenance de deux hectolitres (¹). Dans les plus basses marées d'équinoxe, on aperçoit une coupe semblable échouée sur la plage appelée les Grands-Sables de Sauzun. Toutes les deux sont en granit de Pontaven, gris à gros grains de quartz. Il faut croire que le navire qui amenait celle-ci ayant coulé, on sera allé chercher l'autre. Les Belle-ilois disent qu'elles sont l'ouvrage des Anglais, qui les amenaient pour y faire boire leurs chevaux. Mieux eut valu les abreuver à la fontaine, mais la seule fois que les Anglais aient eu

---

(1) Sa forme est un carré long, dans les dimensions suivantes : longueur intérieure, 1 mètre ; largeur, 70 centimètres ; hauteur, 42 centimètres.

de la cavalerie à Belle-Ile, en 1761, elle ne séjourna point à Locmaria : on connaît, par la relation du siége, les villages du Palais où stationnaient les chevaux. Ils buvaient probablement dans les ruisseaux et les fontaines, car il n'y a point d'auge. A Belle-Ile on attribue toutes les constructions aux Anglais, jusqu'à celle de l'église de Bangor, bâtie plus de 700 ans avant leur arrivée, et dans laquelle ils établirent un hôpital.

Les Celto-Kimrhus aimaient les îles, et les consacraient de préférence aux principales cérémonies de leur religion ; il n'est pas étonnant qu'à Belle-Ile, dont l'étendue est d'environ 24 kilomètres carrés, on trouve encore les vestiges ou le récent souvenir d'une quarantaine de monuments druidiques. Par la même raison, quand le christianisme remplaça cette religion, on éleva un nombre étonnant de chapelles, plus de vingt-quatre, pour absorber les anciennes superstitions.

MONUMENTS DES ROMAINS.

1 et 2. La présence des Romains dans l'île est attestée par les découvertes suivantes : dans l'année 1843, en creusant les fondations de l'écluse du bassin à flot du Palais, on trouva à la profondeur de deux mètres, l'anneau d'or d'un chevalier romain, et à cinquante pas plus haut, en creusant une cave, sur le bord du bassin, on trouva dans le sable un squelette. S'il n'appartenait pas à un homme assassiné et inhumé clandestinement dans cette maison, il serait antérieur à l'établissement du christianisme dans l'île, puisque cette partie de la ville fut la première habitée à l'époque de la fondation de la paroisse. Alors le cadavre d'un homme noyé, amené en cet endroit par le flot, y aurait été recouvert de sable dans une tempête, avant d'être aperçu par la rare population occupée de ses troupeaux et de ses champs, plus que de la mer.

3. En 1838, dans la commune de Locmaria, un très-beau vase en cuivre argenté, de la contenance d'un litre et de la forme d'une aiguyère.

4 et 5. Une médaille de Jules César, et une médaille de Vespasien furent trouvées par M. de la Sauvagère, en 1748, en creusant les fondations de la fortification des Grands-Sables.

6. Une autre médaille de Jules César, en argent, de la grandeur d'une pièce de cinquante centimes, avec cette inscription :

D:V.R.S. AMATUS. C.J. Cæsar, pater Patriæ.

7. On a encore trouvé en Locmaria, depuis 1840, une médaille de Jules César, en bronze, de trois centimètres et demi de diamètre.

8. Une médaille en bronze, de l'empereur Adrien, de la grandeur d'une pièce de cinq francs.

9. Je trouvai, il y a dix ans, en plantant un châtaignier au bas de l'ancienne vigne du Potager, une belle médaille en bronze de l'empereur Trajan. Voici l'exergue :

Cæsar Nerva Trajanus. aug. Germaniæ imperator.

La figure du prince est bien conservée.

10. Dans la commune de Bangor, au village de Kalastrenn, sous la berge d'un vieux fossé, on découvrit, vers 1820, des morceaux d'ornement et d'outils, et d'anciennes armes en cuivre. Ces objets étaient renfermés, ainsi que la médaille d'Adrien, dans un grand vase en terre cuite, de forme antique, qui tomba en poudre dès qu'on y toucha. Il était recouvert d'un culot de cuivre. Voici la note détaillée qui m'a été transmise de Vannes, où ces objets furent envoyés : trois coins en cuivre, deux ayant une douille par le côté et un anneau au sommet, le troisième n'ayant que l'anneau. Saint Hyacinthe, dans le *Chef-d'OEuvre d'un Inconnu*, rapporte qu'il fut trouvé un grand nombre de ces coins aux environs de Bayeux. On en trouve fréquemment dans le Morbihan, les uns sont en pierres très-dures et polies, les autres en cuivre ou en fer. On a prétendu que les soldats romains les portaient suspendus à leur ceinture pour les enfoncer dans les murailles, lorsqu'ils montaient à l'assaut, ce qui est impossible. Quelques-uns de ces coins n'ayant que quatre centimètres, étaient trop courts pour être enfoncés dans une muraille. D'autres n'ayant ni anneau, ni trou, ni douille ne pouvaient se porter à la ceinture; enfin, ceux de marbre ou autre

pierre n'étaient pas des armes romaines. Si ce sont des armes, elles étaient celtes. On les appelle en Bretagne *Celtœ*. On veut y voir des couteaux de sacrifice des druides. A ces *coins* étaient réunis deux bouts de lances en cuivre et une pointe de javeline, des morceaux de lames de sabres et de poignards, la moitié d'un anneau d'or et des débris de bijoux en cuivre. Il paraît que le lieu de cette découverte avait été l'habitation d'un armurier ou d'un fondeur de métaux. On trouva plusieurs lingots de cuivre et un fragment de creuset auquel s'adaptaient les lames en cuivre.

11. Il me reste à décrire un monument considérable dont l'origine semble difficile à expliquer. A l'ouest-nord-ouest de l'île, par rapport à la ville du Palais, sur la côte de la mer sauvage, en Sauzon, il y a un port qui n'assèche point, et qui contient assez d'eau pour recevoir les plus grosses frégates. Il est situé à 1,500 mètres sud-sud-ouest de Krok-Ebeulien (la Pointe-aux-Poulains), et se compose de deux bassins, ayant une entrée commune. L'un, nommé *Ster-Vras* (la Grande-Rivière), a plus de 8 mètres de profondeur, et une étendue d'environ 2,000 mètres carrés. L'autre, nommé *Ster-Voen* (la Rivière-Étroite), est un petit bras de mer s'avançant dans les terres vers l'ouest. Un autre bras de mer, resserré par *Krok-Penn-Ouc'h* (la Pointe-de-la-Tête-de-Bœuf), s'avance perpendiculairement à *Ster-Voen*, et forme avec lui la presqu'île du Vieux-Château, qui a 1,200 mètres carrés de superficie. Ses bords escarpés, élevés de 30 à 35 mètres au-dessus des basses eaux, sont inaccessibles. L'isthme qui la joint à Belle-Ile, large de 450 pas, environ 400 mètres, est fermé par un énorme rempart, élevé de 20 à 25 mètres au-dessus de la gorge qui a été creusée en fossé. Le rempart, dont l'élévation n'est que de 10 mètres à l'intérieur, n'ayant pas de banquette, les défenseurs devaient combattre à découvert sur la crête du parapet. Il est très-bien conservé, si ce n'est que les cultivateurs y ont fait une brèche de 30 pas de long, en enlevant des terres pour engrais. Mais cette brèche étant couverte par le bras de mer de Krok-Penn-Ouc'h, on ne peut pénétrer dans la presqu'île que par l'entrée naturelle. Elle a été pratiquée aux deux tiers de la longueur du retranchement ; son ouverture n'a que 6 mètres. La montée de la

gorge, au fond du fossé jusqu'à cette entrée, est roide et difficile.

On ne peut douter que cette fortification ne fût destinée à faire de la presqu'île un camp retranché, pouvant contenir 5 à 6,000 hommes. C'était avant l'invention de la poudre, parce que le canon placé sur les hauteurs opposées aurait balayé la presqu'île. Il eut fallu d'énormes travaux, dont il ne reste aucune trace, pour se défiler de la côte de Belle-Ile.

La question est de savoir à quelle nation doit être attribuée cette construction. L'île ayant été exposée pendant quatre siècles aux incursions des pirates normands, et des pirates de l'Aunis et de la Saintonge, les habitants se seraient-ils préparés ce lieu de refuge, avant qu'il y eût d'autres fortifications? La presqu'île recouverte d'un gazon maigre et clair-semé aurait offert au bétail un pâturage suffisant pour quelques jours, mais il eut été impossible d'y soutenir un blocus prolongé. Des pirates eux-mêmes, poursuivis par les habitants s'y seraient-ils fortifiés en attendant que l'état de la mer leur permit de se rembarquer? Mais ce retranchement n'est pas l'ouvrage d'un jour, ni d'un mois. D'ailleurs, pourquoi le nom de Vieux-Château dont il ne subsiste aucune trace, et qui n'a jamais dû exister en cet endroit? Il me repugnait d'y voir un ouvrage des Romains, malgré le nom de camp de César, reçu dans le pays, et associé sur les anciennes cartes à celui de Vieux-Château. J'avais des idées préconçues des campements romains, de forme carrée ou ovale, avec leurs quatre portes (1), leur vallum et leur ager peu élevé. Je savais qu'ils ne conservaient aucune forme déterminée au temps de Végèce, mais pour être un camp romain, le Vieux-Château doit être antérieur au IVe siècle. Il est vrai que dans tous les temps il a fallu se conformer aux exigences du terrain : celui-ci étant défendu par la mer sur trois côtés, il ne s'agissait que de former le quatrième. Les Romains pouvaient s'en contenter.

---

(1) Les camps romains avaient quatre portes : la décumane, la prétorienne et les deux principales.

Cette opinion a été soutenue avec enthousiasme par M. de la Sauvagère, ingénieur en chef, chargé en 1753 d'achever et de réparer les fortifications de l'île. Il s'était distingué au siége de Casal. C'était un militaire instruit, ayant le goût de l'étude et des recherches. Nous lui devons un petit recueil d'antiquités de la Gaule, qu'il a dessinées gravées et décrites. On ne peut cependant le prendre pour un antiquaire très-éclairé, ni très-clairvoyant : il pense que *César fit élever le monument de Karnak pour appuyer aux 4,000 menhirs les tentes de ses soldats, de crainte qu'elles ne fussent emportées par les vents, très-violents sur cette côte !* Mieux eut valu bâtir une caserne. Il voit César et les Romains partout en Armorique, comme si leur présence était la règle et que la présence des peuples indigènes, dans leur propre pays, fût l'exception. Cette étrange préoccupation, quelque habituelle qu'elle soit aux antiquaires, inspire une légitime défiance. On attend une discussion raisonnée, appuyée de la comparaison avec un camp dont la construction romaine ne fut pas contestable ; l'habile ingénieur que ses études avaient préparé à cette discussion, se contente d'affirmer.

« C'est, dit-il, un ancien retranchement tracé suivant les
» règles de l'antique guerre des Romains. La construction et la
» grande élévation des terres si conformes aux autres camps de César
» que j'ai vus, et aux descriptions que nous en font les auteurs :
» tout m'induit à croire que c'en est un. Le fossé y est bien
» marqué. Ce poste était inforçable dans un temps où on n'avait
» que le bélier à craindre. Le port est aujourd'hui impraticable,
» mais on sait que la mer se plaît à des variations qui rendent un
» port praticable dans un temps, et impraticable dans un autre,
» et réciproquement. D'ailleurs, ce qui me confirme dans mes
» conjectures, c'est que le mot latin *castra*, qui signifie camp,
» tire son origine de *castrum*, qui signifie château, d'où il n'est
» pas étonnant que dans notre langue on ait dit Vieux-Château,
» pour vieux camp. La presqu'île est inaccessible dans son pourtour
» par l'élévation des rochers dont elle est hérissée, et l'on ne
» saurait mettre en doute que le retranchement qui en ferme
» l'entrée ne soit réellement et sûrement semblable à ceux qui

» entouraient les camps des anciens Romains, et des Grecs
» anciens. La haute élévation du rempart qui est bien entier, un
» fossé tracé suivant les règles de l'art ne peuvent être traités
» comme *une espèce de retranchement* : C'en est un bien effectif
» et fait avec soin. Ce ne sont point des traces qui se remarquent,
» mais du réel, et ce que nous appelons aujoud'hui un parapet.
» Ce retranchement n'est pas auprès d'un petit port, puisque c'est
» le plus profond et le seul qui n'assèche point. Quant à l'époque
» à laquelle ce camp a été construit, et à quelle occasion, j'ai un
» grand penchant à croire et à l'assigner au temps que la flotte de
» César gagna cette grande bataille sur les Venètes..... Ce que
» j'avance sur le camp de Belle-Ile est aussi sûr que je le dis. C'est
» un camp romain. Je l'ai comparé, pour sa construction, à l'an-
» cienne castramétation, et il n'y a pas un iota de différence.
» Ce camp avait un motif, et je le démontre comme un et un
» font deux. »

Cette démonstration m'étant inconnue, et M. de la Sauvagère ayant si mal réussi à démontrer la destination du monument de Karnak, sa conviction a peu fait pour la mienne. Je ne vois de démontré, par l'examen attentif des lieux, que deux points de la question : le camp était plutôt le point d'appui d'une invasion que le lieu de refuge de vaincus, indigènes ou étrangers. Ceux qui se fortifiaient au Vieux-Château ne connaissaient ni le port du Palais, ni celui de Sauzon; ils arrivaient donc dans l'île pour la première fois, et venaient directement du Port-Louis, ci-devant Blavet, ou *Blabia*. Cependant M. de la Sauvagère hasarde une conjecture qui ne choque ni la possibilité, ni la vraisemblance : il n'y a en dehors du port aucun mouillage plus rapproché que la petite rade de Bord-Castel; pour admettre que le port du Vieux-Château ait été fréquenté, il faut supposer que l'entrée était mieux protégée par la pointe de Pennmarc'h et par celle du corps de garde qu'elle ne l'est maintenant. La Pointe-aux-Poulains se prolongeait davan-tage, à en juger par l'îlot et les écueils qui en sont maintenant séparés. On peut, avec vraisemblance, présumer que les îlots et les rochers à fleur d'eau dont toute cette côte est hérissé, en on fait partie à une époque plus ou moins éloignée Alors la direction et la violence des courants étant autres, le port du Vieux-Château pouvait être meilleur. Cependant je crois toujours que ceux qui s'y établissaient ne connaissaient ni le Palais, ni Sauzon.

Le combat naval, dans lequel la puissance des Venètes fut détruite, eut lieu à l'équinoxe du printemps. J. César dut employer environ deux mois tant à ses cruelles exécutions qu'à soumettre les forteresses (oppida) de la côte. Ce ne serait donc que vers le mois de juin qu'il aurait entrepris la conquête de Belle-Ile. Il est probable que César dirigea lui-même une expédition bien autrement importante et difficile que le siége des petites bicoques du continent. Il s'agissait d'une grande île fortifiée déjà par la nature, et sans doute gardée par des fugitifs au désespoir. Les Romains partis de Blabia par une belle journée, seront arrivés directement au port du Vieux-Château, ils s'y seront fortement établis pour conserver des communications avec le port de départ. Un autre indice se rattache à cette conjecture : c'est une route qui subsiste encore, marquée sur toutes les cartes géographiques avec cette dénomination : « Grand chemin qui va de Locmaria au Vieux-Château; » non pas que cette route ait quelque chose de romain, à peine a-t-elle été tracée par des rigoles et par quelques remblais. Mais pourquoi existe-t-elle dans cette direction? Pourquoi ne va-t-elle pas du bourg de Locmaria au bourg de Sauzon? Elle est antérieure à l'afféagement de 1769, puisqu'on la voit sur la carte de l'ingénieur Blin, de 1761, serait-elle plus ancienne que la création des paroisses, c'est-à-dire antérieure à l'établissement du christianisme dans l'île? Mais alors il n'y aurait pas d'invraisemblance à supposer qu'elle remonterait jusqu'à l'arrivée des Romains. La question serait de savoir si elle aboutissait à un centre de population, soit à Locmaria, soit au Vieux-Château. Ce n'est pas sans un motif que Belle-Ile se nommait en Celto-Kimrhus *Enez er guer veur* l'île de la grande ville. Elle se nomme toujours Guer veur, quoiqu'il n'ait plus de grande ville, ni même de ville, mais le nom prouve qu'il a existé une ville dont le nom a absorbé le nom de l'île, que ce fut *Guedel* ou *Vindilis*. On objectera qu'on n'en découvre aucun vestige : en reste-t-il d'Alise, de Bibracte, d'Autun, de Bourges (Avaricum), la plus belle ville de la Celtique? On ignore où étaient situées, en Bretagne, Dariorigum et Vorganium, deux capitales de peuples puissants dans la confédération armoricaine. A Corseul, autre capitale, on n'a trouvé que des ruines romaines : il n'y en a pas d'autres dans la France ; nulle part on n'aperçoit de restes des cités celtiques les plus renommées, serait-il étonnant qu'il ne restât pas de traces d'une ville de troisième ou quatrième ordre qui aurait existé à Belle-Ile au temps de César?

Je ne crois pas que l'on puisse raisonnablement contester qu'il a existé une ville plus ou moins considérable dans l'île de Guedel ou de Vindilis, et que le nom de cette ville, Guerveur, n'ait fait oublier celui que portait l'île. Où était-elle placée? Au Palais, peut-être, la seule commune de l'île, dont le nom n'étant pas celte, mais français, doit être très-moderne. Il aura été substitué à celui de Guerveur lorsque cette ville ayant été *probablement* détruite par les pirates normands du VIIIe ou IXe siècle, le prince de la maison de Cornouailles aura remplacé Guerveur par le Château ou Palais qui lui servait de résidence. Peut-être aussi l'ancien chef lieu de l'île était situé, soit à Locmaria où l'on découvre souvent des médailles romaines, soit en avant de l'isthme du Vieux-Château, où le terrain très-accidenté, n'a pas été fouillé. Le retranchement eut fait de la presqu'île la citadelle de Guerveur.

Castra, camp, est le pluriel de *castrum*, château : cependant Accius en fait un substantif féminin : l'un et l'autre dérivant de *casa*, habitation, peut tout aussi bien désigner une ville qu'un camp ou un château : l'explication de M. de la Sauvagère n'est donc que plausible. Je le répéterai, personne n'a encore réfléchi au petit nombre des localités actuelles du Morbihan auxquelles peut s'appliquer la description que César a faite de la situation des *oppida*, de la Vénétie; aucune de ces forteresses ne pouvait être mieux située qu'au Vieux-Château. Si ce n'était un *oppida* des Celto-Kymrhus, je reviens à ma première conjecture qu'en arrivant de Blabia, les Romains y débarquèrent et s'y fortifièrent parce qu'ils avaient devant eux un ennemi très-supérieur en nombre, population, garnison, fugitifs échappés au massacre de la capitale des Vénètes. Les Romains, pour conquérir le monde avec de petites armées de 20 à 50,000 hommes (de 2 à 4 légions), ne s'avançaient qu'en prenant de grandes précautions dans des pays inconnus, couverts de forêts, de rivières, de lacs et de marais. Chaque soir, tout corps en marche fortifiait son camp, à moins qu'il ne fût sur une route militaire, où il y eût des stations permanentes (¹), des étapes fortifiées d'avance. Ces stations établies régulièrement sur les grandes lignes de communication sont devenues des villes, tandis que les fortifications si l'on peut dire *journalières*, n'ayant qu'une utilité momentanée, était légèrement faites : elles ont disparu depuis longtemps, sans quoi la France en serait couverte. Mais le retranchement du Vieux-Château n'est pas une fortification passagère, c'est la station permanente d'un camp.

DES MONUMENTS DU MOYEN-AGE.

Dans l'année 1006, le bénédictin Dom Cadwalon vint en qualité de prévôt, gouverner l'île de Guedel pour le spirituel et pour le temporel. Son frère, le duc Geoffroi Iᵉʳ venait de donner à l'abbaye de Redon, cette Belle-Ile dont il n'avait pas le droit de disposer, puisqu'elle appartenait depuis quatre générations à la maison des comtes de Cornouailles. Ils y avaient établi, sinon la religion chrétienne au moins l'exercice régulier du culte par la division du territoire en quatre paroisses. Ils y introduisirent le culte des saints de leur pays, tels que saint Samson ou Samzun, saint Guenael, saint Guerrec'h, saint Tugdual ou Tudy, saint Gildas, saint David, saint Guingalois (Wingaleus), autrement appelé saint Guenolé, saint Guignolet et saint Guignard. Enfin saint Irech ou Gerand, patron de la paroisse du Palais, dont la vie est tout à fait

---

(1) Les camps permanents de stations ou étapes furent établis de 20 en 20 milles, espace qui était parcouru en six heures, au pas militaire et dans un jour. Les troupes en marche entraient dans ces camps et non dans les villes. Lorsqu'elles marchaient hors les grandes lignes d'étapes, elles faisaient des camps momentanés : *castra temporanea.*

Il y avait une troisième espèce de camps mieux fortifiés, placés dans des positions avantageuses pour contenir les peuples conquis, ou pour s'opposer aux invasions.

Le logement du soldat chez l'habitant, est une institution du moyen-âge, inconnue aux anciens.

inconnue. On sait seulement qu'Irlandais, contemporain de saint Patrice et du pape Célestin Ier, il renonça à son évêché pour vivre dans une solitude du pays de Galles. Le manuscrit du Propre du Temps qui servait à sa fête ajoutait que cet évêché était situé *juxta flumen Sagirum*. On ne trouve ce fleuve Sagire ni dans le *monasticum angliconum*, ni dans aucun dictionnaire de géographie, en sorte qu'il n'y a pas dans le calendrier de saint moins connu que le patron de la paroisse du Palais, quoiqu'il y ait beaucoup de chapelles dans la partie de l'Armorique où la religion fut prêchée par les prêtres celto Gaels d'Albion. Aujourd'hui les prêtres celto-kymrhus de l'Armorique ont été appelés dans le pays de Galles, pour y reporter la même même lumière que nos ancêtres reçurent d'Albion, et que nous avons fidèlement conservée depuis douze siècles. Dans une autre partie de la Bretagne, presque tous les saints honorés d'un culte et d'une chapelle particulière sont Gallo-Romains. On peut ainsi reconnaitre à quelle nation appartenaient les missionnaires. Sur vingt-deux chapelles, dont les ruines ou le souvenir se conservent à Belle-Ile, huit et deux églises étaient sous l'invocation des saints de la Celtique, et quatorze sous l'invocation de saints Gallo-Romains. Comme l'île était habitée au commencement du xie siècle par un grand nombre d'hermites, il faut croire que chacun d'eux disait la messe dans un oratoire voisin de sa demeure et que ces oratoires devinrent des chapelles. Il n'en reste aujourd'hui que des ruines insignifiantes, et seulement deux ou trois.

Dom Cadwalon persuada à ses hermites qui avaient jusqu'alors vécu dans la solitude, d'adopter la règle de saint Benoît, et il leur apprit à vivre régulièrement en commun. Il y eut donc un couvent dans l'île. La tradition le place à Bangor, comme au centre, et comme la partie la moins habitée de l'île Le prévôt devait y faire sa demeure. Arrivé en 1006, il paraît par une inscription dont je parlerai qu'il rebâtit l'église en 1011. Cependant je lis dans un ancien manuscrit que l'église de Bangor fut consacrée en 1002 par Kerrec, évêque de Nantes, fils d'Alain Caignard, comte de Cornouailles, et frère de Benoît, abbé de Kemperlé. Il y a ici erreur et anachronisme. Ce Kerrec ou plutôt Guerech (Quiriacus, Warochus,

Warechus) ne fut élu évêque de Nantes qu'en 1052 sacré en 1063, et son frère Benoît ne fut abbé de Kemperlé qu'en 1066. Cependant la date de 1002 existait sur le vieux porche de l'église de Bangor, avant qu'il eût été rebâti en 1792, ce qui semble coïncider avec la consécration faite par Guerech peut-être avant qu'il fût évêque et avant que son frère fut abbé. Il y a eu à Nantes deux évêques de ce nom. Le fils d'Alain Caignard était le second. Le premier, fils naturel d'Alain Barbe-Torte, fut élevé dans l'abbaye de Saint-Benoît, sur Loire. Il en sortit en 981 et devint évêque et par suite comte de Nantes, en succédant à Hoel, son frère aîné. Il mourut en 990; son neveu Judicaël lui succéda à l'évêché et au comté. Celui-ci eut pour successeur Hugues, qui mourut en 992. C'était Hervé ou Hervisius qui fut évêque de Nantes, de 992 à 1005. La date de 1002 toute certaine qu'elle soit, ne dit pas que l'église ait été consacrée par Guerech; si l'un des évêques de Nantes est venu à Belle-Ile, je croirais que ce serait le second (¹). Belle-Ile appartenant à l'abbaye de Kemperlé, bâtie par son père, et dont son frère fut abbé en 1066, Guerech y aura fait une visite entre cette époque là et 1109. Il aura probablement consacré, à Locmaria, la chapelle de Saint-Cuerech, en l'honneur de son patron, mais il n'a pu consacrer l'église de Bangor qui existait depuis un siècle au moins, comme le constatent les deux dates de 1002 et de 1011, dont la dernière existe encore. Sans doute il exerça quelques fonctions épiscopales dans l'église de Bangor, qui a eu incontestablement dans l'antiquité une suprématie sur les autres. Son vicaire perpétuel fut le premier à prendre la qualité de recteur en chef, quarante-sept ans après le départ des bénédictins et l'établissement de la domination des ducs de Retz. Ce ne fut que quarante-sept ans plus tard, en 1666, que les trois autres vicaires perpétuels osèrent se qualifier du même titre. Ils étaient jusque-là ses inférieurs. Ce fait semble confirmer la tradition qui attribue au bourg de Bangor une ancienne supré-

---

(1) Le deuxième Guerech a pu venir deux fois à Belle-Ile avec son frère, une première fois, avant qu'il fût évêque, il aurait, étant fils du seigneur, consacré l'église.

matie. On y voyait encore en 1745 une vieille maison où les officiers de justice de la sénéchaussée tenaient leurs audiences. Lorsqu'en 1790, les électeurs de l'ile se réunirent au Palais pour choisir les électeurs qui devaient élire les députés aux États-Généraux du royaume, l'assemblée ayant fait scission, le sénéchal, M. Bigarré conduisit la minorité dont les choix furent confirmés, au bourg de Bangor, et non à Sauzon, qui était comme aujourd'hui, beaucoup plus important. N'était-ce pas un souvenir de cette ancienne suprématie? Si la ville de Guerveur a existé autrefois dans l'emplacement où fut bâtie depuis celle du Palais, il est possible que Dom Cadwalon aura fixé sa demeure dans la solitude de Bangor, comme étant plus éloignée des dangers et de la mer. Son habitation serait devenue la maison seigneuriale, et le couvent où il réunit les hermites aurait occupé le petit plateau où était le presbytère avant la révolution, il y avait un assez grand jardin, une prairie et tout le vallon du port Keruel qui formaient le pourpris en 1790.

Cet ancien chef-lieu probable, possède la plus ancienne église de l'ile, et même une des plus anciennes de la Bretagne. Elle est curieuse par la réunion de deux genres d'architecture si bien caractérisés qu'ils indiqueraient suffisamment l'époque des constructions indépendamment des inscriptions de dates. Pour arriver au portail d'entrée, à l'occident, on passe sous un porche rebâti en 1792. Sur le frontispice de l'ancien, on voyait une pourceau sculpté sur une pierre de granit que les maçons brisèrent et dont les fragments subsistent encore dans la cour du presbytère. Le portail est percé dans un vieux pignon peu élevé, en raison de sa longueur, mais dont l'aiguille dépasse le faite de l'édifice d'environ 4 mètres. Elle s'élève carrément sur une largeur de 5 mètres à peu près, et sert de clocher, étant percée de deux embrâsures dans lesquelles sont suspendues les cloches. Cette forme de sonnerie en plein air doit remonter à une haute antiquité; puisqu'elle a été établie par des hommes de la Cornouailles, le pays de France où il y a plus de belles églises et surtout de plus élégants clochers. A coup sûr la pauvre église de Bangor, à toit plat et bas comme celui d'une grange, a été construite avant que la belle architecture fût connue en Cornouailles. Le pignon occidental serait la partie la plus ancienne de l'église puisqu'il portait la date de 1002. C'est une basilique ayant trois nefs de même longueur, mais qui diffèrent de largeur, les deux nefs latérales étant moitié plus étroites que la nef du milieu. De chacune des petites nefs on entre dans la grande par cinq arcades voûtées en plein cintre, dans la dimension de l'ouverture d'une moyenne porte de maison. Cette ouverture est moins large que les pieds droits. Ces dix arcades sont bien faites et très-solides. Elles doivent avoir été construites par Dom Cadwalon, en 1011. Selon la date gravée sur un pilier de même construction que l'on voit à l'entrée de la chapelle Sainte-Anne. Cette chapelle a dû être postérieurement ajoutée à la nef du côté de l'épître. Elle forme un croisillon qui manque de l'autre côté. L'église est séparée du chœur par une grande arcade haute et large, voûtée aussi à plein cintre et de même âge que les petites. Dans cette partie inférieure, on reconnaît des constructions dans les formes de la première partie du moyen-âge, quoique les dates de 1002 et de 1011 soient postérieures à cette époque. Mais le chœur annonce la renaissance du goût; il est beaucoup plus élevé que l'église. On y entre de la grande nef par l'arcade dont j'ai parlé, et des nefs latérales par quatre belles arcades en voûtes surbaissées. Le pignon oriental sert de pied droit à chacune des deux premières arcades, séparées des deux arcades suivantes par un élégant pilier, mince comme une colonne d'où partent les voussures qui reposent à l'occident sur deux pieds droits peu massifs. Le pilier-colonne qui sépare les deux arcades du Sud, porte la date de 1520. Cette construction, en beau granit, a de la hardiesse et de la grâce. On entre du cimetière dans la nef latérale du Midi par une petite porte extrêmement étroite, voûtée, en granit, dont les chambranles extérieurs ont de jolies moulures refouillées dans le même goût que celles des arcades du chœur (1). Ces moulures se joignent à la clef de voûte en ogive surbaissée. Cette petite porte doit être de 1520, ainsi que tout ce côté du mur d'enceinte de l'église et du croisillon. A

---

(1) Depuis que j'ai fait dessiner la jolie petite porte voûtée, elle a été remplacée par une sorte de porte d'écurie avec palâtre en bois.

quelques centimètres au-dessus de la petite porte voûtée, à l'orient, il y a eu une autre voûte plus large, elles auraient été trop rapprochées pour avoir pu co-exister comme portes, et cependant il n'y a pas de raison de murer une porte d'une largeur ordinaire et commode, pour en faire une petite évidemment trop étroite. Je suppose donc que la grande ouverture n'était pas une porte mais une de ces niches dans lesquelles on plaçait le ban seigneurial. J'ignore quand elle a été fermée; une partie du chambranle voisin de la petite porte, à la naissance de la voûte sont encore visibles; on a bouché l'ouverture avec des pierres dont quelques-unes portent des traces de sculptures à demi effacées. L'une de ces pierres offre un fort bel écusson, parfaitement sculpté et bien conservé, mais sans émaux ni métaux, ces hachures étant modernes. Il porte quatre barres horizontales, sur la seconde il y en a deux, et sur la quatrième une hermine ou fleur de lis; on ne peut distinguer si ce sont des hermines ou des fleurs de lis, à travers l'épaisseur des couches de chaux qui les recouvrent. Le cimier manque à l'écusson, ainsi que les supports. On voit que cet écusson a été employé au hasard comme une belle pierre, faisant parement sur le côté taillé. Il appartient à une construction antérieure à 1011, car il n'est pas probable que Dom Cadwalon ni ses successeurs eussent placé dans leur église les armes d'un seigneur supérieur, puisqu'ils possédaient Belle-Ile en fief supérieur, et même à peu près en toute souveraineté. Il est probable, au contraire, qu'ils enlevèrent les armoiries de leurs prédécesseurs. Alors, cet écusson serait un des plus anciens monuments de ce genre qu'il y ait en France.

13. Il subsiste à Belle-Ile des traces de l'organisation militaire du moyen-âge dans les noms de trente-neuf villages. Ces noms commencent par *Bor*, évidemment dérivé de *Borc'h, borg, burg, Burgum* qui signifiait, selon les lois germaines, association de garantie, sorte d'assurance mutuelle des hommes libres et vaillants, pour la défense du territoire. Les mots *bourg* et *bourgeois* sont inconnus dans les lois romaines avant les invasions des Germains. Les premiers clercs étant Gallo-Romains écrivaient en latin et latinisaient les noms des magistratures, des dignités et des institutions des barbares, ou les traduisaient par les dénominations de l'administration

romaine ; ainsi, les *Burgenses* des campagnes sont souvent appelés *franci-pagenses*, les francs paysans, pour les distinguer des francs bourgeois des villes : ceux-ci, associés pour la défense de la ville, habitaient ordinairement une rue dite des Francs-Bourgeois. Il n'y a pas en Bretagne une seule des villes qui avaient anciennement droit de députer aux États, qui n'ait eu la rue des Francs-Bourgeois, des bons bourgeois ou des nobles bourgeois, dont toutes les maisons avaient pignon sur rue, par droit exclusif. Les francs paysans, *franci pagenses*, ou *burgenses* des campagnes, associés pour la défense du canton, jouissaient à titre de bénéfice militaire, d'une manse dont les terres destinées à leur subsistance et à celle de leur famille, étaient franches d'impôts et de redevances. Ils avaient pour chefs des dizainiers et des centainiers qui les menaient à la guerre, sous les ordres du comte ou de ses vicaires ou lieutenants, lesquels étaient soumis au duc, d'abord simple gouverneur, et ensuite souverain d'une province. Cette milice avait principalement pour objet la défense des côtes et des frontières. Elle avait dû être organisée à Belle-Ile par les princes de la maison de Cornouailles, dès le vi^e siècle, soit pour résister aux incursions des Anglos et des Saxons qui venaient de les chasser de l'île d'Albion, soit du viiie au xe siècle, pour résister aux Normands qui ravagèrent toute la Bretagne, et durent occuper Belle-Ile avant de conquérir Nantes. Les Bénédictins obligés eux-mêmes de se défendre contre les brigandages des pirates du Poitou et de la Saintonge, durent conserver à Belle-Ile l'organisation de la milice féodale. Lorsque les princes de la maison de Valois, rois de France, devinrent ducs de Bretagne, ils eurent des guerres avec l'Angleterre, souvent unie à l'Espagne qui possédait alors la Hollande et les Pays-Bas; Belle-Ile se trouva exposée aux entreprises de deux puissantes nations ayant des flottes formidables. La milice féodale restreinte à un petit nombre de privilégiés, depuis longtemps insuffisante, était tombée en désuétude quant à son organisation primitive et ne consistait plus que dans le ban des vassaux directs du duc et dans l'arrière-ban des vassaux des seigneurs. A Belle-Ile, les *Burgenses* étaient redevenus de simples colons, et cette milice ne suffisant plus à la garde de l'île, le roi y suppléait par une petite garnison soldée et par l'envoi momentané du ban et de l'arrière-ban de l'évêché de Vannes ; mais ce secours étant précaire et éloigné, les rois depuis François Ier jusqu'à Louis XIV et même jusqu'à Louis XV, dans ses premières années, intéressèrent les habitants à la fortification, à l'armement et à la défense de leur île, en accordant en dédommagement et conditionnellement des priviléges, franchises et exemptions de tous droits et impôts. Quoique ces priviléges aient été supprimés vers l'année 1757, l'habitude des corvées gratuites soit pour les travaux de la fortification de la côte, soit pour l'armement et le désarmement, continua jusqu'en 1815. Ce fut en payant le désarmement des Cent-Jours que la restauration rétablit les Bellilois dans le droit commun.

Je reviens aux traces de l'organisation de la milice féodale, c'est-à-dire à l'explication des noms des villages où le mot *Borc'h* annonce l'ancienne résidence d'un *Franc Paysan*, *Franci Pagensis*. La paroisse de Locmaria étant la plus accessible aux débarquements, il semblerait que le commandant supérieur de l'île a dû y habiter, à la manse de *Bor-ter-racine*, de la forte puissance, ou du vaillant chef. *Borc'h burgh*, garantie, ter (*teur*) véhément, violent, vaillant, fort. *Reghin, raghin, rékin*, puissance, force, prééminence, d'où viennent dans la langue des Francs, les dénominations de *Rachimburgi, Recyneburgi, Regimburgi, Recimburdi, Racimburgi, Racineburgi*, c'est le même mot théotisque défiguré par les clercs et les copistes Gallo-Romains. Il signifie les meilleurs hommes, les bons hommes, les puissants, les forts associés pour la défense (¹). C'était donc à Borterracine qu'était le quartier-général des plus vaillants dont les lieutenants devaient habiter, l'un à l'autre extrémité à Borcastel, en Sauzon, et l'autre au centre, dans la paroisse du Palais, à *Borsulio*, qui a la même signification de *garantie* du manoir. Auprès de celui-ci se trouvait le *borc'h* de l'écuyer, *borc'h-floc'h ;* celui de l'archer, *Borc'h-Gwareguer*, à *Borc'h ar Doué*, le bourg de Dieu, où demeurait probablement l'aumonier.

---

(1) Dans la Celtibérie, les Goths disent *ricos-hombres*.

Les noms des autres borc'h n'avaient aucun rapport avec les fonctions des titulaires. *Borc'h-Vran*, du corbeau. *Borc'h-naot*, de la côte. *Borc'h-dero*, du chêne. *Bourc'hic*, le petit bourg. *Borc'h-oueden*, de l'empoisonnement. *Borc'h-douro*, aquatique, des sources. *Borc'h-drenn*, de l'épine. *Borc'h-Manahic*, du petit moine. *Borc'h der Houat*, du canard. *Borc'h-tenn-mont*, du cruel manchot. *Borc'h-Derouant*, du dragon. *Borc'h-Lagadek*, des gros yeux, c'est le nom d'un poisson, la dorade. *Borc'h-d'enef*, de l'âme. *Borc'h-n'aot*, de la côte. *Borc'h-Eloen*, des peupliers-trembles. *Borc'h-Saoz*, des Saxons ou Anglais. *Borc'h-Haleguen*, des saules. *Borc'h-Dourek*, abondant en sources. *Borc'h ti Faouen*, de la maison du hêtre. *Borc'h-Louc'h*, de la marre. *Borc'h ar Groas*, du gravier. *Borc'h ti Cado*, de la maison de Saint-Cado. *Borc'h-Méné*, de la pierre. *Borc'h-lann*, de la lande. *Borc'h runn*, de la butte. *Borc'h hent treu ion*, du chemin labouré par les taupes. *Borc'h-Terri*, détruit, ruiné. *Borc'h-Elo*, du peuplier-tremble. *Borc'h-Halann*, du vent. *Borc'h d'Ilio*, du lierre. *Borc'h-Dister*, chétif, médiocre. *Borc'h-Stank*, de la vallée. *Borc'h-Drein eog*, des bayes d'épines. *Borc'h Groec'h*, du ciron. C'est le nom que portait anciennement la vigne de *Ros-Rosen* (du Tertre aux Roses). Voilà donc quarante villages, à peu près dix par commune, qui conservent encore la dénomination d'autant de manses de vaillants hommes, sans compter les manses dont les noms ont dû disparaître avec les ruines. Aux îles Schetland, dans les Orcades et dans le nord de l'Ecosse, on trouve encore des ruines d'anciens forts bâtis en énormes quartiers de roche, comme les constructions dites cyclopéennes, on les appelle des *Burgh*: ceux de Belle-Ile ont dû être des habitations champêtres, d'où les vaillants hommes étaient appelés par des signaux sur le point de la côte menacé d'un débarquement.

Il subsiste encore un autre souvenir des institutions du moyen-âge : en provoquant les croisades par ses prédications, le clergé y contribuait de ses biens par un impôt appelé *dîme saladine;* mais, dans ce temps-là, l'état des personnes se réglant par le paiement ou la franchise de l'impôt ; le clergé, premier ordre de l'État, n'aurait pu être imposé et devenir tributaire sans se dégrader. Il s'acquittait, par une sorte de délégation, en arrentant des terres pour le paiement de la dîme saladine et des décimes. Les terres furent appelées censives. Cet impôt fut souvent détourné de sa destination ; tantôt les papes le prélevaient à leur profit sous divers prétextes ; tantôt ils l'accordaient aux rois sous le prétexte de faire la guerre aux infidèles, longtemps après les croisades. L'Église gallicane réclama contre ces abus dans plusieurs synodes et conciles : mais l'usage d'appliquer le revenu des censives aux besoins de l'État étant passé en forme de loi, elles continuèrent d'être perçues par le domaine du roi, jusqu'à la révolution. Leur produit ne dépassait guère 300 livres à Belle-Ile, mais il frappait une assez grande étendue de terrain dans les quatre paroisses, parce que la redevance remontant à une haute antiquité était très-faible et proportionnée à la valeur comparative des terres et de l'argent à cette époque reculée. Ce sont les plus anciennes possessions particulières qu'il y ait eu dans l'île, et comme un afféagement partiel et primitif.

Il fut trouvé, dans le port, en 1846, une très-belle pièce d'or d'un duc Jean de Bretagne. Elle fut reperdue après avoir été vue par plusieurs personnes.

Plusieurs pièces de monnaie de cuivre ont été trouvées à la citadelle, savoir : des tournois de 1652, portant d'un côté trois fleurs de lis, deux et une, surmontées de $\overline{AAA}$, de l'autre côté se voit l'effigie d'un prince Gaston, qui doit être le frère de Louis XIII, souverain de la principauté de Dombes. 2º Des doubles-tournois, aussi de cuivre, des années 1640 et 1642, même effigie et même écusson. 3º Deux fort belles pièces d'or, de 26 millimètres de diamètre, pesant ... grammes, portant d'un côté l'effigie de Philippe *Dei gratiâ Francorum rex*. Il est debout, et tient de la main droite le sceptre surmonté d'une fleur de lis. Il tient une autre fleur de lis de la main gauche. Deux autres fleurs de lis plus grandes sont détachées sur le champ des deux côtés de l'effigie. Une croix fleuronnée, ayant une fleur de lis entre chaque branche, occupe le revers avec l'exergue :

Imperat. x. p. c.
Vicit. x. p. c.
Regnat x. p. c.

CHAPITRE VI.

Histoire Naturelle.

MINÉRALOGIE ET HYDROLOGIE.

L'île entière forme un bloc homogène de schiste de diverses variétés, les uns micacés, renfermant du grénat de chaux divisé en sable fin, disséminé par filons ; les autres argileux, lamelleux et presque fissiles, sont quelquefois tendres à la superficie, et par endroits en décomposition. Il y en a de durs, à cassure métallique. Ils contiennent en abondance de l'antimoine à l'état de sulfure. On l'aperçoit en descendant de la Pointe-du-Talu, sur le bord de la mer. Il y en a dans le vallon de Port-Sallio, entre le village de Bordfloc'h et celui de Tirgallic. Il en existe sans doute en beaucoup d'endroits. On en trouva en creusant un puits dans le jardin de M. Courregeauts. Les échantillons de ce minéral présentent un phénomène difficile à expliquer : exposés à l'air, ils s'oxident et se recouvrent d'une efflorescence jaune et poudreuse. Plusieurs tentatives de spéculation ont été essayées sur l'antimoine de Belle-Ile, mais son prix peu élevé ne permet pas le transport du minerai.

Des schistes, du quartz et de l'argile colorés en rouge, attestent la présence du fer : il existe en effet à l'état de bi-sulfure. On en a trouvé des pyrites dans les veines de quartz du schiste en bâtissant le pont de l'Hôpital. Il y en a aussi au village d'Anter, sur une propriété de M. Ledu, et probablement ailleurs. On n'a découvert jusqu'ici aucun vestige de débris fossiles dans les schistes, ni empreintes d'êtres organisés soit végétaux ou animaux, mais toutes les roches de l'île sont traversées par de nombreuses veines ou filons de quartz blancs ou parfois colorés en gris de fer, en rouge ou en jaune. Le quartz n'est pas seulement compris dans le schiste, il forme aussi des blocs de diverses dimensions, disséminés ou agglomérés en petites collines comme celle où la fontaine Normande prend sa source. Dans un champ à l'est de Roserières, entre la lunette E et la mer, on en a exploité une carrière à plus de cinq mètres de profondeur sans l'épuiser.

Le silex pyromaque se voit, à l'état de galets, sur la côte. J'en conserve un fragment recouvert d'une enveloppe de chaux carbonatée. Je l'ai trouvé dans le hàvre de Kerhuel, par une basse marée d'équinoxe. Entre ce hàvre et celui de Donnant, se voit une grande falaise de sable fin qui ne peut être fort ancienne dans son étendue actuelle, puisque le terrain que l'on découvre en enlevant le sable est encore sillonné. On en a défriché de nouveau quelques parties. Les feuilles et les tiges des plantes qui croissent sur cette falaise sont tellement couvertes de petits limaçons blancs, qu'on évalue à plus d'un mètre l'épaisseur de la couche formée par les débris de leurs coquilles ; aussi, le sable contient-il 73 à 75 parties de chaux, et le reste de silice. On l'emploie pour engrais : il agit comme divisant et comme stimulant. Il en est expédié annuellement à Nantes plus de cent tonneaux, pour la fabrication du verre à bouteilles. On en fait aussi à Belle-Ile une très-bonne chaux maigre.

En creusant le port du Palais, dans l'année 1840, on découvrit une couche de tourbe d'une épaisseur moyenne d'un mètre et demi. Elle repose sur un lit de sable calcaire très-fin, à 5 mètres 40 centimètres au-dessous des quais du premier bassin, à moins de 5 mètres dans le second, et à 3 mètres 60 centimètres dans le troisième. Elle paraît s'étendre dans tout le vallon, car je l'avais déjà trouvée dans le haut du Potager, au Nord, à moins d'un mètre et demi. Elle existe probablement dans quelques autres vallons, où la mer aura accumulé des plantes marines. Elles ne sont pas tellement décomposées, selon M. Hérouard, qu'on ne puisse reconnaitre quelques espèces d'algues. Cette tourbe, mélangée d'argile, paraît médiocrement combustible. J'en ai brûlé plusieurs fragments pris dans le Potager, le port et l'arrière port : elle laisse pour résidu, sans combustion, d'autant plus d'argile qu'on l'a prise plus loin de la mer. Cependant on pourrait en tirer parti, dans un pays où le bois est rare.

Le nom de Poulprix, donné au vallon dans lequel la fontaine de Saint-Gérand prend sa source, indiquerait qu'on y prenait autrefois de l'argile. Le mémoire de 1788 nous apprend que les Anglais, en 1761, fabriquaient de la brique aux villages de Dauborc'h et de Borderry, en Sauzon. Une partie du manoir de Crafort, et les cheminées du Grand-Quartier et du Pavillon-des-Officiers, à la Citadelle, sont bâties en briques de Belle-Ile, dont la terre était prise à Sauzon. Les casemates de la contrescarpe du Sud, depuis la porte de Bangor jusqu'à la coupure 18, ont été construites avec des briques fabriquées au Palais, dans deux fours qui subsistent encore. On prenait l'argile au village de Parlavau, et on la mélangeait de schiste pilé. MM. Esterlin et Broumel ont fabriqué de bon ciment, des briques, des carreaux, des tuiles à couvrir, creuses et à crochet. Ils prenaient leur argile à Parlavau. Vers 1820, un potier de terre, qui vint pour s'établir à Belle-Ile, prétendit que l'argile y est trop mélangé de sable siliceux, pour être bien ductile. Il ne retrouva plus l'emplacement où les Suisses de la garnison, de 1780 à 1782, avaient pris la terre dont ils faisaient des poêles et des vases qui résistaient au feu.

La conformation de l'île présente un contraste remarquable : sa plus grande pente se dirige, comme je l'ai dit, du sud-est vers l'ouest-nord-ouest, et le soulèvement des roches a eu lieu dans le sens opposé. Le sommet de l'angle est tourné au sud-est, et son ouverture à l'ouest-nord-ouest, généralement dans toute l'île.

Il existe par endroits, au pied des falaises, comme une ceinture de quartz blanc. Je supposerais que ces cailloux, compris par veines et filons dans le schiste, ou agglomérés dans des cavités, comme au village de Roserières, tombent au fur et à mesure que la mer détruit la roche qui les supporte. Alors le flot les pousse en avant, et les entasse au pied de la côte. Le schiste, dur à la base des roches, tendre et lamelleux à la superficie, est profondément déchiré dans toute sa hauteur, qui est de 30 à 45 mètres, sur la côte du sud au nord-ouest. La mer sauvage gagne évidemment du terrain, comme le prouvent les cailloux de quartz dont j'ai parlé, les déchirures de la côte, les quartiers de roche qui en ont été détachés, des rochers séparés de la terre qui ont dû en faire partie. Les uns couvrent et découvrent à chaque marée; une douzaine, plus élevés au-dessus des eaux, forment de petites îlettes où il y a quelque pâture. Il y en a que l'on fauche, dans d'autres on conduit au printemps des chevaux et des moutons ; aucune n'a l'étendue d'un demi hectare. Celles de Bac'h-Nec'h (Prison-de-la-Tristesse), sont les plus grandes et les plus éloignées de la côte de Belle-Ile. Le bord le plus rapproché est à..... mètres, et le plus éloigné à..... mètres. La distance du bord extérieur de toutes les autres ne dépasse pas..... mètres. C'est l'espace conquis sur Belle-Ile par la mer sauvage, dans une période de siècles qu'il est impossible d'évaluer. Les distances prises sur la carte dressée, en 1761, par l'ingénieur hydrographe Belin, comparées aux distances sur la carte de M. Beautemps-Beaupré, ne donnent pour soixante ans aucune différence appréciable.

Au-delà de la ligne des îlettes, il existe des indices d'une autre ligne dans les écueils sous-marins de la Truie-du-Sud, de la basse du Melek, de la basse Plate, et des deux Fléhern. Cette ligne s'étend de la pointe du village de Kurohen à celle des Poulains, sur une longueur de plus de 12,000 mètres, à 1,000 mètres environ de la côte. Plus anciennement, l'île a dû perdre tout cet espace de terrain, environ 1,200 hectares.

L'aspect de la côte du sud au nord-ouest, des débris encore gisants qui en ont été détachés, des îlettes et des écueils qui l'entourent, attestent les empiétements de la mer sauvage. L'aspect de la côte de la baie est bien différent. Elle ne s'élève pas de plus de 10 à 25 mètres, ses contours sont arrondis, ses pentes adoucies sont recouvertes de gazon jusqu'à la ligne des hautes marées ; on ne voit que très-peu de rochers détachés, et seulement à l'extrémité des pointes ; il n'y a que deux écueils sous-marins, la Truie-de-l'Est et les Galères, et qu'un seul îlot, le Gros-Rocher, éloigné de..... mètres de la terre, à laquelle il tient encore de basse marée. Il est évident que la mer n'a pas fait d'empiétement considérable de ce côté. Le sable qui borde les falaises, qui encombre les hâvres et qui forme sous le village de Sauzon une dune peu élevée, mais longue de 1,200 mètres, est plus gros et moins calcaire que celui de la côte de la mer sauvage; il ne contient que..... parties de chaux. En raison du poids, le vent ne peut le mouvoir, tandis que celui que la mer apporte dans les deux branches du port Donnant, étant très-fin et léger, dès qu'il est sec le vent le pousse sur les dunes appelées la Garenne-de-Kerhuel.

Mais dans le sol de la surface de l'île, l'alumine est mélangée de gravois quartzeux, d'un sable grossier qui n'a pu être apporté par le vent et que la mer aura déposé. L'humus repose par endroits sur une couche plus ou moins épaisse de gravois très-serrés, qui ne donne point passage à l'eau, et qui nuit à la fertilité de la terre. Entre ce gravois et le rocher, il y a une couche d'argile jaune jusqu'à laquelle il faut pénétrer pour planter les arbres. Ce gravois a été si fortement comprimé, qu'il est plus difficile à percer qu'aucune roche de l'île. Ainsi, il n'existe dans l'île aucune trace de granit ni de roche calcaire; il n'y a que des schistes et du quartz. Cette dernière pierre présente d'assez beaux cristaux incolores, ou prismes pyramidés, et des géodes. On ne peut considérer comme des pierres calcaires, ni même comme de véritables pierres, une aggrégation, une sorte de pouding composé de sable calcaire, de fragments de coquilles, de schiste et de quartz, que l'on trouve dans les deux branches du port de Donnant. Il y en a de diverses dimensions, depuis le poids d'un kilogramme jusqu'à celui d'un quintal. Les petites sont presque friables, et les grosses sont plus dures.

Les carrières de pierres à bâtir, sont ordinairement ouvertes sur les flancs des vallons. Pour éviter l'encombrement des déblais, on les abandonne avant qu'elles soient de plus de 3 ou 4 mètres au-dessous du niveau de la mer. Les puits n'atteignent pas une plus grande profondeur. Le schiste suffisamment fouillé, pour que l'on rencontrât des coquilles pétrifiées, s'il en existait, ne l'a pas été assez pour que l'on s'assurât qu'il ne renferme pas de houille.

Il n'y a point de grès ; mais on a quelquefois trouvé du schiste d'une couleur très-foncée noirâtre.

L'eau de source est abondante dans toute l'île, même sur le sommet du plateau, et sur le bord supérieur des vallons les plus profonds. On voit, à mi-coteau, des sources négligées qu'il suffirait de dégorger pour qu'elles devinssent de forts ruisseaux. A peine si dans la boue, on daigne faire un trou de quelques centimètres carrés, pour abreuver le bétail ou laver le linge. Il y a par suite de cette insouciance, qui fait le fond du caractère des laboureurs bretons, un manque absolu d'abreuvoirs convenables pour le bétail et de lavoirs pour le linge. L'eau qui suinte difficilement à travers la boue de tant de sources abandonnées, se rassemble, au milieu des vallons, en ruisseaux grossis en hiver par les pluies, mais qui presque tous cessent de couler en été, sans que pour cela les sources soient taries. La couche d'argile est mince sous le lit des ruisseaux ; les pentes des coteaux étant roides, les grands courants de l'hiver l'amincissent encore. Les chaleurs de l'été la font gercer, elle laisse échapper les eaux qui se perdent dans le schiste. Il ne reste dans les ruisseaux que des flaques d'eau à d'assez grandes distances.

Voici les noms des différents cours d'eau qui n'assèchent pas entièrement en été : dans la commune du Palais, 1º le ruisseau qui se jette dans le Port-Jean. 2º Celui du Port-Fouquet reçoit les eaux des trois vallons de Kinenek, de Borstank et de Bordreneho, ayant tous de très-bonnes fontaines. 3º Le ruisseau du Potager, le courant d'eau le plus considérable de l'île, reçoit les eaux de Loctudy, de Bruté, de Bordister, de Kersablen et de Runello. Il se jette dans le port du Palais, ainsi que le suivant. 4º Le ruisseau de Bordillo vient de Kerlau, reçoit les eaux des petits vallons latéraux où il y a de bonnes fontaines. 5º Le ruisseau de Porthullan, venant du Gouer, de Bortélo, de Nanscol. 6º Le ruisseau de Port-sallio coule dans un vallon très-profond et reçoit les eaux de beaucoup de sources. M. Fouquet, voulant y établir un moulin à eau, pour former un étang, l'avait fermé d'une chaussée qui subsiste encore en partie.

Dans la commune de Locmaria, on trouve : 1º le ruisseau de Port-Yorck, un des plus considérables de l'île. La mer ayant entassé des sables à l'entrée du vallon, les eaux s'écoulent difficilement et forment un petit marais. 2º Le ruisseau de la Ferrière. 3º Celui de Port-Audra. 4º Celui de Port-Caoter que M. Dornier voulait barrer pour l'établissement d'un moulin à eau. 5º Celui du vallon de Pouldon.

Dans la commune de Bangor : 1º le vallon du Port-Kerrel étant un des plus longs de l'île, le ruisseau reçoit les eaux de douze autres petits vallons qui s'y embranchent. 2º, 3º et 4º Le Port-Donnant reçoit les eaux des trois ruisseaux, l'un coule dans le vallon au-dessous du village de Donnant. Le second vient des prés de Kerhuel, et le plus considérable vient de Kervélan. M. Fouquet avait aussi fait fermer celui-là pour y bâtir un moulin. La chaussée subsiste encore.

Au village de Logonet, il y a une très-belle fontaine bâtie en granit et dont la source est excellente pour la quantité et la qualité de l'eau. Un fort ruisseau au port *Puns* (le port du Puits) ; il y a aussi une belle fontaine bâtie par M. le curé Grouhel.

En Sauzon, le port reçoit deux ruisseaux : l'un descend de Kergogué, de Carvo, et parcourt le beau vallon de Kraford ; l'autre vient de Kergostio. M. Querel avait entrepris de faire un moulin au-dessous du village de Kergostio. Le ruisseau qui arrose le beau vallon du vieux château, reçoit les eaux de Kerguerc'h et de Locqueltas. Ces deux ruisseaux assèchent rarement.

Il existe beaucoup d'autres ruisseaux. Chaque vallon recevant les eaux pluviales et les sources des pentes latérales, il en résulte que les eaux de l'île se subdivisent en plus de soixante petits courants qui suffiraient pour former une moyenne rivière, si la disposition du terrain les rassemblait dans un même canal.

Les meilleures fontaines sont : dans la commune du Palais, celle du port Larron, appelée la belle fontaine, éloignée de la ville de 2,000 mètres. M. de Vauban se promenant sur la côte, en 1689, admira la belle cascade que formait cette source, en tombant dans la mer, de plus de 12 mètres de hauteur. Il la recueillit dans un bassin, couverte d'une voûte à plein cintre, qui a été cubé à 7,650 hectolitres d'eau, ou 765 mètres cubes, 754 millièmes. La destination de cette fontaine serait d'approvisionner d'eau les flottes mouillées en rade du Palais. Les canots placés sous les robinets, recevraient l'eau par deux tuyaux extérieurs ; jusqu'ici, une seule escadre française, celle de l'amiral Morard de Galles s'y est approvisionnée en .... Mais les vaisseaux anglais, pendant l'occupation de l'île, de 1761 à 1763, y prenaient de l'eau. Avant que les fontaines de la ville fussent réparées, l'agent des vivres était, dans les grandes sécheresses, obligé d'y approvisionner sa manutention. La belle fontaine excite la curiosité des étrangers par l'étendue de son bassin, car elle n'a aucun mérite d'architecture.

Vers 1670, un capucin d'Hennebont, le frère Constance, fit construire une fontaine beaucoup plus utile que celle du port Larron. Il avait remarqué, dans le parc du Potager, la source appelée la Normande, la plus abondante de l'île. Il la couvrit d'une voûte sous laquelle il réunit la petite source de Rosbellec dans le Pratmoen. Au moyen de tuyaux de grès, il conduisit les eaux devant la porte de la citadelle, au haut du port, à égale distance de la haute et de la basse Boulogne. Là, il construisit un vaste bassin carré et voûté, ayant au midi une façade assez élégante, percée d'un robinet. Il y ajouta un lavoir dont les eaux s'écoulaient dans le port. En 1840, on a construit sur le bassin une contregarde terrassée pour masquer la courtine de l'enveloppe de la citadelle. L'eau du bassin du Père Constance a été amenée à l'extrémité sud du rempart de cet ouvrage, auquel la maison de l'éclusier fait une jolie façade sur l'écluse.

Peu d'années après la démolition de la haute Boulogne, un ingénieur du roi remarqua la petite fontaine de Saint-Direct ou de Saint-Gérand, située dans le vallon du Poulprix, au-delà du Pontlorgo. Il recueillit la source dans un petit bassin placé au bord du chemin de Sauzon, conduisit les eaux dans le bassin du Père Constance qu'elles alimentaient seules jusqu'en 184... Les eaux de la Normande avaient été arrêtées dans un bassin intermédiaire, situé au haut de l'arrière-port. Mais toutes les conduites étant mauvaises, les tuyaux de grès souvent crevés, on manquait souvent d'eau dans la ville, ce que l'on attribuait à l'insuffisance des sources. En 1746 et 1747, M. de la Sauvagère, ingénieur en chef, construisit, à la demande des habitants, une troisième fontaine, au bas de la rue Stangrelan, entre la maison de M. Gelly et la manutention des vivres. Il y amena l'eau d'une source située à l'embranchement des routes de Bangor et de Locmaria. Mais cette source, que les habitants avaient trop vantée, ne fournissant qu'un mince filet d'eau fut arrêtée dans un regard situé au-dessus de la chapelle Saint-Sébastien, dont la fontaine a pris le nom. Le grand bassin de la rue Stangrelan servit longtemps de magasin à l'artillerie. Il fut démoli en..... pour débarrasser la place des Ormeaux. La ville manquant toujours d'eau, M. Chasle de la Touche, en 1826, fit découvrir et creuser la source de M. de la Sauvagère. Elle fut murée et couverte. On répara la conduite qui passe sous le glacis et sous le corps-de-garde de la porte de Bangor, à droite en entrant. On recueillit l'eau d'une source située vis à-vis le regard de Saint-Sébastien. Les eaux furent amenées au bas de la place des Ormeaux avec celles de deux autres sources prises l'une dans la rue du Four et l'autre dans la rue des Ormeaux. On se proposait de réunir plusieurs autres sources, afin d'assurer l'eau toute l'année dans la nouvelle fontaine qui n'en donne que pendant neuf mois. Les travaux du fossé de la scarpe d'enceinte de la ville menacent d'intercepter la source de M. de la Sauvagère, mais on ne manquera pas d'en trouver d'autres dans les fossés, et il sera toujours facile de les réunir. Le besoin d'eau, dans le quartier de Stangrelan, engagea M. Montauzé, maire, en 18..., à creuser un grand puits au bas de la rue du Four. La source est médiocre et ne fournit de l'eau qu'une partie de l'année. Les sources sont rares et les puits médiocres, dans la direction de l'Est de la ville; mais le génie militaire ayant cédé au génie civil, l'administration des deux fontaines de la Normande et de Saint-Geraud, les conduites en grès ont été remplacées par des tuyaux de fer, les eaux sont abondantes dans la ville basse et suffisent aux besoins, quoiqu'un peu éloignées de la ville haute. Au haut de l'arrière-port qui fait aujourd'hui le bassin à flot, entre le quai, la maison de M. Giffard et le regard de la Normande, il existait un petit jardin, appartenant à M. Montauzé. On le détruisit en .... pour en faire un petit placis triangulaire. Dans ce jardin, il y avait, à moins de 12 mètres de la mer, un puits d'eau douce dont la source était intermittente. Son fonds était d'environ un mètre ou deux au-dessous du fonds du port qui a été creusé depuis. L'eau douce montait dans le puits lorsque la mer descendait dans l'arrière-port. Le puits était presque plein à basse marée. Dès que la mer montait, l'eau douce diminuait dans le puits ; il était presque à sec, on l'eût facilement vidé quand la mer était pleine. Je hasarderai, à mes risques et périls une explication de ce phénomène. Il est présumable que la mer avait une communication souterraine avec la source, dans le trajet qu'elle faisait pour arriver au puits, mais qu'une colonne d'air interceptait le contact de l'eau douce et de l'eau salée, faisant l'office du clapet d'une buse, elle fermait l'orifice du conduit de l'eau douce, lorsqu'elle était refoulée par la marée montante. Je supposerais que le phénomène se passait dans l'arrière-port où l'eau de mer, pénétrant à travers le sable et le gravois, exerçait la pression sur un fonds élastique de terre glaise ou de tourbe, qui refoulait des eaux dans le canal de la source du puits jusqu'à la rencontre de la colonne d'air. Alors celle-ci rétrogradait et dépassait l'entrée de l'eau douce dans le puits pendant tout le temps de la marée. Il eût été intéressant d'observer la marche de ce phénomène pendant et après le creusement de l'arrière-port ; on a commencé par combler le puits. Reste à savoir si en le débouchant on retrouverait la source et si elle continuerait d'être intermittente.

Près de l'isthme de la presqu'île du Vieux-Château, au haut du port de Sterouenne, au-dessus de la ligne de basse mer, il y a dans le rocher une petite cuvette creusée naturellement ; c'est une source de bonne eau douce que la marée recouvre deux fois par jour. Il suffit de vider la cuvette et de la laver pour que l'eau, à marée basse, soit potable. Il y a une belle fontaine peu éloignée.

La citadelle est approvisionnée d'eau, au moyen de deux belles citernes construites par Vauban. La plus grande contient 310,000 litres d'eau et la petite 132,000 litres. Il y a deux bons puits.

Il existe dans les fossés une petite fontaine peu abondante et un lavoir ; mais il n'y a ni dans la citadelle, ni dans la place, assez d'eau pour abreuver les chevaux de cavalerie et d'artillerie qui deviendraient nécessaires en cas de guerre. On devrait recueillir à la coupure 18 toutes les eaux des fossés de la place.

Tableau de quelques Plantes remarquables trouvées à Belle-Ile.

CRYPTOGAMES.

Adiuntum capillus veneris. Linn. Capillaire de Montpellier (plante du Midi, comprise au Codex de 1837). M. de Candolle l'a trouvée aux voûtes des grottes de Goulfard. On l'a vue aussi dans les voûtes de la côte comprise entre le port Fouquet et la Citadelle. Selon le père Le Gallen, « elle était autrefois si commune, que les invalides » de la garnison en faisaient un grand commerce avec les apothi- » caires de Paris, ce qui l'a rendue fort rare. » Elle a continué d'être si rare, que l'on croira difficilement qu'elle ait jamais fait l'objet d'un grand commerce.

Asplenium Ceterach. Linn. Adiantum nigrum. Capillaire noir ou vulgaire, se trouve à presque tous les rochers humides, d'où sortent les sources et fontaines.

Asplenium lingua cervina. De Jussieu. Scolopendre (Codex de 1837).

Asplenium Trichomanes. Tournefort. Politric.

Phallus..... Linn. Morille, dans les sables de Donnant.

PLANTES PHANÉROGAMES.

Orchidées. — Serapias cordigera. Linn. Helleborine. — Serapias lingua. Linn. (plante du Midi). — Ophrys apifera. Huds. (Flore parisienne).

Iridées. — Gladiolus communis. Linn. — Crocus vernus. Linn. Safran printanier des fleuristes (plante du Midi). — Crocus minimus. De Candolle (plante du Midi). — Ixia bulbocodium. Linn. Ixie d'Europe (plante du Midi).

Liliacées. — Tulipa sylvestris. Linn. (plante du Midi), trouvée par M. Saugerres (Flore parisienne). — Fritillaria meleagris. Linn. (plante du Midi). — Scilla maritima. Linn. (Codex de 1837). Scille blanche (plante du Midi).

Aroïdes. — Arum maculatum. Linn. (Codex). — Zostera marina. Linn.

Les Massetes. — Typha angustifolia. Linn. Roseau massette, dans le marais de Port-Yorck.
Cypéroïdes. — Cyperus longus. Linn. Souchet odorant. — Schœnus nigricans aut fuscus. Linn. Choin noirâtre. — Scirpus triqueter. Linn. (plante du Midi). — Carex divisa. Huds. — Carex arenaria. Linn.
Graminées. — Triticum junceum. Linn. — Agrostis maritima. Lamouroux. — Agrostis setacea. Curt. — Calamagrostis arenaria. Roth. — Lagurus ovatus. Linn. (plante du Midi). — Andropogon ischœmum. Linn. (plante du Midi). — Crypsis aculeata, Crypsis schœnoïdes. Lamouroux. — Airopsis Agrostidea. De Candolle. — Avena strigosa. Linn. (plante du Midi). — Avena fatua. Linn. (plante du Midi). — Poa maritima. Huds. — Poa procumbens. Smith. — Hordeum maritimum. With. — Bromus divaricatus. Loiseleur. (plante du Midi). — Bromus squarrosus. Linn. (plante du Midi). — Arundo phragmites. Linn. Roseau balai.
Asparaginées. — Asparagus officinalis maritimus. — Linn. (Codex de 1837). — Ruscus aculeatus. Linn. Petit houx. Fragon. (Codex).
Joncacées. — Juncus maritimus. Lam. — Juncus acutus. Linn. — Juncus pygmœus. Lam. (plante du Midi). — Triglochin maritimum. Linn. — Triglochin Barrelieri. Loiseleur. (plante du Midi). — Alisma damasonium. Linn. Plantain d'eau.
Asphodèles. — Asphodelus ramosus. Linn. Asphodèle Baton-Royal. — Phalangium bicolor. De Candolle. Phalangère blanche, lavée de rouille (plante du Midi).
Lauriers. — Laurus nobilis. Linn. Laurier franc.
Polygonées. — Polygonum maritimum. Linn. — Polygonum hydropiper. Linn. Poivre d'eau, curage. — Polygonum persicaria. Linn.

ATRIPLICÉES. — Atriplex hortensis. LINN. Arroche Bonne-Dame. — Atriplex halymus. LINN. — Atriplex portulacoïdes. LINN. — Atriplex patula. SMITH. — Atriplex littoralis. LINN. — Atriplex Rosea. LINN. — Atriplex erecta. SMITH. — Atriplex oppositifolia. SMITH. — Atriplex prostrata. BOUCH. — Atriplex laciniata. LINN. — Salicornia herbacea. LINN. Salicorne (plante à Soude). — Salicornia fruticosa. LINN. Salicorne (plante à Soude). — Salsola kali. LINN. Grande Soude (plante du Midi). — Salsola soda. LINN. Soude ordinaire (plante du Midi). — Chenopodium fruticosum. LINN. Ansérine. — Chenopodium maritimum. LINN. Chenopodium ambrosioides. LINN. Ansérine odorante. — Beta maritima. LINN. Bette-Rave maritime. Les dunes de Donnant.

AMARANTOÏDES. — Herniaria hirsuta. LINN. Herniole velue. Turquette. — Amaranthus prostratus. ROTH.

PLANTAGINÉES. — Plantago maritima. LINN. Plantain maritime. — Plantago subulata. LINN.

DENTELAIRES. — Statice limonium. LINN. Statice maritime. Behen rouge (plante à Soude). — Statice macronta aut Bellidifolia. — Statice armeria. LINN. Il y a la blanche et la rouge.

LYSIMACHIES. — Pinguicula lusitanica. LINN. La Grassette. — Lysimachia linum stellatum. LINN. (plante du Midi).

PÉDICULAIRES. — Polygala vulgaris. LINN. — Polygala depressa. WILD. — Bartsia viscosa. LINN. — Bartsia trixago. LINN. (plante du Midi). Se trouve dans les dunes. — Lathrœa clandestina. LINN. La Clandestine. Dans les bois de sapin. — Orobanche major caryophyllum olens. SMITH. — Orobanche cœrulea. WILD. (plante du Midi).

GATILIERS. — Verbena officinalis. LINN. Très-commune.

LABIÉES. — Salvia sclarea. LINN. Sauge sclarea (plante du Midi). — Mentha aquatica. LINN. Menthe aquatique (Codex de 1837). — Mentha pulegium. LINN. Pouliot très-commun (Codex). — Mentha piperita. LINN. Menthe poivrée (Codex). — Teucrium..... Germandrée. — Betonica officinalis. LINN. Betonica incana DE CAND. Très-rare (plante du Midi). —

Marrubium vulgare. Linn. Marrube blanc (Codex). — Ballota fœtida. Linn. Marrube noir. — Thymus serpillum. Linn. Serpolet très-commun.

Scrophulaires. — Scrophularia aquatica. Linn. — Scrophularia scorodonia. Linn. — Scrophularia pixidaria. Linn. Très-rare. — Veronica buxbaumii. Ten. (plante du Midi et de la Suisse) très-rare. — Sibthorpia europœa. Linn. — Antirrhinum. (Linaria pelisseriana.) Linn.

Solanées. — Verbascum blattaria. Linn. Molène blattaire (plante du Midi). — Datura stramonium. Linn. A Kertsallio.

Borraginées. — Anchusa sempervirens. Linn. Buglose toujours verte. — Anchusa angustifolia. De Cand. (plante du Midi). — Pulmonaria officinalis. Linn. Grande Pulmonaire. — Lithospermum officinale. Linn. Grémil. — Cynoglossum omphalades linifolia. Tournef. — Cynoglossum officinale. Linn. Cynoglose (Codex). — Cynoglossum pictum (plante du Midi) très-rare. — Heliotropium europœum. Linn. (plante du Midi).

Gentianées. — Gentiana centaurium. Linn. Petite Centaurée. — Chironia occidentalis. De Cand. supplém. — Chlora perfoliata. Linn.

Convolvulacées. — Convolvulus soldanella. Linn. (plante du Midi).

Apocynées. — Asclepias vincetoxicum. Linn. Dompte-Venin (Codex). Exacum pusillum. Linn. Très-rare (plante du Midi).

Ericinées. — Erica tetralix. Linn. Bruyère velue. — Erica vagans. Linn. — Erica ciliaris. Linn. — Erica cinerea. Linn. — Erica scoparia. Linn. (plante du Midi).

Chicoracées. — Chicorium intybus latifolium. Linn. (Codex). — Andryala integrifolia. — Hieracium sylvaticum. Smith. (plante du Midi). Dans les bois de sapins. — Tragopogon pratense. Linn. Salsifis sauvage. — Scolymus maculatus. Linn. — Scolymus hispanicus. Linn. (plante du Midi). — Sonchus maritimus. Linn. (plante du Midi). — Crepis dioscoridis. Goch. Crepis tectorum. Linn. — Drepania barbata. De Cand. Tolpide barbue (plante du Midi). — Helminthia echioides. Wild. Scorsonère sauvage.

Cynarocéphales. — Cynara scolymus. Linn. Artichaut. (Carlina acaulis. Linn.) — Cynara cardunculus sylvestris. Linn. Cardon sauvage. — Cirsium eriophorum. Scop. Chardon aux ânes. — Carduus tenuifolius. Smith. — Centaurea aspera. Linn. Grande Centaurée. — Arctium lappa. Linn. Bardane (Codex de 1837). — Centaurea calcitrapa. Linn. Chausse-Trape. — Centaurea lanata. De Cand.

Corymbifères. — Inula helenium. Linn. — Inula crithmoïdes. Linn. — Artemisia cœrulescens. Linn. Armoise bleue. — Artemisia maritima Linn. — Aster tripolium. Linn. (plante du Midi). — Calendula arvensis. Linn. Souci sauvage. — Matricaria chamomilla. Linn. Camomille (Codex). — Matricaria parthenium. Linn. Matricaire (Codex).

Dipsacées. — Dipsacus sylvestris. Wildenow. Chardon à foulon. — Valerianella carinata. Loiseleur (plante du Midi). — Valerianella eriocarpa. Lois. Mâche d'Italie (plante du Midi). — Valeriana phu. Linn. (plante du Midi). — Scabiosa arvensis. Linn. Scabieuse cendrée.

Rubiacées. — Rubia tinctorum. Linn. La Garance (plante du Midi). — Galium arenarium. De Cand. (Rubeola.) Petite Garance, Caillelait blanc. — Galium verum. Linn. Caille-lait jaune.

Caprifoliacées. — Lonicera periclymenum. Linn. Chèvrefeuille des haies. — Hedera helix. Linn. Lierre grimpant. — Sambucus nigra. Linn. Sureau. — Sambucus ebulus. Linn. Yèble.

Ombellifères. — Coriandrum. — Phellandrium aquaticum. Linn. — Crithmum maritimum. Linn. Criste marine. — Echinophora spinosissima. Linn. — Buplevrum odontites. Linn. Buplèvre. — Eryngium maritimum. Linnée. Panicaud maritime.

Renonculacées. — Helleborus viridis. Linn. (plante du Midi) assez rare. — Isopyrum thalictroïdes. Linn. (plante du Midi) rare. — Ranunculus lenormandii. Schutz. (plante du Midi). — Ranunculus ololeucos. Lloyd. (plante du Midi). — Ranunculus capillaceus. Thuil. (plante du Midi). —

Ranunculus chœrophyllos. **Linn.** (plante du Midi). — Myosurus minimus. **Linn.** Queue-de-Souris.

Papaveracées. — Papaver dubium. **Linn.** — Fumaria capreolata. **Linn.** — Chelidonium glaucium. **Linn.**

Crucifères. — Sysimbrium tenuifolium. **Linn.** — Sinapis arvensis. **Linn.** Moutarde sauvage. — Cochlearia anglica. **Linn.** — Cochlearia armoracia. **Linn.** — Raphanus maritimus. **Smith.** — Lepidium campestre. **Linn.** Cresson alenois sauvage. — Thlaspi alliaceum. **Linn.** — Erysimum alliaria. **Linn.**, aut Hesperis alliaria. **Lamour.** (plante du Midi). — Hesperis inodora. **Linn.** Julienne sauvage. — Cheiranthus cheiri. **Linn.** Giroflée jaune.

Capparidées. — Drosera anglica. **Huds.** Herbe-aux-Goutteux. *Ros-Solis.* — Reseda luteola. **Linn.** Gaude.

Hypericées. — Androsœmum officinale. **Linn.** Toute-Saine. — Hypericum elodes. **Linn.**

Geraniées. — Erodium maritimum. **Smith.** — Erodium malacoïdes. **Wild.** — Erodium moschatum. **Linn.** Geranium musqué.

Malvacées. — Althœa officinalis. **Linn.** Guimauve.

Cistoïdes. — Cistus salvifolius. **Linn.** (plante du Midi). — Viola riviniana. **Reich.** (plante du Midi).

Caryophyllées. — Dianthus armeria. **Linn.** OEillet velu (plante du Midi). — Dianthus gallicus. **Persoon.** — Frankenia intermedia. **De Cand.** (plante du Midi). — Cucubalus baccifer. **Linn.** — Silene inflata. **Smith.**, aut Cucubalus Behen, le Behen blanc. — Silene conoidea. **Linn.** — Silene gallica. **Linn.** — Sagina maritima. **De Cand.** Très-rare (plante du Midi). — Elatine major. **Braun.** — Arenaria marina. **Roth.**, A. media. **Linn.**, A. marginata. **De Cand.** — Moenchia erecta. — Cerastium triviale. **Link.** — Linum maritimum. **Linn.** — Linum angustifolium. **Huds.** Tenuifolium. **Linn.** Lin de montagne.

Joubarbes. — Sedum villosum. **Linn.** (plante du Midi). — Sedum anglicum. **Linn.** (plante du Midi). — Sedum sexangulare. **Linn.** (plante du Midi).

Onagres. — Epilobium roseum. Schreb. Neriette.
Salicaires. — Lythrum hyssopifolium. Linn. La petite Salicaire. — Isnardia palustris. Linn.
Rosacées. — Rosa pimpinellifolia. Linn. Rosier à feuilles de pimprenelle. (plante du Midi). — Rosa spinosissima. Linn. — Rosa gallica. Linn. (plante du Midi) très-rare. — Geum nutans. Linn. Benoite penchée. — Spiræa filipendula. Linn. Spirée filipendule. — Spiræa ulmaria. Linn. Spirée Reine-des-Prés.
Légumineuses. — Orobus albus. Linn. (plante du Midi. — Codex). — Lathyrus sphericus. Retz. — Lathyrus sativus. Linn. Gesse. — Ornithopus compressus. Linn. Pied-d'Oiseau comprimé. — Ornithopus ebracteatus. De Cand. Pied-d'Oiseau sans bractée. (plante du Midi). — Pisum granulatum. Lloyd. — Ononis spinosa. Linn. (Codex). — Ononis arvensis. Linn. Arrête-Bœuf. — Medicago marina. Linn. (plante du Midi). — Lotus hispidus. Loisel. Variété du L. Siliquosus (plante du Midi). — Lotus dorycnium. De Cand. (plante du Midi). — Melilotus parviflorus. Desf. (plante du Midi). — Melilotus officinalis. Linn. (plante du Midi. — Codex). — Lotus angustissimus. Linn. — Anthyllis vulneraria. Linn. La Vulnéraire. — Genista pilosa. Linn. Genêt à fleurs velues. — Trifolium resupinatum. Linn. Trèfle retourné. — Trifolium glomeratum. Linn. — Trifolium angustifolium. Linn. — Trifolium incarnatum. Linn. — Trifolium maritimum. Huds. — Trifolium michelianum. Trèfle à tige creuse. — Trifolium bocconii. Savi.
Euphorbes. — Euphorbia esula. Linn. — Euphorbia paralias. Linn. (plante du Midi). — Euphorbia portlandica. Linn. (plante du Midi).
Cucurbitacée. — Bryonia.
Urticées. — Parietaria officinalis. Linn. Parietaire.

Hydrophytes Marines les plus remarquables.

Laminaria esculenta. (LAMOUROUX).
Desmaretia viridis. (LAM.)
Sporochnus villosus. (AGARDH.)
Sporochnus pedunculatus. (AG.)
Punctaria plantaginea. (GREV.)
Punctaria latifolia. (GREV.)
Halyseris polypodioïdes. (AG.)
Delesseria glandulosa. (AG.)
Striaria attenuata. (GREV.)
Nitophyllum ocellatum. (GREV.)
Nitophyllum punctatum. (GREV.)
Nitophyllum ulvoideum. (HOOK.)
Rhodomenia palmetta. (GREV.)
Rhodomenia cristata. (GREV.)
Bonnemaisonia asparagoides. (AG.)
Laurencia dasyphylla. (GREV.)
Laurencia pyramidalis. (BORY SAINT-VINCENT.)
Gigartina compressa. (GREV.)
Gigartina gaditana. (MONTAIGNE.)
Gigartina pistillata. (LAM.)
Chondrus Norvegicus. (LAM.)
Chondrus membranifolius. (GREV.)
Grateloupia filicina. (AG.)
Halymenia ligulata. (AG.)
Halymenia ferrarii. (CROUAN.)
Porphyra linearis. (GREV.)
Bryopsis plumosa. (AG.)
Sphacelaria filicina. (AG.)
Sphacelaria plumosa. (AG.)
Rhodomela subfusca. (AG.)
Polysiphonia stricta. (GREV.)
Polysiphonia fibrillosa. (HARV.)

Polysiphonia parasitica. (Grev.)
Griffithsia barbata. (Ag.)
Griffithsia multifida. (Ag.)
Callithamnium polyspermum. (Ag.)
Callithamnium clavatum. (Schousb.)
Callithamnium miniatum. (Montaigne.)
Callithamnium cruciatum. (Ag.)
Callithamnium intricatum. (Ag.)
Conferva pellucida. (Huds.)
Conferva hutchinsiæ. (Dillew.)
Conferva prolifera. (Roth.)
Mesoglia hudsoni. (Ag.)
Mesoglia purpurea. (Harv.)
Nostoc bullatum. (Dub.) Cette plante est indiquée comme très-rare par tous les auteurs. M. le docteur Saugerres en a trouvé deux échantillons à Belle-Ile.

Liste des Oiseaux observés à Belle-Ile.

OISEAUX DE PROIE.

L'Épervier. Falco nisus. (Linnée.) En celto-breton, *Sparfel*.
L'Émérillon. Falco æsalon. (Buffon.)
Le Rochier ou Tiercelet. Falco litho. (Buffon.)
La Crecerelle. Falco tinnunculus. (Linn.)
La Buse. Falco buteo. (Linn.) En celto-bret., *Barged*.
Le Busard. Falco circus, appelé mal à-propos à Belle-Ile, Grand-Duc.
Le Petit-Duc. Strix scops.
L'Effraye ou Frésaye. Strix flammea. (Linn.) Cel.-br. *Kaouennez*.
Le Hibou. Strix otus. (Linn.)

OISEAUX CARNIVORES ET GRANIVORES.

Le Corbeau. Corvus corax. (Linn.) Celt.-br., *Bran*.
La Corneille mantelée. Corvus cornix. (Linn.) Celt.-br., *Kavan*.
La Corneille choucas, aux pieds rouges. Pyrrhocorax graculus. Corvus coracia. (Buff.)
La Pie. Corvus Pica. (Linn.) Celt.-br., *Pik*.

OISEAUX TERRESTRES.

Le Biset ou Rocheraye. Pigeon de roche. Columba rupicola. (Buff.) Livia de Temminck.
Le Pigeon domestique. Columba cucullata. (Buff.) Celto-breton, *Dubé*.
Le Pigeon-Ramier. Columba Palumbus. (Linn.) Celt.-br., *Kudon*.
La Tourterelle. Columba Turtur. (Linn.) Celt.-br., *Koulm*.
Le Loriot. Oriolus Galbula. (Linn.) Celt.-br., *Glazaour*.
La Petite-Grive. Turdus musicus. (Linn.) Celt.-br., *Drask*.
La Grive litorne ou chacha. Turdus pilaris (Linn.) Celto-breton, *Borzavellek*.
La Grive-Mauvis. Turdus iliacus. (Linn.)
Le Merle. Turdus merula. (Linn.) Celt.-br., *Moualc'h*.
Le Merle à plastron. Turdus torquatus. (Temminck.)
L'Étourneau. Sturnus vulgaris. (Linn.)
Le Coucou. Cuculus canorus. (Linn.) Celt.-br., *Koukoug*.
L'Alouette. Alauda arvensis. (Linn.) Celt.-br., *Kabellek*.
L'Alouette lulu. Alauda arborea. (Temminck.)
La Perdrix rouge. Perdrix rufa. (Linn.)
La Perdrix grise. Perdrix cinerea. (Temminck.)
La Caille. Perdrix coturnix (Linn.)
La Huppe. Upupa epops. (Temm.) Celt.-br. *Kogenan*.
Le Pinson. Fringilla cœlebs. (Linn.) Celt.br., *Golven*.
Le Moineau. Fringilla domestica. (Linn.) Celt.-br., *Filip*.
Le Chardonneret. Fringilla Carduelis. (Linn.) Celt.-br., *Pabaour*.
Le Linot. Fringilla cannabina. (Linn.) Celt.-br., *Sidan-Linek*.
Le Friquet. Fringilla montana. (Linn.) Celt.-br., *Kikik*.

— 150 —

La Lavandière. Motacilla alba. (Linn.) Celt.-br., *Kannereziyandour*.

La Bergeronnette du Printemps. Motacilla flava. (Linn.)

La Bergeronnette d'Hiver. Motacilla cinerea. (Linn.) Celt.-br., *Belek*.

La Fauvette d'Hiver ou l'Accenteur-Mouchet. Motacilla modularis. (Linn.) Celt.-br., *Glozard*.

La Fauvette grise. Motacilla sylvia. (Linn.) Celt.-br., *Fouin*.

La Fauvette à tête noire. Motacilla atricapilla. (Linn.)

La Fauvette bec-figue. Motacilla nœvia. (Linn.)

Le Cul-Blanc. Motacilla ænanthe. (Linn.)

Le Traquet-Tarier. Motacilla rubetra. (Linn.)

Le Rouge-Gorge. Motacilla Rubecula. (Linn.) Celt.-br., *Rojoden*.

Le Rossignol. Motacilla Luscinia. (Linn.) *Eostick. Adan.* Il est très-rare, mais je crois l'avoir entendu, et plusieurs personnes l'ont vu et entendu plusieurs fois, à Craford, à la Vigne, au Potager, à Kersallio.

Le Pitpit-Richard. Anthus Richardii. (Temm.)

Le Bruant. Emberiza vulgaris (Linn.)

Le Proyer. Emberiza miliaria. (Temm.)

Le Roitelet hupé. Motacilla regulus. (Linn.), en hiver, assez rare. Celt.-br., *Troc'han*.

Le Roitelet non hupé, gris. Motacilla Trochylus. (Linn.) Cel.-br., *Laouennan*.

Le Roitelet troglodyte. Motacilla troglodytes. (Linn.) Celt.-br., *Laouenanik*.

La Mesange-Charbonnière. Parus major. (Linn.) *Penglaou*.

La petite Mesange-Charbonnière. Parus ater. (Linn.) *Penglauik*.

La Mesange bleue. Parus cœrulus. (Linn.) *Penduik*.

La Mesange à longue queue. Parus caudatus. (Linn.)

Il y a encore une petite Mesange verdâtre comme la femelle du Pinson, ayant des plumes blanches autour des yeux et des plumes noires en dehors des blanches ; elle est aussi petite que le troglodyte. M. de Villiers pense que c'est la petite charbonnière. Je ne la reconnais dans la description d'aucune Mesange indiquée dans les auteurs.

Le Verdier. Loxia chloris. (Linn.)

J'ai décrit à M. DE VILLIERS trois oiseaux redoutables pour les fruits à pépins. Il a reconnu dans celui qui est rouge-fauve, le mâle de l'espèce ; dans l'oiseau verdâtre, la femelle, et dans le gris-cendré, leur petit adulte.

Loxia pytiopsitacus. (TEMMINCK.) Cette terrible famille a paru plusieurs fois à Belle-Ile ; elle n'est pas sauvage et se laisse approcher.

OISEAUX DE MER ET DE RIVAGE.

L'Oie. Anas anser. (LINN.) Celt.-br., *Gwaz*.
L'Oie cravant ou Bernache. Anas bernicla de BUFFON et de TEMMINCK, en celto-breton, *Garréli*.
L'Oie nonnette. Anas leucopis. (TEMM.)
Le Canard sauvage. Anas boschas. (LINN.) Celt.-br., *Houad Gwez*.
Le Millouin. Anas ferina. (LINN.) Anas Penelope de BUFFON, en celto-breton, *Houadik gwez, h. ru*.
La Sarcelle. Anas querquedula. (LINN.) Celt.-br., *Krak houad*.
La Macreuse. Anas nigra. (BUFFON.)
Le Canard-Siffleur huppé. Anas rufina. (TEMM.)
Le Garot. Anas clangula. (TEMM.)
Le Harle huppé. Merganser cristatus de BUFFON, Mergus serrator de TEMMINCK, en celto breton, *Penn ru*.
Le Harle-Piette. Merganser Albellum. (LINN.) Mergus Albellus de TEMMINCK, en celto-breton, *Mor-gwaz*.
La Foulque ou Judelle. Fulica atra. (LINN.)
La Poule-d'eau. Gallinula chloropus. (LINN.) Celt.-br., *Dour-iar*.
L'Alouette de mer ou Becasseau. Tringa Gallinula. (LINN.)
Le Vanneau. Tringo Vannellus. (LINN.) Celt.-br., *Kernigel*.
Le Héron. Ardea cinerea. (LINN.) Celt.-br., *Herligon*.
Le Héron blongios. Ardea minuta. (LINN.) Ardea minuta de TEMMINCK.
Le Héron butor. Ardea Stellaris, aut botaurus. (LINN.) Celt.-br., *Bongors*.
Le Pluvier doré. Purdalis aurea. (BUFF.) Charadrius Pluvialis de TEMMINCK, en celto-breton, *Moullek*.

— 152 —

Le Pluvier gris. Pardolis cinerea. En celt.-br., *Chilpion.* Charadrius marinellus de Temminck. Cet oiseau est rare à Belle-Ile. M. de Villiers y a tué le Pluvier suivant :
Le Pluvier à collier interrompu. Charadrius cantianus de Temminck.
La Bécasse. Scolopax rusticola. (Linn.) Celt.-br., *Kefellek.*
La Bécassine ordinaire. Scolopax Gallinago. (Linn.) Celto-breton, *Kioc'h.*
La Bécassine sourde. Scolopax Gallinula. (Temm.)
Le Râle d'eau. Rallus aquaticus. (Linn.) Celt.-br., *Iarik-zour.*
Le Râle noir. Rallus Porzana (Linn.) ou la Marouette. Gallinula Porzana. (Temm.)
Le Râle de genêt. Rallus crex. (Linn.) Celt.-br., *Savellek.*
Le Martin-Pêcheur. Alcedo Ispida. (Linn.), Celt.-br., *moualc'h-ror.*
La Barge bergeotte. Capriceps cinerea. (Buff.)
L'Alouette huppée. Alauda cristata. (Temm.)
Le Plongeon de mer. Mergus major. (Buff.) Colymbus glacialis. (Temm.) Celt.-br., *Poc'han.*
Le Petit-Plongeon. Mergus minor. (Buff.) Colymbus septentrionalis. (Temm.)
L'Hirondelle de mer. Hirundo sterna. (Buff.) Sterna caspia. (Temm.), en celto-breton, *Gwennelik-ror.*
L'Hirondelle de cheminée. Hirundo rustica. (Buff.) Celto-breton, *Gwennelik.*
L'Hirondelle de rocher. Hirundo rupestris. (Temm.)
L'Hirondelle de fenêtre, petit Martinet, cul-blanc. Hirundo urbica. (Temm.)
Le Petrel ou Satanite, ou Tempêteau. Procellaria cinerea. (Linn.)
Le Petrel fulmar. Procellaria glacialis. (Temm.)
Le Fou de Bassan. Sula alba. (Temm.)
Le Courlis d'Europe ou Courlieu cendré. Numenius minor. (Buff.) Numenius arquata (Temm), en celto-breton, *Mor-raoul.*
Le Cormoran. Phalacro corax. (Buff.) Celt.-br., *Mor-vran.*
Le Goëland, grande Mauve ou Mouette. Larus glaucus. (Temm.) En celto-breton, *Gwelan.*
La Mouette Tridactyle. Larus tridactylus. (Temm.)
La Mouette à capuchon noir. Larus melanocephalus. (Temm.)

Le Phalarope hyperboré. Phaloropus hyperborœus. (TEMM.)
Le Sanderling. Calidris arenaria (TEMM.)
L'Huitrier-Pie. Hœmatopus ostrolegus. (TEMM.)

Les oiseaux qui ne sont dénommés que par la seule nomenclature de TEMMINCK, m'ont été indiqués par M. DE VILLIERS, chef de bataillon au 4me régiment, aujourd'hui conservateur du Musée de Chartres.

Poissons de Mer.

MURÈNES.

Le Congre blanc. Murœna conger. (LINN.)
Le Congre noir de roches. Conger saxatile. (LINN.)
L'Anguille de mer. Ammondyte tobianus. (LINN.)
Le Lançon, Anguille de sable. Ammodyte oppal. (LINN.)
L'Aiguille, Orphie ordinaire. Esox belone. (LINN.)

MULLES.

Le Surmullet au Barbarin. Mullus Surmuletus. (LINN.)
Le Grondin blanc, dit Perlon. Trigla hirundo. (LINN.)
Le Grondin rouge, dit Rouget. Barbatus. (LINN.)
Le Grondin jaune, ou Gros-Grondin. Cuculus.
Le Rouget commun. Trigla pini.
Le Mulet. Mugil cephalus. (LINN.)

MUGES.

La Lubine ou Barre.
Le Tulien ou Talin.
Le Moine.

SQUALES.

La Roussette, Curousse, Chat-Marin. Squalus catulus. (LINN.)
Le Squale, Chien-de-Mer, Grande-Roussette. Squalus canicula. (LINN.)

L'Ombre-Persèque, ou Maigre. Sciœna aquila. (Linn.)
La Drevelle.
La Vieille, ou Loup-de-Mer. Vetuta, Labrax vetuli. (Linn.)
La Vive, ou Dragon-de-Mer, poisson araignée. Trachinus draco.
    (Linn.)
Le Courlaseau, Perche-de-Mer.
La Demoiselle.
Le Sture.
La Thalusse.

GADES, OU MORUES.

Le Lieu, ou Gade-Pollac. Gladius polliachus.
Le Merlan. Gadus merlangus. (Linn.)
Le Merlus. Gadus merluccius. (Linn.)
La Julienne. Gadus molve. (Linn.)
La Lotte, ou Loche-de-Mer, Gade-Mustelle. Gadus lota.
La Bogue. Gade-Capelan.

SCOMBRES.

Le Maquereau. Scomber-Scambre. (Linn.)
Le Germond, ou Scombre-Bonite. Orcynus.
Le Chinchare, ou Caraux-Trachure.
Le Saumon-Coureur. Salmo eques.
Le Crapaud-de-Mer, la Cotte-Quadricorne. Scorpœna porcus.
Le Scorpion-de-Mer. Catus scorpius.
La Dorade. Coryphœna hippuris. Parus aurata. (Linn.)
Le Pironneau, ou Petit-Plom. Scomber pelamis. (Linn.)
L'Eperlan, ou Petit-Prêtre. Pulmo eperlanus. (Linn.)
La Cavaille. Scomber colias. (Linn.)

RAIES.

Le Pocheteau, ou Flassade, Grande-Raie. Raya batis. (Linn.)
La Raie ordinaire.
La Raie-Bouclée. Raya clavata. (Linn.)
La Raie-Terre, ou Tremblard. Raya aquila. (Linn.)

PLEURONECTES.

Le Turbot. Pleuronectes maximus. (Linn.)
La Sole. Pleuronectes solea. (Linn.)
La Limande. Pleuronectes limanda. (Linn.)
La Targe.
La Plie. Pleuronectes platessa.
Le Carrellet. Pleuronectes platessa.
La Poule-de-Mer, ou Zée-Forgeron.

CLUPÉES.

La Sardine. Clupea sprattus.
L'Anchois. Clupea encrasicolus.
Le Hareng. Clupea harengus.
L'Alose. Clupea alosa.

CRUSTACÉES.

Le Homard. Astacus gammarus. (Buff.)
La Langouste Astacus locusta. (Buff.)
La Chevrette, ou Crevette. Gibba squilla. (Buff.)
Le Cancre-Vulgaire. Cancer maritimus. (Buff.)
Le Cancre-Coureur. Cancer eques. (Buff.)
La Crabe, ou Cancre-Alongé. Cancer oblongus. (Buff.) Il y a plusieurs autres variétés de Crabes.
Le Bernard-l'Hermite.
L'Oursin, ou Chataigne-de-Mer. Echinus marinus. (Buff.)
L'Astérie-Mamillifère-Fauve.
L'Astérie-Euryale, à côte lisse.

TESTACÉES.

La Moule.
Le Pétoncle.
La Telline, ou Manche-de-Couteau.
L'Ormet.

La Bernicle.
Le Bigorneau.
La Patelle-Commune.
La Venus-Fauve.
La Litorne-Bisonale.
La Litorne-Bretonne.
La Litorne-Rudis.
La Litorne-Retuse.
La Spirorbe-Nautiloïde.

CHAPITRE VII.

Agriculture et Animaux domestiques.

AGRICULTURE.

A Belle-Ile, ainsi que dans toute la Bretagne, une partie des landes porte des traces d'anciens sillons qui démontrent que la culture fut autrefois plus étendue, et par conséquent la population plus considérable. Cependant, à défaut de recensements, le relevé des anciens fouages décrétés par les États tendrait à établir qu'aux.... siècles la Bretagne ne nourrissait pas plus de.... âmes au lieu de 2,667,551 que lui donne le recensement de 1841. Il faut considérer que l'impôt des fouages ne frappait pas tous les sujets par suite des priviléges de plusieurs hauts barons, des nombreuses exemptions accordées par les ducs et des rachats opérés par des villes et communautés. Il se pourrait que la population fût plus disséminée et la culture plus étendue avant les troubles du moyen-âge et lorsque l'imperfection de la mouture nécessitait une plus grande consommation de céréales. Les invasions des Normands et les guerres civiles obligèrent les cultivateurs à se rapprocher et à se mettre sous la protection des villes, des forteresses féodales et des abbayes. Cette dernière cause ne peut être admise pour Belle-Ile, où la sécurité a toujours été la même pour l'île entière. Ici, mieux qu'ailleurs, les anciens sillons dans les landes attestent une culture autrefois plus étendue et probablement une population plus considérable. Cette conjecture s'appuie sur l'histoire; une charte du duc Alain III nous apprend qu'au xe siècle l'île fut ravagée par les hommes du Nord, qui en expulsèrent les habitants. L'abandon des anciennes cultures doit remonter à une époque très-reculée, puisqu'on découvre des sillons sous les sables des dunes de Port-Donan, près le village de Kerhuel. Dans le mémoire de 1752, par lequel M. Daillon demandait le changement de la tenure à bail en afféagement, il remarquait aussi que l'étendue des terres labourées avait diminué. Cette diminution provenait sans doute des longues guerres de Louis XIV et de Louis XV ; celles de la république et de l'empire ont eu le même résultat. Le cadastre de 1840 porte la contenance entière de l'île à 8300 hectares. Celui de 1769 ne la portait qu'à 5804 hectares. Il était donc inférieur à la vérité de près d'un tiers ; supposons que l'opération de l'arpentage ayant été faite avec plus de soin pour les terres labourables, l'erreur ne fût que d'un dixième, leur contenance aurait été de 86 hectares supérieure à celle que le cadastre de 1840 a constatée. L'étendue des terres labourables avait donc beaucoup diminué de 1787 à 1814, puisqu'il est incontestable que, depuis la paix jusqu'à 1841, il n'y a pas une seule ferme dans l'île où il n'ait été fait quelques défrichements, depuis $1/4$ d'hectare jusqu'à 3 et 4 hectares. Trois fermes entières ont été créées dans les landes : l'une à Port-Caoter, en Locmaria ; l'autre à Kersantel, en Sauzon ; la plus considérable à Bruté, en Palais.

Je ne crois pas que l'on doive évaluer à moins de 400 hectares, l'étendue des défrichements qui ont été faits depuis 1814. Il a fallu vingt années de paix pour réparer les désastres de vingt années de guerre. Mais la culture s'est améliorée, la production du blé a augmenté, la consommation a diminué par suite de l'accroissement qu'a prise la culture des pommes de terre qui fournit au moins le quart, et peut-être le tiers de la subsistance des habitants indigènes. L'exportation a donc augmenté malgré l'accroissement de la population.

Dans tous les temps, les Belleïlois ont dû récolter plus de blé qu'ils n'en consommaient. J'ai relevé sur les registres du Domaine les exportations officielles de cinq années antérieures et de trois années postérieures à l'afféagement. La moyenne des huit années serait de 3400 hectolitres qui représentent la redevance payée au propriétaire ; mais après avoir parlé de ce paiement, l'auteur du manuscrit historique de 1787 ajoute que les habitants, récoltant plus de blé qu'ils n'en consommaient, exportaient le surplus, ce qui ne peut s'entendre de l'exportation de la redevance faite pour le compte du Roi. Le nombre de 6180 perrées, 12360 hectolitres qu'il donne, représente sans doute la quantité de froment qui restait après l'acquit de la rente. En additionnant ces deux quantités, on trouve pour le total de la récolte à cette époque 7880 perrées, soit 15760 hectolitres. Dans ce temps-là, on mangeait moins de pommes de terre et plus de blé, la consommation de 5200 habitants devait approcher de 5000 perrées ou 10,000 hectolitres, il restait donc pour l'exportation 5760 hectolitres, savoir : pour le compte du Roi, 3400, et pour les cultivateurs, 2360. Ce calcul peut se vérifier par le nombre des journaux de terres labourables. On en comptait 8510, quoique je suppose qu'il en existait réellement 9361, à cause des erreurs de l'ancien cadastre. Supposons que l'on ensemençât le tiers des 8510 journaux, soit 2836 dont le produit, à trois perrées chacun, étant de 8508 perrées, donnait, après déduction des 1700 perrées de la redevance, 6808 perrées, approchant du nombre 6180 que rapporte l'auteur du manuscrit de 1787. Je croirais que la récolte pouvait varier entre 14 et 16 mille perrées, soit 28 et 32 mille hectolitres.

Pendant les vingt-un ans de guerre, l'état de siège, et certaines spéculations qu'il favorisait, empêchant la sortie du blé aux époques où le producteur est obligé de vendre, le prix de l'hectolitre ne dépassa jamais 12 fr., quoiqu'il fût souvent de 15 à 18 fr. à Auray. D'ailleurs, l'élite de la population rurale, 600 hommes choisis, faisant le service de canonniers garde-côtes, négligeaient le travail des terres, la production du blé diminua donc avec l'étendue des terres cultivées. Aussi, en 1814, première année de la paix, il ne fut exporté que 70 tonneaux ou 875 hectolitres de froment. Une garnison de 3,000 hommes nécessita l'importation de 224 tonneaux de blé ou farine. La production était donc insuffisante pour nourrir 8737 âmes que l'île renfermait alors, habitants et garnison. Dès 1816, il y eut déjà une amélioration : on exporta 100 tonneaux (1335 hectolitres) ; l'importation pour la garnison, réduite à 1100 hommes, fut de 202 tonneaux (2524 hectolitres).

Il est à remarquer que la prospérité de l'agriculture, en France, date de la loi de 1821 sur l'exportation, et de celle qui frappe d'un droit assez élevé l'introduction du bétail étranger. Le mouvement fut rapide. Les défrichements, les améliorations de culture augmentèrent la production de manière à éloigner, si ce n'est à rendre presque impossible des disettes semblables à celle de 1803, de 1811, de 1817 et de 1846, dans les dix-sept premières années du XIXe siècle, on a compté six années où la récolte des céréales fut insuffisante. L'importation des blés étrangers dépassa l'exportation des onze années d'abondance. Le prix du blé excédait le taux de 20 fr. 79 cent. l'hectolitre qui était la moyenne des cent cinquante années précédentes. Il y eut de véritables disettes pendant les années 1811 et 1812; quoique les mercuriales officielles ne fussent en moyenne que de 26 à 33 fr., il y eut des départements où le prix réel était de 40 fr., par suite de l'exécution des mesures prescrites par un décret impérial. La disette de 1817 fut très-rigoureuse, quoique le gouvernement eût introduit à grands frais plus de cinq millions d'hectolitres de blés étrangers, ce qui égale toutes les quantités importées dans les cinq années 1801, 1802, 1811, 1812 et 1813. Je n'ai pas la mercuriale de 1817, pour toute la France. A Belle-Ile et à Vannes, elle fut de 30 fr. Mais il est évident que le système de l'échelle mobile a eu pour résultat de ne permettre qu'une disette en vingt-cinq ans, 1846, au lieu de six en dix-sept ans, et qu'une administration habile par une heureuse combinaison d'encouragement, pourrait élever la production, dans un pays comme la France, au niveau de la consommation. Quand on considère les progrès qu'a faite l'agriculture à Belle-Ile, où pourtant elle est fort arriérée, on ne peut désespérer de l'avenir. Les landes et terres vagues sont encore plus étendues que les terres labourables, quoique la moitié soit susceptible de défrichement. La population s'est accrue de plus d'un tiers depuis soixante ans, et cependant l'exportation augmente chaque année. En 1841, elle s'élevait à 4730 hectolitres; elle fut de 4100 hectolitres pendant l'année 1842 : les achats faits pour la garnison dans l'île étaient de 4000 hectolitres ; en y joignant la consommation des 8000 habitants, à raison seulement de 1 hectolitre 70 ([1]), on peut au moins évaluer le produit de cette récolte à 21700 hectolitres. C'est presque le double de la récolte de 1816. Les exportations de 1843 et 1844 ne me sont pas connues. Il fut acheté, pour la garnison, dans ces deux années plus que médiocres, 3743 hectolitres. L'exportation de la récolte de 1845, depuis le 1er janvier de cette année jusqu'au 30 juin de l'année suivante fut de 6478 hectolitres. L'année suivante, si fatale à la France, donna encore, à Belle-Ile, 2000 hectolitres pour l'exportation, il est vrai qu'il en était trop sorti, et que par une souscription on fut obligé d'en faire revenir 327 hectolitres qui furent achetés, à Bordeaux, à un prix supérieur aux prix des ventes faites par le pays.

On cultive deux variétés du froment d'automne, dans l'une desquelles la couleur rouge, et dans l'autre la couleur blanche et les barbes sont des caractères constants sur le sol. Le blé rouge sans

---

(1) Achats de blé dans l'île pour la garnison :

    1832...... 1900 quintaux métriques.
    1833...... 600 —
    1834...... 400 —
    1835...... 1000 —
    1836...... 400 —
    1837......11012 —
    1838...... 600 —
    1838...... 2685 —
    1839...... 1185 —
    1840...... 1739 —
    1841...... » —
    1842...... 3100 —
    1843...... 850 —
    1844...... 1950 —

Le 1er octobre 1804, l'autorité militaire fit faire un recensement des céréales, etc., existant dans l'île. On trouva en :

    Froment.......15934 hecto.
    Orge.......... 820 —
    Avoine......... 1389 —

La population était de 5736 âmes.

barbe (*triticum hybernicum mutum.* LINNÉE), rend incontestablement davantage, ce qui le fait préférer des cultivateurs, à tort, selon moi. Il est d'une qualité inférieure, et très-sujet à s'égrainer dès qu'il est secoué par un grand vent à l'époque de sa maturité. J'en ai vu la terre couverte. La perte fut peut-être d'un vingtième de la récolte. Un danger si fréquent, sur une terre dépourvue d'abris, devrait faire renoncer à cette variété : cependant elle semble devoir bientôt remplacer entièrement le froment blanc barbu (*triticum hybernicum barbatum*), quoiqu'il fasse le pain plus blanc et qu'il se vende 2 fr. de plus, sur les marchés de Bordeaux et de Nantes. Le grain tient mieux dans ses glumes, et lorsqu'il est battu des vents, le choc est amorti par les barbes. Les plus grosses tempêtes ne lui occasionnent aucune perte appréciable, sous ce rapport. Il serait à désirer que l'on introduisît, à Belle-Ile, la culture du blé de mars barbu (*triticum barbatum œstivum*), qui est assez répandue en Bretagne. La culture des céréales du printemps serait importante dans une localité où les céréales d'hiver sont exposées à des chances fâcheuses inconnues au reste du Morbihan. Elle est pourtant fort restreinte, et tend à diminuer encore. L'auteur du manuscrit de 1787, évaluait la récolte de l'orge à 2,264 hectolitres. Messieurs les Maires pensent qu'elle ne dépasse pas aujourd'hui 400 hectolitres. Celle de 1846, ne fournit à l'exportation que 12 hectolitres ; mais il sortit 528 hectolitres d'avoine (1). Cette culture est moins négligée : elle occupe annuellement environ 400 hectares, et produit entre 3 et 4,000 hectolitres. Un tiers à peu près sert à la nourriture des hommes, un sixième est consommé par les chevaux, et le surplus exporté. L'orge est entièrement abandonnée aux poulains, aux porcs et aux bœufs d'engrais. Le Mémoire de 1787, évalue la récolte d'avoine de son temps à 6,360 hectolitres ; cela se comprend, parce qu'alors on cultivait beaucoup moins de pommes de terre et probablement de jarosse. Ce fourrage est aujourd'hui en grande faveur ; sa paille se mêle avec celles des céréales et le foin, pour la nourriture d'hiver

---

(1) L'exportation de l'orge fut en 1845 de 221 hectolitres. On ne peut cultiver le froment sur l'orge, la récolte est mauvaise.

du bétail. Sa graine est consommée par les jeunes chevaux, les porcs et les bœufs d'engrais, et il s'en exporte annuellement de 1,000 à 2,000 hectolitres, à raison des deux tiers du prix du blé à peu près (1). On sème autour de la ville du Palais, et pour la consommation, quelques sillons de haricots et de pois qui sont d'un assez bon rapport. Mais toutes les cultures de mars ont été absorbées par le développement qu'a prise, depuis quarante ans, celle des pommes de terre. Elle fut introduite dans l'île pendant les trois années que les Anglais l'occupèrent, de 1761 à 1763 ; et, propagée par les Acadiens originaires du même pays que ce précieux tubercule, ils arrivèrent à Belle-Ile en 1765, après avoir fait un séjour de dix ans en Angleterre, où la pomme de terre avait été apportée d'Amérique par l'amiral Drake, dès l'année 1586. Les Belleilois sont peut-être les premiers Français qui l'aient cultivée en grand pour la nourriture de l'homme et du bétail. En outre de la consommation qu'en faisaient les habitants et les soldats, l'auteur du mémoire de 1787, évaluait déjà l'exportation à 4,000 hectolitres, au prix de 5 et 6 fr. ; elle a presque entièrement cessé, mais la consommation locale a triplé, depuis surtout que le prix du blé a été élevé par la loi de 1821 (2). La récolte était insuffisante lorsque l'atelier des condamnés au boulet nécessitait dans l'île une garnison de 700 hommes, ce qui portait l'effectif des troupes à plus de 1,400 hommes. Ainsi, dans l'année 1841, il ne fut exporté que 45,790 kilogrammes de pommes de terre, et il en fut importé 454,729. En 1842, il sortit 94,947 kilogrammes, il entra précisément le double. L'exportation de 1845 fut de 35,850 kilogrammes, et celle de 1846, de 95,782. Il n'est pas à désirer que les cultivateurs Belleilois comptent beaucoup sur les bénéfices de l'exportation de ce tubercule, mais il est très-important que la culture fournisse toujours un excédant aux besoins de la consommation, pour n'avoir

---

(1) L'exportation de la jarosse fut en 1814 de 89 tonneaux, au prix de 180 fr. ; celle de 1841 ne fut que de 230 hectolitres ; en 1842, de 880 hectolitres ; en 1845, 1,600 hectolitres ; en 1846, 1,700 hectolitres, à 15 fr.

(2) Le cinquième des terres labourables est ensemencé chaque année en pommes de terre, à raison de plus de 9 hectolitres par hectare, quantité double de ce qu'il faudrait semer. Aussi le rendement ne dépasse-t-il pas 10 dans les meilleures années.

jamais de déficit : car si par malheur la production diminuait, la population suivrait la même progression. La pénurie des céréales n'a peut-être pas seule rendu la subsistance du peuple chère et difficile pendant les deux dernières années (1847 à 1849), la maladie dont les pommes de terre sont attaquées y a contribué. Non-seulement une partie de la récolte a été détruite, cette perte a varié à Belle-Ile entre un sixième et la moitié pour certaines localités, mais, en général, les cultivateurs inquiets ont diminué la culture, ou du moins ne l'ont pas augmentée. Ainsi, pourvu que la récolte soit médiocre, même sans maladie, elle pourrait être insuffisante. Ils ont essayé d'y suppléer par l'essai de la culture du maïs.

Le savant et estimable PARMENTIER avait assigné la Garonne pour limite, vers l'ouest, à la culture du soi-disant *blé de Turquie*, originaire de l'Amérique du Sud, comme la pomme de terre est originaire de l'Amérique du Nord. Cette culture s'est répandue dans la Saintonge, l'Aunis et le Poitou. Depuis une quinzaine d'années elle avait été essayée, à Belle-Ile, par quelques cultivateurs, dont aucun n'avait récolté plus de 5 ou 6 hectolitres, mais le haut prix du blé et la maladie des pommes de terre ont servi d'avertissement ou d'encouragement. Excepté dans la commune de Locmaria, presque tous les cultivateurs de l'île ont semé du maïs en 1847. Je ne crois pas qu'il y ait de l'exagération à évaluer cette première récolte générale à 1,000 hectolitres. La consommation en est ancienne dans l'île et assez répandue. On ne le mange qu'en bouillie, qui n'est pas du goût de tout le monde. Il serait possible de le mêler pour 1/8 avec le froment dans le pain. Lorsque le blé est cher, on importe de Bordeaux et de Bayonne plus de 1,500 hectolitres de maïs [1]. On importe d'Auray, tous les ans, environ 200 hectolitres de farine de millet et 20 hectolitres de farine de sarrasin.

La culture du sarrasin a été tentée sans succès. Il ne craint pas seulement les gelées tardives du printemps, qui détruisent la plante

---

(1) L'importation du maïs, en 1841, fut de 61,200 kilogrammes ou 815 hectolitres.

elle-même, il craint aussi les grands vents qui flétrissent et brûlent ses fleurs et qui abattent sa graine. Elle tient moins dans les calices que celle d'aucune autre plante cultivée. On essaie en ce moment, à la ferme modèle de Bruté, la culture du millet (*panicum miliaceum*. Lin.) Elle réussira, parce qu'elle sera bien soignée, à l'abri des plantations de sapins et des fossés, mais elle ne se propagera pas, ce me semble, dans le pays. Elle exige trop de main-d'œuvre pour le binage et le sarclage; dans des terres où les chardons, les rumex, les arrête-bœufs, etc., multiplient à volonté. Les oiseaux qui sont aussi très-multipliés, seraient encore un autre obstacle à cette culture, si la paresse des habitants ne suffisait.

La culture du colza, la plus lucrative qu'il y ait en ce moment et pour longtemps, a été introduite depuis... ans à la ferme de Bruté, et avec beaucoup de succès, au moyen des boues et immondices de la ville qui offrent un engrais approprié à cette plante épuisante.

En admirant ce bénéfice, quelques cultivateurs ont tenté de semer du colza, mais ils ont dû y renoncer faute d'engrais.

Il existe de toute antiquité une culture générale dont les bénéfices, pour être presque inaperçus, n'en sont pas moins très-importants par leur élévation et par leur répartition entre les petits cultivateurs : c'est celle des navets auxquels le sol donne un parfum, une délicatesse de saveur qui les font rechercher de tous les gourmands. 3,000 sacs d'un hectolitre sont expédiés annuellement dans les villes de Lorient, Auray, Vannes, Redon, Nantes, La Rochelle, Marennes, Bordeaux et Bayonne (¹). Dans les quatre premières de ces villes, les Belleiloises vont elles-mêmes vendre au détail. Elles retirent jusqu'à 15 et 20 fr. et plus d'un sac. On n'en évalue cependant le prix qu'à 10 fr. Il était autrefois de 6 fr. L'année passée, 1846, un cultivateur du village d'Arnaot, vendit, à Vannes, deux sacs de navets 48 fr. Il en a été souvent expédié à Paris dans des vues de

---

(1) Il n'est pas délivré d'expéditions de douanes pour la sortie des légumes, mais j'ai pris des informations auprès des chefs du service actif de la douane et des maîtres au cabotage, tous se sont accordés dans l'évaluation de 3,000 sacs. On peut réduire ce nombre à moitié.

rémunération ou de sollicitation personnelle. Mieux vaudrait, dans l'intérêt général, en offrir à quelques feuilletonistes des grands journaux, en envoyer en échantillons aux principaux marchands de comestibles. Il ne manque à Belle-Ile qu'un spéculateur pour créer, avec Paris, un commerce régulier de ce précieux légume et de homards, de sardines préparées, de gros poissons salés, fumés et séchés, des moutons de la côte, convenablement engraissés.

L'auteur du mémoire de 1787, avait remarqué avant moi que le chanvre croîterait admirablement dans des vallons bien abrités, ayant jusqu'à deux mètres d'une excellente terre végétale, qu'il serait facile d'amender avec des varecs et du sable calcaire de Donnant. On évaluait alors le produit à 1,248 livres (624 kil.) de filasse. Au lieu d'acquérir l'accroissement que semblait lui promettre la facilité d'un débouché certain, cette culture a totalement disparu. Celle du lin a plutôt diminué qu'augmenté. Son produit était évalué à 1,286 livres (643 kil.) de filasse. Je le crois aujourd'hui fort inférieur. On n'en récolte pas en cinq ans de quoi fabriquer une chemise à chaque habitant. Ainsi l'agriculture ne fournit pas à la consommation locale un produit qui, outre les usages domestiques, sert encore dans le pays à la navigation et à la pêche. Elle manque à gagner tout ce que coûte l'importation des toiles à voile et de ménage, du chanvre en filasse destiné à la fabrication des filets de pêche et des cordages. Pendant l'année 1841, il entra 6,872 kilogrammes de filasse et plus de 15 mille kilogrammes de toiles de chanvre et de lin. Je répète que le sol de l'île, principalement dans les vallons, est éminemment approprié à la culture des deux plantes textiles. L'engrais ne manquerait pas, il y a suffisamment de varecs, de charrées et de sables calcaires pour fumer des chanvrières, sans nuire aux autres cultures. On n'emploie pas d'engrais à Belle-Ile pour semer le peu de lin qui se voit. On se contente de bécher dans la partie la plus élevée d'un pré, une étendue de six à dix mètres carrés; et la terre, passablement travaillée et ameublie, est ensemencée sans aucun amendement. L'année suivante, on y jette de la graine de foin pour rétablir le pré, dont une autre partie est défrichée, s'il y a lieu. Mais peu de laboureurs sèment du lin chaque année. Il y a pourtant beaucoup à gagner sur une culture dont les produits se vendraient sur place, en fournissant du travail, non-seulement à la classe indigente, mais à la classe désœuvrée.

Par un prodige de tolérance et d'oubli, la culture du tabac, traversant toute la sévérité fiscale des lois de l'empire, était demeurée libre à Belle-Ile jusqu'au commencement du mois de juin 1814. Une végétation magnifique prouvait combien le terrain lui était favorable, mais cette industrie, restreinte à la consommation individuelle de chaque cultivateur, quoique généralement répandue dans l'île, n'y occupait que peu d'espace. La plantation la plus considérable avait été faite par les soldats du bataillon colonial, dans la ville du Palais, sur le terrain en glacis à l'ouest-sud-ouest de la caserne des grandes barraques. On y compta environ un millier de plants de la plus belle venue. La régie fit arracher tout le tabac de l'île, et constater quelques contraventions pour sanctionner la défense. Cette culture disparut complétement, mais elle continua encore pendant six ans aux îles de Houat et de Hédik. Le sol des trois îles lui convient mieux qu'aucun autre, particulièrement celui de Belle-Ile, sur lequel les feuilles, à peu près sans engrais, acquéraient une qualité comparable à celle des meilleurs tabacs de Saint-Malô (1). Si cette culture devenait libre, les Belleilois devraient la faire entrer en grand dans leur assolement, si l'on peut qualifier de ce nom scientifique la succession si peu variée des cultures de l'île. Elle a pour but la culture aussi rapprochée que possible du froment. On est généralement disposé à admettre que chaque année un cinquième des terres labourables reste sous jachère ou trèfle, pendant qu'un autre cinquième est ensemencé de pommes de terre et de jarosse, un dixième ensemencé d'avoine, un centième d'orge : le surplus est ensemencé de froment, environ 2,100 hectares qui seraient ensemencés, à raison d'un et demi par hectare. Il faudrait que le rendement moyen fût de sept fois la semence, pour que la récolte fournit à la consommation des habitants 12,000 hectolitres aux achats de la garnison, sur la

---

(1) Le tabac, comme le trèfle, doit prospérer sur les terrains riches en phosphates calcaires.

moyenne de 13 années ; 2,709 hectolitres à l'exportation, en moyenne de 4,327 hectolitres, enfin à la semence de l'année suivante.

Je supposerais qu'il ne reste sous jachère qu'un septième des terres labourables, plutôt que d'admettre la moyenne du rendement à 7, tandis qu'il est douteux qu'elle soit de 6 1/2. Il y a des années où la récolte est presque entièrement perdue, par suite des tempêtes, sur toute la côte de la mer sauvage, comme en 1827. D'autre fois on n'obtient que trois ou quatre fois la semence. Comme ces intempéries affectent un vingtième de l'île tous les vingt ans, elles doivent nécessairement modifier la moyenne qui, sans ces sinistres, serait très-élevée, puisque les bonnes terres, et dans les bonnes années, le produit dépasse dix pour un, et va jusqu'à quatorze et quinze. La terre qui a produit le froment enlevé au mois de juillet, est occupée, au mois de mars suivant, par de l'avoine, de la jarosse, des pommes de terre ; un septième reste sous la jachère, dont quelques sillons conservent le trèfle qui a été semé l'année précédente parmi le froment. C'est aussi sur ce sol qu'on sème le maïs, dont la culture diminuera d'autant la jachère. Cette jachère serait fort utile si elle était entièrement couverte de trèfle ; ses coupes fréquentes, et la vigueur de la végétation, nétoieraient la terre des mauvaises herbes. Mais sous le prétexte de laisser reposer la terre, on la laisse s'empoisonner de racines d'arrête-bœuf, de graines de chardons, de rumex, de moutarde, la plus épuisante de toutes les plantes. (*Sinapis arvensis*). La culture du trèfle serait d'autant plus importante, qu'on a pour habitude de donner aux vaches laitières beaucoup de pommes de terre, ce qui compromet leur santé et les affaiblit, les tubercules et autres racines ne contenant que du phosphate de magnésie et seulement des traces de chaux, ne peuvent rendre aux vaches ce qu'elles perdent en phosphate de chaux par le lait ; la perte doit être compensée par l'amincissement des os, si elle n'est pas réparée par une nourriture abondante en sels calcaires, telle que le trèfle, les pampres de pommes de terre, les pailles et graines des légumineuses, pois et jarosse. Sous la mairie de M. Chasle de la Touche, le conseil-général du Morbihan ayant accordé des fonds pour encouragement à l'agriculture, le comité cantonal faisait venir du Mans, et distribuer gratuitement, des graines de trèfle et de luzerne, c'était un tort. On a reconnu que toutes les graines distribuées ainsi n'étaient pas semées; au lieu qu'elles le sont très-exactement depuis que le comité les vend à moitié ou au tiers du prix. Cette amélioration est due à l'administration de MM. Montauzé, Le Guevel et Fauchat. Sous leur direction, le comité a fait de louables efforts pour propager la culture du trèfle. Il reste encore beaucoup à faire. Elle occupe à peine quelques sillons, deux ou trois ares au plus chez les cultivateurs les plus intelligents : elle devrait couvrir au moins la moitié des terres en jachères, et après avoir nourri le bétail pendant quinze mois, la plante, avant la deuxième floraison et sans être coupée, serait enterrée comme un engrais qui contient beaucoup de principes calcaires. Mais les cultivateurs peu éclairés ont une invincible répugnance pour l'enfouissement des récoltes en vert, et même des chaumes de céréales. Rien n'est pourtant plus rationnel : un végétal contenant nécessairement tous les principes qui l'ont nourri, ses débris sont le meilleur amendement pour toute plante de même espèce. Toute plante enfouie avant sa floraison rend à la terre plus qu'elle n'en a reçu, puisqu'elle donne en plus les principes gazeux qu'elle a puisés dans l'atmosphère. L'enfouissement du trèfle, du sarrasin, des pampres de pommes de terre, était aussi profitable que peu dispendieux. L'assolement usité ayant pour objet la culture alterne des céréales, celle du trèfle ne peut y entrer que par exception et très-restreinte. La luzerne conviendrait beaucoup mieux, parce qu'il ne manque pas de terrains trop inclinés pour les céréales, et que la profondeur de la terre végétale rend très-propres à l'établissement des luzernières; mais ces terrains exigeraient beaucoup d'engrais et de profonds labours à la bêche ou à la houe, deux obstacles qui s'opposent à la propagation de ce précieux fourrage.

Il est d'une immense importance de créer des prairies sur les pentes impraticables à la charrue, parce que toutes les fois qu'un pré est susceptible d'être défriché, on ne manque pas d'y semer du froment. Le rapport des prairies aux terres labourables tend à diminuer continuellement : celui qui défriche deux ou trois hectares de landes, ne comprend pas qu'il devrait accroître, en proportion, l'étendue de ses prairies pour augmenter le nombre de ses animaux domestiques, en raison du supplément d'engrais nécessaire à l'entretien en culture de son défrichement. En France (1), les prairies représentent le septième de la superficie totale, et le tiers des terres labourables : à Belle-Ile, elles ne forment que le vingtième de la superficie et le dixième des terres labourables. Leur étendue est de 477 hectares, auxquels on ajouterait facilement la moitié des 358 hectares de pâtures vagues qu'il suffirait d'enclore et de fumer. Loin de penser à cette amélioration, il n'est pas rare qu'un cultivateur fasse pâturer le foin d'une partie de son pré. Le surplus, rarement fumé, n'est ni arrosé s'il est sec, ni débarrassé de l'excès des eaux, s'il est trop humide. Mais on a grand soin d'enlever la fiente des vaches et même des chevaux ; cet engrais naturel et tout rendu, est également ramassé sur les terres labourables, les pâtures, les landes, et jusque dans les fumiers des étables. On le délaye dans l'eau pour le pétrir en galettes, que l'on fait sécher en les collant contre les murailles. C'est le principal combustible employé dans le pays. Il est généralement usité sur les bords de l'Océan, jusqu'en Portugal. Les cultivateurs Belleilois, qui ont observé que la culture de la pomme de terre épuise le sol et nuit à la récolte subséquente de céréales, n'avouent pas qu'ils l'épuisent bien davantage en le dépouillant du plus naturel de tous les amendements. Le manque absolu de bois de chauffage oblige à laisser en landes d'assez bonnes terres, les seules qui produisent de grands ajoncs : ils croîtraient très-bien sur les berges des fossés, mais le morcellement s'oppose aux clôtures et nécessite le libre parcours qui est un obstacle à la propagation du trèfle. Le manque de fourrage oblige à nourrir le bétail avec les pailles, auxquelles il faut substituer pour litières les bruyères et les petits ajoncs, nouvel obstacle aux défrichements. Chaque exploitation renferme au moins 1/4 de son étendue sous bruyères et ajoncs. Il n'est guère possible qu'il en soit autrement, tant les obstacles aux progrès et les causes

---

(1) Extrait de MALTE-BRUN : Terres labourables, 22,818,000 ; prés. 7,013,000 ; terres incultes, 3,841,000 ; propriétés bâties, 213,000, etc., etc. Total de la superficie 51,777,000 hectares.

de ruine s'enchainent et se nécessitent comme de fatales déductions d'un mauvais principe, et ce principe c'est le morcellement. Il est tellement enraciné dans les habitudes, qu'on n'admet dans les partages ni soultes en argent ni compensation en étendue. En 1846, les soultes en argent n'ont été que de 1,520 fr. : de 1836 à 1846, elles se sont élevées à 53,285 fr., mais elles ont eu pour objet de compenser la valeur des édifices, et jamais d'empêcher le morcellement des terres. Chaque co-partageant prend une part d'égale étendue, non-seulement dans les terres labourables, les prés, pâtures et landes, édifices et déports, mais dans les bonnes, les médiocres et les mauvaises terres, prairies, landes et pâtures, et jusque dans les sillons les plus longs, les plus courts et les moyens. A Kardenet une tenue entière, de 12 à 15 hectares, fut partagée entre sept frères, de manière à former... parcelles. Cette subdivision empêche les clôtures et toute autre amélioration. Les co-partageants demeurent à perpétuité dans la dépendance les uns des autres, ne pouvant changer l'assolement, puisque toutes les terres contigües doivent être emblavées ensemble, tant à cause du libre parcours que de la servitude infiniment multipliée du droit de passage.

A une époque plus ou moins reculée, l'ile avait été partagée en 220 exploitations, affermées à autant de colons primitifs dont les descendants, jouissant par tacite reconduction, cultivaient en commun, ou partageaient entre eux l'exploitation, comme si elle eut été un héritage patrimonial. Le propriétaire n'y mettait aucune opposition, dès que les co-partageants restaient solidaires du fermage. Avant l'afféagement de 1769, l'ile était ainsi cultivée ou partagée par 375 anciens colons, chefs de famille : on y ajouta 108 familles de journaliers et 78 familles Acadiennes, ensemble 561 chefs de familles auxquels il fut accordé des tenues (¹).

Mais l'ignorance des arpenteurs, après deux tentatives, ne

---

(1) LE PALAIS — 124 afféagements de vingt journaux et demi.
SAUZON. — 106 afféagements de vingt-six journaux.
BANGOR. — 192 afféagements de dix-huit journaux sept huitièmes.
LOCMARIA. — 138 afféagements de vingt-trois journaux.

trouvant que 12,089 journaux, les partagea inégalement en 561 tenues, dont la contenance *officielle* varia de 18 à 26 journaux (9 à 13 hectares). Elles se composaient, en général, de 10 à 12 parcelles, terme moyen 11; total, 6,171. Le cadastre de 1841 a constaté que l'île est aujourd'hui morcellée en..... parcelles, possédées par..... propriétaires, au lieu de 561 afféagistes. Il subsiste encore 137 tenues de 12 à 15 hectares, cultivées par un seul laboureur, quoique plusieurs soient possédées en indivis. Ces 137 tenues ne sont pas toutes des afféagements de 1769 qui auraient résisté pendant 78 ans à la subdivision; la plupart ont été recomposés par des acquêts ou des échanges; d'autres sont passées des mains des laboureurs afféagistes dans celles des propriétaires rentiers. Le fermier de l'une de ces métairies a plus d'aisance que le cultivateur qui possède moins de 5 hectares. Ceux qui, ne possédant que 1 ou 2 hectares, paient des fermages à leurs parents et co-héritiers, vivent dans une grande gêne, car le taux de ces fermages est très-élevé, quatre ou cinq fois plus élevé que celui des métairies. Beaucoup de familles végètent du produit de 2 ou 3 hectares, dont une partie doit rester sous landes. Des marins, des ouvriers, des journaliers, possèdent dans l'indivis des parcelles fort inférieures à un demi hectare de terre labourable, de pré, pâture et lande, les vendent ou les afferment à des prix exagérés, à celui de leurs parents qui est demeuré laboureur. C'est à Belle-Ile que l'on peut étudier la question de la loi agraire, et reconnaître les funestes conséquences du morcellement indéfini. On ne peut nier que l'égalité des partages ne soit conforme à l'équité naturelle; mais le droit politique devrait prescrire la licitation et prescrire le morcellement. Il n'y a ni progrès ni amélioration possible en agriculture, pour le laboureur qui ne possède que 4 hectares subdivisés en 33 parcelles, dont l'exploitation peut dépendre de 132 voisins contigus. Cet état déplorable se complique encore par l'habitude des cultivateurs, de ne point se marier dans leur voisinage; il en résulte que leurs propriétés, celles de leur femme et de leur mère étant distantes entre elles souvent de 4 et parfois de 8 kilomètres, sont exploitées presque sans profit. On les afferme en attendant qu'on puisse les vendre, chacun éprouvant le besoin de s'arrondir;

les uns font des échanges qui nécessitent des ventes et reventes : d'autres achètent des parcelles à leur convenance, à des prix excessifs, à raison de 800 fr. et de 1,000 fr., pour un revenu de 12 à 15 fr. Quelques-uns ont vendu toutes leurs parcelles éparses pour acheter une tenue entière ; mais ceux qui achètent leurs parcelles pour s'arrondir, possèdent aussi des terres éloignées, qu'ils vendent à d'autres acquéreurs qui ont aussi des ventes à faire ; en sorte que l'acquisition de la tenue de Borstang, par exemple, nécessita onze contrats ; or, tous les acquêts se soldent par un emprunt. La propriété rurale est trop grevée de dettes à Belle-Ile, et même généralement en France, pour qu'elle puisse se mouvoir librement et hasarder des tentatives d'amélioration.

Il y a pourtant des réformes qui seraient tout à la fois une économie et un progrès ; ce sont celles-là que je conseillerai. La première et la plus facile des réformes, serait celle de la charrue qui ne convient qu'aux terres légères et peu profondes ; elle n'entre pas assez avant dans les terres fortes ; l'âge est trop court, ainsi que la gorge qui l'unit au corps de la charrue, et qui, au lieu d'être penchée en arrière, est presque perpendiculaire. Le soc n'a pas la forme d'un triangle rectangulaire, il est aplati et ne pèse que 2 à 4 kilogrammes au plus ; comme il est très-aigu, on acquiert en vitesse ce que l'on perd en force ; mais quand le sep n'est pas suffisamment alongé, la marche n'est pas régulière, la tranche n'appuyant pas assez vite sur le versoir, il y a plus de frottement. Le versoir n'est pas assez large, ni l'angle qu'il forme avec le soc, assez obtus, pour que la tranche soit complétement renversée et les herbes parfaitement recouvertes. Ces inconvénients proviennent de ce que les charrues sont presque toutes confectionnées par les laboureurs eux-mêmes, ou par des ouvriers peu habiles, ou même achetées dans la forêt de Camors ; mais il y a dans l'île un excellent charron, qui a travaillé longtemps à la ferme de Bruté, où l'on emploie des charrues de divers modèles. On y a obtenu de très-bons résultats de la charrue du pays rectifiée. Ce charron, ayant fait plusieurs élèves, on peut avoir une bonne charrue dès qu'on en reconnaît la nécessité ; malheureusement on n'attache pas à leur confection l'importance qu'elle mérite. C'est pourtant le seul instrument dont on fasse usage dans la culture des céréales, car la herse n'est employée que pour la culture des pommes de terre. Elle forme un carré long, trop petit pour appuyer sur deux sillons. Comme elle est traînée au pas, par un seul cheval, elle produit peu d'effet quoiqu'elle soit armée de dents de fer. Elle est incapable de suppléer à l'insuffisance des labours, pour ameublir et diviser la terre. On ne brise les grosses mottes de la terre que pour la culture des pommes de terre.

Il y a trois labours préparatoires : le lavrek (fourche de la charrue) se donne en mars. Le sol de l'île étant naturellement sec, il conviendrait, dès que la couche végétale a de l'épaisseur, de donner plus de profondeur à ce labour, au moins tous les quatre ou six ans, afin de renouveler la couche épuisée et d'ameublir le fond en le soumettant à l'influence des gaz atmosphériques. Les céréales souffriraient moins de la chaleur et de la sécheresse ; les racines pénétrant plus avant, les tiges seraient mieux nourries ; on obtiendrait plus de paille et plus de grain, mais il faudrait fumer davantage ces années là. Le second labours, *teren* (terrasse) se donne en juin. C'est à cette époque qu'il faudrait briser les mottes à la houe et à la herse, pour exposer au soleil les racines et les graines des mauvaises herbes. Le troisième labour, Dizar, (3e labour) se donne en septembre ; il ne doit être que superficiel comme le précédent, mais il devrait bien enterrer et recouvrir les herbes. Il faudrait enlever avec un rateau les racines des arrête-bœufs, rumex et chardons, qui ne manquent jamais de repousser. A ces trois labours, quatre traits de charrue forment le sillon ; il en faut six au labour des semailles, ec'hoaz, (le repos). Pour mettre le sillon en planches, avant de semer, on le coupe au milieu en rejetant ses deux côtés dans les raies, au-dessus desquelles se trouvent les sommets des deux nouveaux sillons. Ce système donne autant de terre meuble que possible sous la semence, et supplée un peu au manque de profondeur de tous les labours précédents.

On sème le froment à raison d'un hectolitre et demi par hectare, autant d'orge ; seulement un hectolitre d'avoine et neuf à dix hectolitres de pommes de terre. Ces quantités sont exorbitantes ; il y aurait un bénéfice évident à les réduire. On ferait d'abord une économie de l'excédant de semence ; en suite, en donnant plus d'espace aux racines, plus d'air aux feuilles, la plante *talerait*, c'est-à-dire qu'il pousserait plusieurs tiges sur une semence ; elles seraient plus fortes et graineraient davantage.

Le cultivateur Belleilois a de l'intelligence ; ses objections et ses doutes se fondent sur des faits exacts et bien observés, que le manque d'instruction l'empêche de s'expliquer et de compléter par le raisonnement. Ainsi, il sait que le blé pousse trop en herbe, verse et graine peu, quand on emploie beaucoup de bons fumiers d'écurie ; cela est vrai, mais on n'en doit pas conclure que cet engrais est trop énergique, qu'il en faut infiniment peu dans une masse de mauvais gazons pelés sur des landes arides qui ne nourrissent que des bruyères. Il faudrait se persuader qu'une terre est épuisée pour la culture d'une plante, lorsqu'elle a perdu les principes indispensables à la nutrition de cette plante, et qu'on ne peut l'amender qu'en lui rendant en quantités suffisantes ces principes, soit par des engrais, soit par l'addition de terres qui les contiennent. Mais si, prétendant restaurer un hectare de terre épuisée par les céréales, on écroute un hectare de lande dans toute l'épaisseur de sa mince couche végétale, il en pourrait résulter que la terre à blé ne produirait plus que de la bruyère et que la lande ne produirait plus rien. Si cela n'arrive pas, c'est parce que les landes sont trop pauvres pour appauvrir les terres labourables. Ce sont les landes que l'on voit souvent réduites à la plus complète stérilité. En repliant une moitié de sa terre sur l'autre, on diminue de moitié son étendue. La bonne agriculture serait de remonter dans les champs la terre végétale descendue par les eaux pluviales dans les vallons et sur leurs pentes latérales, où elle est souvent entassée à un mètre ou deux d'épaisseur.

Les bonnes terres de l'île sont argileuses et naturellement sèches. Elles absorbent peu d'humidité, la perdent promptement et durcissent au soleil. La nature et la petite quantité de l'engrais usité ne corrigent pas ce défaut. Il se compose de gazons dans lesquels le fumier d'écurie, sur les côtes les varecs et le sable calcaire de Donnant, n'entrent pas pour un sixième. Cela forme une masse pulvérulente qu'il serait facile de bonifier en l'arrosant abondamment d'eau de mer, en y mêlant les vieilles saumures et les débris de poissons des presses à sardines. Les engrais, faute de savoir les employer, ne sont pas recherchés ni estimés selon leur qualité relative. Les meilleurs se vendent à peine 1 et 2 fr. la charretée, du poids de 4 à 500 kilogrammes. On est souvent obligé de payer pour jeter à la mer les platras, décombres de murailles, et même les terres des jardins dont on abaisse le niveau. La vase et la tourbe, enlevées dans le port par son creusement, ont été portées à la mer sans que les cultivateurs aient enlevé cet amendement gratuit et si bien approprié aux besoins du sol. Deux ou trois en ont enlevé chacun une charretée, l'ont employée de suite en concluant que la tourbe salée était un mauvais engrais. Ils voient pourtant avec quelle vigueur étonnante croissent les ormeaux que le génie civil a plantés dans cette tourbe sur les chemins de hallage de l'arrière-bassin. Tout récemment les boues et immondices de la ville étaient abandonnées gratuitement, et même à titre onéreux, puisqu'elle payait le fermage du terrain de dépôt : les cultivateurs y ont renoncé depuis plus de quinze ans. Ils ne s'aperçoivent pas que l'adjudicataire a triplé le produit de sa terre ; ils prétendent qu'elle est ruinée par un engrais qui multiplie les mauvaises herbes, mais une végétation quelconque sur une terre de lande assez médiocre, est déjà une amélioration. Partout où croitront vigoureusement les mauvaises herbes, les bonnes croitront aussi ; la culture du trèfle, du rais-grass, des pommes de terre, nétoiera le terrain. Leurs terres ne sont pas moins empoisonnées de mauvaises herbes, que s'ils employaient l'engrais de la ville. Ils leur permettent de fleurir et de grainer dans les jachères et sur les fossés, se contentant de sarclages insuffisants dans les blés, au lieu de multiplier les labours et les hersages, de briser toutes les mottes pour exposer au soleil les graines et les racines.

Je ne nie pas que les boues et immondices ne conviennent mieux aux prairies qu'aux terres labourables sur lesquelles il ne faudrait les répandre que la deuxième ou troisième année, après les avoir brassés une ou deux fois par an. Ce serait alors un excellent engrais pour les céréales. Les cultivateurs n'ont également raison qu'à demi dans leur idée fixe que la culture de la pomme de terre est épuisante et que la récolte subséquente des céréales en souffre. Cela est vrai, de la culture successive de toutes les plantes puisqu'il n'y en a point qui n'épuise la terre. Voilà pourquoi on a inventé l'assolement, c'est-à-dire l'art de faire succéder les plantes qui n'épuisent pas le sol des mêmes principes, et de lui rendre par les engrais ce qu'il a perdu par l'absorption des récoltes précédentes. Sous ce rapport, les pommes de terres, les navets, les betteraves, les légumineuses peuvent très-bien précéder les céréales, mais plus on demande de récoltes à un champ, plus il faut lui rendre par l'amendement ces mêmes principes qu'il fournit à la végétation.

La diversité des plantes cultivées et leur succession raisonnée qui forment l'assolement, n'ont pas seulement pour objet de fournir à la consommation locale et au commerce des produits différents correspondant à la demande, de donner un revenu moins incertain en multipliant les chances; les intempéries ne devant peut-être atteindre qu'une de ces cultures, l'assolement a aussi pour objet de reposer le sol, de retarder son épuisement, de le nettoyer, de l'ameublir. C'est aujourd'hui une science au-dessus de la portée des simples cultivateurs, mais dont quelques vérités peuvent passer dans la pratique par l'empirisme.

Les végétaux vivent et croissent par l'assimilation d'éléments analogues à leur propre substance qu'ils tirent soit de la terre, soit de l'atmosphère, au moyen des racines et des feuilles; toutes les plantes épuisent donc le sol, en lui enlevant, chacune selon leur nature, les éléments dont elles se nourrissent. Ayant reconnu, par l'analyse chimique, les éléments dont se composent les plantes cultivées, M. Captal et sir Husuphy Davy avaient déjà déterminé l'absorption qu'elles en faisaient dans le sol. Ils en déduisaient quelques enseignements agronomiques; MM. Boussingault et Liélig ont établi sur ces observations une théorie générale de l'assolement aussi conforme à la science qu'à l'expérience et dont je rapporterai quelques préceptes applicables à Belle-Ile.

Les principes inorganiques nécessaires au complet développement des plantes cultivées, différant en quantités selon les genres et les familles, ces plantes, en raison de leur base dominante, peuvent être divisées en trois classes : on appelle plantes à soude et à potasse celles dont les cendres contiennent plus de la moitié de leur poids de sels alcalins solubles dans l'eau froide ; plantes à chaux et à magnésie celles dont les cendres en majorité insolubles dans l'eau, le sont dans les acides, et enfin plantes à silice celles dont les cendres laissent un résidu siliceux plus considérable que les quantités dissoutes dans l'eau et les acides.

Voici le classement.

DÉSIGNATION.	SELS de Soude et de Potasse.	SELS de Chaux et de Magnésie.	SILICES.
Paille d'avoine avec les semences....	34,00	4,00	62,00
Paille de froment.....................	22,00	7,20	61,05
Paille d'orge avec les semences.......	19,00	25,70	55,03
Paille de seigle.....................	18,65	16,52	63,89
Tabac de la Havane..................	24,34	67,44	8,30
Tabac d'Allemagne...................	23,07	62,23	15,25
Tabac d'un sol artificiel.............	29,00	59,00	12,00
Paille de pois.......................	27,82	63,74	36,40
Tiges et feuilles de pommes de terre.	4,20	59,40	4,90
Trèfle................................	39,20	56,00	18,00
Paille de maïs.......................	71,00	6,50	»
Navets...............................	81,60	18,40	»
Betteraves...........................	88,00	12,00	»
Tubercules de pommes de terre......	85,81	14,19	»
Topinambourg (*helianthus tuberosus*)	84,30	25,70	»

Les cendres des graines des céréales contiennent en sels alcalins un treizième du poids total des cendres de la récolte, paille et grain et un quatorzième de sulfates et de phosphates de chaux.

On voit que les trois classes de plantes cultivées absorbent pour leur complet développement, à peu près les mêmes éléments inorganiques, mais en quantités si différentes qu'elles pourraient croître ensemble sans se nuire beaucoup, à plus forte raison, peuvent-elles se succéder. Mais deux plantes de même genre doivent se nuire réciproquement, si elles sont assez rapprochées pour ne trouver dans le sol qui les supporte, dans l'atmosphère qui les environne qu'une nourriture insuffisante pour deux. Il en doit être de même de leur succession trop rapprochée sur le même sol. Il n'y a pas de plante plus nuisible à un pied de froment qu'un autre pied de froment, ni à un pied de pomme de terre qu'un autre pied de pomme de terre. Il en résulte l'importance d'espacer les semences et de faire succéder convenablement les différentes familles de plantes. Cette attention est beaucoup trop négligée à Belle-Ile. Les pommes de terre ne devraient pas être plantées à moins de 60 centimètres. Quand aux céréales, tous les grains répandus ne levant pas, et ceux qui lèvent ne réussissant pas toujours ; on doit semer, selon M. Thaer, de manière à ce qu'il tombe 15 à 20 grains par 30 centimètres carrés : il suffit que 5 à 6 grains réussissent pour donner un meilleur produit que s'il y en avait 8 ou 10 languissants, à tiges grêles et à épis maigres.

M. Chaptal (*chimie appliquée à l'agriculture, t. ii, page* 140), était dans une grande erreur en supposant que les pailles des céréales employées en litières ne servaient que d'excipients aux véritables engrais : toutes les parties d'une plante forment nécessairement le meilleur engrais pour son espèce, puisqu'elles renferment tous les éléments de sa propre nutrition. L'examen du tableau de classement démontre que les Belleilois s'exagèrent le danger qu'il y a dans la culture immédiate du froment après les pommes de terre. Ces tubercules et les plantes à racines, contenant de 75 à 90 pour cent d'eau de végétation et seulement de vingt-cinq à dix parties solides, n'absorbent qu'une quantité insignifiante des silicates et phosphates nécessaires aux tiges et aux graines des céréales. Elle ne peuvent nuire à celle-ci que par la grande quantité de sels alcalins absorbés par les pampres des pommes de terre. Mais, je le répéterai, toute plante épuisant le sol, la science consiste à faire succéder les unes aux autres celles qui l'épuisent par des mêmes principes, et de lui rendre par les engrais ce qu'il perd par la végétation. Les labours, les hersages en ameublissant la terre, mettent en contact avec les racines les parties les moins épuisées. Les cultivateurs Belleilois ont raison d'employer à cet usage les vieux talus et les terres longtemps reposées, pourvu qu'elles soient bonnes et propres à la culture des céréales. Il n'en faut pas conclure que les terres laissées en jachères se reposent et s'amendent : elles sont tout aussi épuisées par les plantes qu'elles produisent spontanément, qu'elles le seraient par celles que l'on cultiverait au hasard et beaucoup plus qu'elles ne le sont par les plantes dont la succession est variée avec intelligence. De ce que chacune d'elles contient tous les éléments nécessaires à sa production, il résulte que le meilleur de tous les amendements doit être l'enfouissement des récoltes en vert, avant la floraison : elles rendent au sol avec ce qu'elles y ont puisé, tous les gaz absorbés dans l'atmosphère. Les matières qui contiennent beaucoup de phosphates de chaux, conviennent à la culture des céréales dans tous les terrains : l'utilité des autres engrais varie en raison de leur composition et de celle du sol auquel il s'agit toujours de rendre ce qui lui manque. Les silicates et les phosphates contenus dans la terre, mis en contact avec l'air atmosphérique par les labours, ont souvent besoin pour devenir solubles d'une plus grande quantité de gaz acide carbonique.

Au premier rang des améliorations désirables dans le pays seraient les semis et plantations d'arbres ; les nombreux vallons ne fussent-ils garnis que de saules, de peupliers et de trembles, en quantité suffisante pour suppléer comme combustible à la destruction des engrais naturels produits par les animaux, ce serait déjà un immense avantage pour l'agriculture, et une économie de frais d'achats et de transport d'une notable partie des bois employés dans l'île. Si les plantations s'étendaient sur le plateau, outre le bénéfice de leur valeur, elles donneraient un abri salutaire aux hommes, aux animaux, aux récoltes, au sol même.

Sous l'administration de M. Deliancourt, le conseil municipal du Palais ayant commencé à faire tracer les routes de Bangor, et de Sauzon, par deux lignes de fossés et de berges, fit distribuer gratuitement de la graine de grands ajoncs dont ces berges furent semées. Sous l'administration suivante, ces deux routes furent achevées, ainsi que celle du Phare. Celle de Locmaria fut commencée et on continua la distribution gratuite, exemple que les autres communes imitèrent autant que possible. Les quatre principales routes ont été rendues, pour ainsi dire, productives d'une valeur en combustibles et engrais déjà importants. Mais les communes possèdent une superficie de... hectares occupées par toutes les routes, formant un développement de... kilomètres. Si tous les riverains les bordaient de berges semées de grands ajoncs, le produit en serait très-considérable. Ce serait un véritable accroissement ajouté à la valeur foncière, qui, loin de nuire à la culture du froment, lui serait utile de toutes les manières. (¹)

La production des engrais dépend plus directement de l'augmentation de la masse de fourrages. Pour avoir des bestiaux plus nombreux et mieux nourris, il faudrait changer, en prairies, toutes les pâtures qui sont susceptibles de donner du foin, et cultiver de la luzerne, du trèfle et du rais-grass. Ce dernier fourrage est le plus précoce et celui dont les bestiaux sont plus avides. Ses coupes multipliées nettoyent bien le sol, mais ne l'amendent pas comme le trèfle qui contient beaucoup de chaux; d'ailleurs, sa graine coûte trop cher, pour qu'il puisse se répandre dans un pays pauvre. La culture de la luzerne dans les gorges inclinées affluentes aux vallons, celle du trèfle sur les terres arables suffiraient, si elle se propageait. Cette dernière commence à devenir populaire, quoiqu'elle soit encore bien restreinte.

Je reviendrai sur l'importance de la culture des céréales du printemps dans un pays où les intempéries de l'hiver sont parfois si désastreuses. Le froment de printemps réussit mieux que celui d'automne après les pommes de terre; selon M. Thaes, il exige plus d'engrais. On le substitue avantageusement à l'orge. Son produit est plus considérable. On ne devrait pourtant pas négliger la culture de l'orge. Sa paille est, après le trèfle, le fourrage qui convient le mieux aux vaches laitières auxquelles on fait manger beaucoup de pommes de terre et de betteraves. Il leur rend en phosphates de chaux ce qu'elles perdent par le lait, et qu'elles ne trouvent pas

---

(1) L'administration municipale du Palais a commis la faute regrettable de faire arracher les ajoncs sur les berges des chemins, en 1826 et 1827.

dans les tubercules et les racines qui n'en contiennent que des traces. Au lieu d'acheter chez les boulangers le son desséché de leurs farines, à raison de 4 ou 5 fr. l'hectolitre, mieux vaudrait donner aux vaches, aux porcs, aux bœufs à l'engrais et aux poulains, un quart d'hectolitre d'orge dont la valeur serait moindre et qui nourrirait mieux. Le seigle de printemps serait utile à cultiver en ce qu'il supporte mieux que le froment d'être semé sur le chaume de quelques autres céréales et même sur le sien propre, quoiqu'il ne faille pas continuer un assolement aussi épuisant. Le seigle d'automne réussit bien à Belle-Ile sur les terres sablonneuses, peu profondes, et sur les défrichements de landes à bruyère. On en voyait, cette année, de très-beau à Merzel. On ne distingue pas à Belle-Ile les terres à seigle des terres à froment : il y en a pourtant sur lesquelles cette dernière céréale produit très-peu, et où la première produirait beaucoup.

L'avoine occupe trop de terrain et ne réussit pas toujours, parce qu'on le sème trop tôt, au lieu d'attendre la fin de mars ou le commencement d'avril. Sa valeur vénale doit diminuer par la réduction du nombre des chevaux qui sera la conséquence prochaine de l'établissement des chemins de fer. Sa culture, réduite à fournir à la consommation locale des hommes, serait avantageusement remplacée, pour les animaux, par celle de l'orge qui produit davantage et qu'il ne faudrait semer qu'au printemps. Je ne comprends pas pourquoi on la sème en automne, tandis qu'en attendant le printemps, on lui épargnerait les rigueurs de l'hiver.

La population rurale fournissant beaucoup de jeunes gens à la marine, la main-d'œuvre est dispendieuse pour les travaux de l'agriculture. Pendant la guerre, on évaluait les frais de la moisson au 10e de la valeur de la récolte. Les céréales sont coupées à la faucille, procédé plus long que le fauchage. On emploie des ouvriers du continent et des soldats de la garnison. Le prix de la journée est de 1 fr. 50 c. à 2 fr. en sus de la nourriture. On loue aussi des journaliers des deux sexes pour... mois, qui reçoivent pour salaire un hectolitre de froment. Je ne crois pas cependant que le total de la dépense soit équivalent à plus du 20e de la valeur de la récolte.

Le dépiquage des céréales se fait par la combinaison du battage au fléau et du foulage sous les pieds des chevaux promenés au trot. L'antique usage connu des Grecs, des Romains et probablement des Celtes, d'employer les animaux à cette pénible opération, est expéditif et peu dispendieux; il laisse beaucoup de grain dans la paille, quand il n'est pas très-mûr et que l'atmosphère est humide, d'autant que les chevaux ne travaillent que le matin; mais, pendant le reste de la journée, les hommes et les femmes achèvent le dépiquage au fléau, avec beaucoup de soin et de manière à éviter une trop grande perte. Ce travail est bien fait, mais lentement : deux chevaux et quatre batteurs ne battent pas en un jour plus de . . . . . Chaque soir, ce blé est rentré dans une grange jusqu'à ce qu'il survienne un vent favorable; alors les hommes montent sur des chaises, répandent lentement le blé contenu dans des cribles que les femmes ont remplis; le vent emporte la poussière et les balles; ensuite les femmes enlèvent les grains mauvais et le sable à la main, opération très-longue, mais qui nettoie assez bien. On supplée quelquefois à ces manipulations par le moulin appelé *tarare*. Il en existe dans l'île qu'on loue.

Il y a à la ferme de Bruté une belle machine à battre au moyen de cylindres crénelés. Deux chevaux et . . . . hommes dépiquent en un jour. . . . Une machine aussi coûteuse et qui exige une vaste grange, ne peut être d'un usage général. Il serait à désirer qu'on y suppléât par un des rouleaux décrits dans le nouveau cours d'agriculture, et mieux peut-être par une machine que j'ai vue fonctionner dans l'arrondissement de Vitré. C'est un bâti de charpente, composé de huit pièces de bois obliquement parallèles, assemblées par trois rangs de traverses perpendiculaires, chaque rang diminuant de hauteur d'une extrémité de la machine à l'autre, pour lui donner la forme d'un cône tronqué et permettre la marche circulaire sur l'aire; elle est trainée au trot par deux chevaux, et comme elle est carrée, les chutes donnent des secousses qui dégagent le blé; mais le frottement est pénible pour les chevaux, ce qu'on éviterait en augmentant le nombre des côtés. Cette machine en ayant six ou huit me semble préférable aux rouleaux cylindriques que j'ai vus dans la Bourgogne.

Anciennement, les habitations rurales, couvertes en chaume,

étaient très-petites et très-basses, sans aucune dépendance qu'une grange dépourvue de porte et servant d'abri à la charrette, le grenier servait de dépôt aux ustensiles et outils. On ramassait le blé battu et nettoyé dans les paillers ; on y creusait un trou assez vaste pour contenir de 20 à 40 hectolitres et plus. L'intérieur de ce trou étant bien foulé, le blé y était versé sans autre précaution et se conservait parfaitement, moins exposé au ravage des rats et des souris que dans les greniers. On coupait le fourrage avec une faux, par les deux bouts du pailler, pour conserver le magasin jusqu'à l'époque de la vente. Pour la consommation mensuelle d'un ou deux hectolitres, il y avait dans l'un des côtés un petit trou fermé avec soin et connu seulement du chef de famille. Il y avait encore un silo de cette espèce à la ferme de la Maisonneuve, commune du Palais, dans l'année 1844. Il en existe sans doute encore quelques-uns dans l'île, mais désormais en petit nombre. Les maisons nouvellement bâties sont plus grandes. Les anciennes ayant presque toutes été recouvertes en ardoises, les murs de longères ont été haussés. Il y a de beaux greniers. Les objets entreposés, outils et ustensiles, sont suspendus ou placés sur des étagères devant les pignons. Cependant, des expériences sur la durée possible de la conservation du blé dans ces silos économiques ne seraient peut-être pas sans intérêt. Cette question de la possibilité de conserver le blé à peu près intact, intéresse à la fois l'agriculture et la subsistance des peuples. L'expérience d'un silo souterrain en maçonnerie, faite par feu M. Ternaux, à Saint-Ouen, ne peut résoudre la question. La construction est trop coûteuse pour devenir générale. Il en est de même des greniers d'abondance. L'économie de la conservation étant indispensable au bas prix des subsistances, les greniers des fermes sont jusqu'ici ce qu'il y a de mieux.

ANIMAUX DOMESTIQUES.

Parmi les espèces d'animaux domestiques qui se reproduisent dans l'île, on ne distingue aucune race qui lui soit propre : indigènes ou importés, ce ne sont que des individus dépareillés dont les types existent sur le continent voisin. Les cultivateurs ne tiennent pas à leurs animaux, pas même à ceux qu'ils ont élevés, ils les changent ou les revendent fréquemment, ce qui est un grand obstacle à l'amélioration ou à la création d'une race permanente.

Il y a une trentaine d'années le propriétaire de Bruté fit venir un taureau de la Vendée et créa une belle et bonne race de vaches laitières dont les mères avaient été choisies dans l'île. Son troupeau, probablement le plus beau du département, se composait d'une quarantaine de vaches, pareilles pour la taille, les formes, le développement du pis et les cornes minces, longues et légèrement relevées. Le produit en lait fut quelque temps employé à des essais de fabrication de divers fromages. J'avais aussi seize belles vaches nées au Potager de deux mères choisies dans l'île. Ces deux troupeaux ont été dispersés la même année : le mien par nécessité l'autre par suite de l'absence du propriétaire.

Il serait utile que le comice agricole accordât une prime annuelle de 400 francs pour l'entretien de huit bons taureaux de quatre à cinq ans. Ce serait le moyen de relever l'espèce. Les vaches sont petites, donnent peu de lait, les meilleures 8 à 10 litres au plus à l'époque et dans la saison la plus favorable. Mais elles prennent le taureau dès l'âge de deux ans. Celui-ci, employé trop jeune, est promptement énervé attendu le petit nombre qu'on réserve pour la reproduction. On en élève autant que de génisses, mais ils sont châtrés de bonne heure, engraissés presque sans avoir travaillé et vendus aux bouchers entre quatre et six ans, à raison de 90 à 120 francs. Toutes les viandes de boucherie sont excellentes, grâce à la qualité des pâturages aromatiques et un peu salés. On a le tort de les abattre avant que les animaux, bœufs, porcs, veaux et agneaux aient acquis leur complet développement. C'est une perte pour le vendeur, qui fait une autre mauvaise spéculation en élevant des bœufs, sans les faire travailler, au lieu d'élever des vaches dont il obtiendrait du lait, du beurre et des veaux. Les élèves que l'on fait dans l'île ne suffisant pas à entretenir l'espèce au complet, l'importation y supplée. Il y a moins de trente ans que tous les bœufs gras étaient importés, leur prix ayant augmenté depuis la loi qui frappe l'importation étrangère d'une taxe de 50 francs par tête de bétail, les Belleilois se sont habitués à approvisionner leurs boucheries. Peut-être se décideront-ils à approvisionner l'île de beurre dont il est importé annuellement de Vannes et d'Auray pour 15,000 francs (¹), cela serait avantageux et facile. Il suffirait de faire travailler les bœufs et de diminuer le nombre des chevaux. Il semble que cette amélioration importante soit déjà commencée, quoique aucune espèce d'animaux domestiques n'ait augmenté depuis 1787 en proportion de la population, cependant, depuis cette époque jusqu'à 1841, l'espèce bovine a augmenté de 865 têtes et l'espèce chevaline diminuée de 218. Cette progression inverse me semble très-remarquable. Il n'y avait plus, au dernier recensement, que 37 poulains dans le Palais, 27 en Sauzon, 83 en Bangor et 80 à Locmaria : total 227. Le nombre variait précédemment entre 3 et 400. La différence provient peut-être de l'époque du recensement qui aurait pu se faire avant les foires. Quoiqu'il en soit, le nombre des chevaux diminuant, ou même n'augmentant pas, on fera nécessairement travailler davantage les bœufs, on en élèvera davantage aussi et on les conservera plus longtems.

Le plus grand obstacle aux progrès, c'est l'insuffisance des prairies pour fournir du foin nécessaire à la nourriture du bétail actuel. On mêle ce foin, en petite quantité, avec toutes les pailles de froment, d'orge et d'avoine. Les animaux n'ont pas d'autre nourriture pendant l'hiver. Ils maigrissent et semblent affamés, dès la première pousse des herbes, ils en mangent avec tant d'avidité que beaucoup périssent de congestions sanguines aux poumons.

Croirait-on que malgré l'insuffisance des fourrages, les cultivateurs sont toujours disposés à en vendre, dès qu'il se présente des acheteurs, au prix de 8 à 12 francs les 500 kilogrammes.

De toute antiquité il n'existait dans l'île que des chevaux entiers.

---

(1) Importation du beurre en 1841 :
d'Auray....... 3,200 kilogrammes ;
de Vannes.... 5.500 —
Total ...... 8,700 kilogram., à 1 fr. 50 cent.

Sous la restauration, le conseil général du Morbihan essaya d'encourager, par de fortes primes, l'introduction des juments poulinières. La difficulté était de persuader aux cultivateurs qu'ils avaient assez de pâturages et de fourrages pour nourrir la mère et son poulain, quand ils ont tant de peine à nourrir ce dernier. Il aurait fallu commencer par propager la culture des plantes fourragères, ce n'était pas les juments, mais les vaches, qu'il importait de multiplier. Les primes fixées d'abord au quart, puis à la moitié, enfin à peu près à la totalité de la valeur des juments décidèrent... cultivateurs à en acheter... qui ont disparu après avoir donné quelques poulains. Au recensement de 1841 il en restait 8, dont 7 à Bruté.

On ne change pas les vieilles habitudes en les attaquant brusquement de face. L'appat d'une prime ne décide pas toute une population à renoncer à un bénéfice modique mais prouvé par une longue expérience, pour tenter le hasar d'une spéculation inconnue. D'ailleurs, le travail du labourage étant exclusivement fait par les chevaux, il aurait fallu commencer par leur substituer les bœufs, parce que les juments pleines exigent des ménagements ; ensuite, elles ont besoin d'une nourriture plus abondante. Il est reconnu qu'il n'y a pas suffisamment de fourrages pour entretenir convenablement les animaux qui existent. Peut-être la substitution des juments poulinières aux vieux chevaux serait-elle avantageuse, mais l'existence exclusive des chevaux entiers ne peut ruiner Belle-Ile, puisqu'elle enrichit la commune de Guidel et plusieurs autres communes du Morbihan et du Finistère. Seulement les Belleilois ont du désavantage à la revente des poulains : s'ils les conduisent aux foires du continent, les maquignons s'entendent pour ne pas se faire concurrence et pour forcer le laboureur à vendre à vil prix, par la crainte de ramener chez lui un animal déprécié. Si les maquignons viennent à Belle-Ile, ils n'achètent jamais sur le champ de foire pour ne pas établir un prix courant. Ils se contentent de voir les poulains, qu'ils vont acheter les jours suivants à domicile et qu'ils revendent aux Normands. Ce courtage enrichit la commune de Crac'h. Depuis quelques années trois maquignons de Bordeaux ont fait plusieurs voyages par an et acheté chaque fois une trentaine de poulains. L'un d'eux refusa, en 1842, 800 francs d'un poulain qu'il venait d'acheter 249 francs. J'en fis vendre un autre 400 francs l'année suivante. Ce sont les seuls extraits du haras de Langonnet dont j'ai eu connaissance. Les poulains introduits dans l'île, sont généralement du type du gros trait ou de double bidet : ils coûtent de 90 à 180 francs dans leur première au commencement de leur seconde année. Après un an ou 15 mois de séjour dans les pâturages du printemps et du mois de septembre, après avoir mangé force pommes de terre et graine de jarosse, et même les restes de la cuisine, de maigres et chétifs qu'ils étaient à leur arrivée, ils deviennent promptement gros et gras, prennent de la taille et sont revendus de 150 à 240 francs. Ce changement, en prouvant la bonté des pâturages, prouve aussi que les Belleilois savent élever les chevaux et les soigner. Par malheur ils n'ont pas assez d'aisance ou de prévoyance pour les conserver un ou deux ans de plus, jusqu'à l'âge où la revente donnerait plus de bénéfice. Un cheval de quatre ans vaut le double d'un poulain de deux ans, après avoir fait plus de travail.

Ce commerce pourrait être mieux fait ; cependant je ne le crois pas aussi désavantageux, aussi ruineux qu'on le pense et qu'on le répète depuis longtemps. Il est d'usage de blâmer la routine, la paresse, l'insouciance et l'ignorance des cultivateurs. Le reproche trop souvent bien fondé ne l'est pas toujours, mais il est toujours plus ou moins exagéré. Quelque peu de lumières que donne l'expérience, l'intérêt personnel en est assez éclairé pour préférer sa certitude aux chances hasardées de la théorie. Il faut être riche pour risquer des essais dans l'agriculture et dans le commerce. La pauvreté et la médiocrité n'adoptent que les améliorations dont le succès demeure évident et incontesté. Les classes riches et éclairées doivent marcher en tête de la civilisation et du progrès, faire des essais et donner les bons exemples en tous genres. Avant de condamner le commerce des poulains, on devrait réfléchir qu'il doit nécessairement présenter quelque avantage puisqu'il se soutient depuis des siècles, malgré ses inconvénients. Quelque ignorant que soit un homme, s'il se trompe plus souvent dans ses spéculations, il ne s'obstinera pourtant pas à se ruiner par respect pour la coutume, et s'il s'obstinait, l'imitation serait arrêtée nécessairement par la ruine générale.

Selon l'auteur anonyme du manuscrit de 1787, il y avait anciennement dans l'île jusqu'à 24,000 moutons. De son temps il n'en restait déjà plus que 2,000, l'afféagement de 1769, ayant supprimé les pâturages communs et amené les défrichements qui diminuent chaque jour l'étendue des landes. La subdivision des propriétés, la rareté des clôtures et la nécessité de préserver les récoltes auraient dû réduire encore ce nombre, et cependant il a augmenté : le recensement de 1841 le porte à 2,614. On a essayé à diverses époques d'introduire les mérinos, mais il n'ont pas réussi, même sur la ferme de Bruté : les pâturages de l'île sont trop maigres. Depuis quelques années il existe plusieurs individus d'une race anglaise, plus haute et plus robuste que la race Mérine. Sa laine est abondante, longue et d'une finesse moyenne. La race indigène est petite, mais rustique. Elle vit sur les landes et sur les dunes. Si elle a peu de laine, sa chair doit aux plantes aromatiques, aux pâturages salés une saveur très-délicate qui la place au premier rang pour les connaisseurs.

Tous les porcs abattus dans l'île y sont importés jeunes, comme les chevaux, et ce qui paraîtra étonnant, il serait difficile qu'il en fût autrement. Dans un pays dépourvu de clôtures on ne pourrait laisser vaguer les porcs sans danger pour les récoltes en pommes de terre et en céréales. En outre, le manque total de bois obligeant à employer comme combustible une notable partie des engrais, il n'en reste plus assez pour entretenir les terres en culture continues de légumes. Alors, il devient impossible de nourrir les porcs dès que la saison des pommes de terre est passée. Les cultivateurs n'ont point de jardins, si ce n'est par de rares exceptions, et ceux là sont si petits qu'ils n'offrent que peu de ressources. Les petits clos que le cadastre qualifie de courtils sont ensemencés en blé ou en pommes de terre, parfois on y plante un peu de poireaux et on y sème des oignons. C'est au coin d'un pré ou d'un champ que l'on plante quelquefois des choux de printemps, depuis un demi cent jusqu'à trois ou quatre cents, dont une partie se vend aux marchés de la ville. Il n'y a point dans l'île cette abondance de légumes cultivés régulièrement et dont les débris et les rebuts servent, ailleurs, à la nourriture des jeunes animaux de la ferme. Les porcs achetés très-petits aux foires d'Auray et de Pluvigner, au prix de 10 à 15 francs, sont abattus pour les fêtes du carnaval suivant. Au recensement de 1841 il n'existait dans toute l'île que cinq porcs de deux ans. Il n'y en avait qu'un seul en 1846. Je répéterai qu'il y a perte à tuer les animaux avant qu'ils aient acquis leur entier accroissement. L'engrais hâtif d'un jeune porc peut bien développer la partie adipeuse sous-cutanée, mais il n'ajoute presque rien à la chair qui est la partie la plus saine et la plus nourrissante, ni à l'axonge de l'intérieur, de même qu'un bœuf engraissé jeune donne peu de suif. Un progrès désirable serait l'élève de l'espèce porcine dans l'île, non seulement parce que l'importation coûte peut-être 8 à 10,000 francs, mais aussi parce que la culture des légumes devenant indispensable, on conserverait deux ans au moins des animaux qui donneraient le double de meilleure viande.

Les idées sont bien éloignées de ce progrès. Lorsque par hasard un cultivateur achète, sans le savoir, une truie pleine, il en est contrarié et trouve difficilement à vendre les petits. Le propriétaire de Bruté a rencontré les mêmes difficultés qui l'ont obligé à renoncer au projet d'une porcherie en grand, qu'il avait commencé à établir. Il conserve encore quelques individus d'une race.

Il y a peu d'oies, de canards et de pigeons domestiques, mais beaucoup de poules. M. le général Bigarré avait envoyé d'Espagne une race de poules qui s'est multipliée. Elle surpasse en volume et en taille celles de la Bresse et du Maine ; l'œuf pèse... grammes. Aujourd'hui que la culture du maïs tend à s'accroître, on pourrait engraisser des poulardes et des chapons, ce qui formerait une branche d'importation d'autant plus intéressante pour l'agriculture qu'elle manque de consommateurs pour ses produits dans la localité. Il a été expédié plusieurs fois des œufs à Bordeaux et à Nantes.

Les chiens sont démesurément multipliés. Il y en a toujours un et souvent deux dans chaque ferme, non pas qu'ils soient d'aucune utilité pour la garde du bétail, ni pour aucun autre usage, si ce n'est pour forcer par hasard quelque lièvre égaré ; mais il s'attache au chien une sorte de superstition : comme le bouc émissaire, il doit supporter les mauvaises chances ou les sorts qui menacent la maison. MM. Dupanloup, officiers à l'ancien 16e régiment d'infanfanterie légère, amenèrent de la Sâvoie, leur pays, une espèce de lévriers remarquables parce qu'ils ont du nez comme les chiens bassets et qu'ils chassent le lièvre à la piste, même la nuit. J'admirai leur vitesse et leur instinct dès le lendemain de mon arrivée dans l'île, en ayant vu deux à Loctudy forcer un vieux lièvre qui avait beaucoup d'avance et qu'ils avaient plusieurs fois perdu de vue. Ces lévriers étaient primitivement de couleur fauve, en dégénérant par le croisement, ils ont perdu de leurs qualités.

Ils ont cependant contribué à la destruction presque totale de l'espèce du lièvre. Il y a trente ans, les lièvres étaient si communs, que leur prix ne dépassait pas 75 centimes, quoique la garnison fût nombreuse. On en tuait plus dans un mois qu'aujourd'hui dans une année. Ils sont vendus 2 fr. 50 à 3 fr. Selon une tradition, rapportée par le père Le Gallen et par l'auteur du manuscrit de 1787, anciennement lorsque l'île était couverte de bois, les lapins et les lièvres étaient si communs que leurs peaux suffisaient à payer la redevance aux ducs de Bretagne, aux comtes de Cornouailles et même postérieurement aux moines de Redon. Les lapins n'étant pas moins nombreux aux îles de Houat et de Hédik, les Hollandais firent dans les trois îles un commerce assez considérable des peaux de ces animaux.

Je croirais qu'ils achetaient principalement la laine des 24000 moutons qui devaient exister à cette époque, et que l'industrie étant fort arriérée en Bretagne, ainsi que la navigation, les Hollandais vendaient à Belle-Ile et sur la côte du continent les étoffes et autres produits de leurs fabriques. Les peaux de lièvres et de lapin tués dans les trois îles n'auraient pas chargé un navire hollandais en dix ans.

On tue quelquefois des loutres au bord de la mer. J'en ai vu plusieurs sur le canal du Potager, mais elles sont encore plus rares que les lièvres. Les perdrix ne l'étaient pas, il y a quelques années. On en voyait beaucoup de 1825 à 1832. Elles ont presque entièrement disparu. Les éperviers leur ont fait une plus rude guerre que les chasseurs. Les enfants détruisent les œufs ; dans un pays aussi découvert, le gibier trouve peu d'abris. La destruction du gibier, en quinze ans, tient beaucoup au défrichement des terres sur lesquelles croissaient les ajoncs de la grande espèce qui servaient de gîtes aux lièvres et de remises aux perdrix.

Lorsque les hivers sont rigoureux au continent, il arrive à Belle-Ile une multitude d'oies, de canards, de sarcelles, de bécasses, etc. Ils n'y font qu'un assez court séjour. On en tue beaucoup. Ils sont vendus à bon marché. Chaque espèce a son tarif qui a peu varié depuis quarante ans. Des cygnes et des aigles ont été quelquefois pris à Belle-Ile.

DES ARBRES.

Il y a peu d'arbres dans l'île, mais il y en a de si beaux qu'on regrette qu'il n'y en ait pas davantage. Les plus beaux se trouvent au Potager. Ils ont été plantés vers 1787. La circonférence du plus gros platane est de 2 mètres 10 centimètres : ce doit être le plus gros arbre de l'île. Il y a des peupliers de 1 mètre 85 centimètres, des ormeaux de 1 mètre 80 centimètres, et environ cent cinquante ont plus de 1 mètre 40 centimètres. Le plus gros châtaigner n'a que 1 mètre 20 centimètres, et le plus gros frêne 1 mètre 40 centimètres. Il y a des chênes de 15 à 18 mètres de hauteur et de.... de circonférence. Le plus gros a 1 mètre 60 centimètres. Ce doit être le plus vieux arbre de l'île. Attendu la lenteur que le chêne met à croître, il aurait deux cent soixante-douze ans, ce qui remonterait au temps des ducs de Retz. (1), si on jugeait son accroissement par comparaison avec celui d'un jeune chêne que je plantai en 1835 : il avait 8 millimètres, il en a 25 en 1846. Mais cette évaluation est fort hasardée; car deux chênes, plantés il y a trente ans à l'extrémité ouest de l'avenue de peupliers, ont grossi de près de 2 centimètres par an; ils en ont cette année 85. Voici quelques données sur la végétation des arbres dans les vallons de Belle-Ile : une plan-

---

(1) Le chêne vit très-longtemps. Des actes authentiques ne permettent pas de douter que le *chêne au vendeur*, sous lequel se font les adjudications de coupes de bois à l'entrée de la forêt de Montfort, ne soit âgé de plus de six cents ans.

tation faite au Potager en 1816 présente au bout de trente ans les circonférences suivantes : Poiriers d'espalier, 75 centimètres ; cerisiers greffés, à haute tige, 92 cent.; pommiers, 75 cent.; châtaigners, 72 cent.; maronniers, 98 cent.; chênes, 85 cent.; ormeaux, 1 mètre 15 cent.; peupliers, 1 mètre 30 cent. (¹) Mais la végétation la plus étonnante est celle des ipreaux ou blancs de Hollande. En vingt-trois ans, ils ont donné des planches de 30 à 45 centimètres de largeur qui ont servi à faire un escalier et des planchers.

Les ormeaux plantés dans la rue Stangrelan sont plus élevés et moins gros que ceux du Potager. Ils font l'ornement de la ville du Palais. Le génie militaire a commencé de les abattre cette année, ce qui est aussi contraire aux convenances locales qu'à la justice, car les lois en attribuent la propriété à la commune.

Il y a trente ans, les remparts de la citadelle étaient garnis de très-beaux ormeaux, même du côté de l'ouest. (²) Ils ont été presque tous arrachés par suite des terrassements du nouveau défilement. D'autres ont été presque enterrés. Il en reste quelques-uns de très-beaux à l'avancée de la Poterne, au-dessus de la fontaine de l'Écluse.

A Portsallio, campagne de M. Coréal, il y a quelques beaux arbres, il y avait un ormeau de 3 mètres de circonférence. Il y en avait aussi à Bordstang, lorsque cette ferme appartenait à la famille Granger. La terre de Crafort est ornée par une petite futaie placée sur la pente de son joli vallon. Une autre futaie de chênes, d'ormeaux et de châtaigners, qui ombrageait la partie de la vigne Ros-Rozen joignant l'hôpital du Palais, fut abattue en 1797. On abat en

---

(1) Avant la plantation que fit M. de Bébague, le Potager était couvert de cerisiers, de poiriers, de pommiers, de pruniers et de figuiers. Des vieillards qui ont vu ces arbres m'assurent qu'il y avait des poiriers de *la grosseur d'une barrique*. C'est l'expression dont ils se sont servi : en faisant la part de l'exagération, il resterait encore des arbres d'une telle dimension qu'on pourrait en attribuer la plantation aux Bénédictins de Kemperlé.

(2) Le père LE GALLEN, qui écrivait en 1754, parle des beaux arbres de la citadelle et de la rue Stangrelan.

Avant 1761, les remparts étaient couverts d'arbres qui furent coupés pendant le siége. On les remplaça en 1780 par ceux qui existent et par ceux qui ont été abattus de 1822 à 1846.

ce moment quelques frênes, ormeaux et lauriers dont le jardin de Runello était entouré et que l'on apercevait de toute l'île, attendu l'élévation du terrain. On a arraché, cet hiver, les vieux saules que MM. de Tremerreuc avaient plantés autour des prés de Rosbocer. La république confisqua, en son temps, les beaux ormeaux qui embellissaient la place du bourg de Locmaria. Plusieurs villages, particulièrement à Locmaria, ont quelques bouquets d'ormeaux, mais ces arbres ne semblent pas avoir été plantés, ils ne sont pas espacés, ils poussent des rejetons qui forment comme des taillis, au milieu desquels il s'élève parfois d'assez beaux baliveaux. (¹)

Telles sont à peu près toutes les anciennes plantations qui ont existé à Belle-Ile de mémoire d'homme, et ici se place naturellement cette question : y a-t-il eu autrefois une forêt de Bangor sur le terrain compris entre les villages de Kerguignolet et de Parlavan à l'est, Bortenmon et Martha au sud, le vallon de Kariero à l'ouest et Runello au nord, espace désigné sur toutes les anciennes cartes par le titre de *Forêt de Bangor?* En d'autres termes, l'île a-t-elle été très-anciennement couverte de bois, selon que le rapportent la tradition et les vieilles chroniques?

L'opinion contraire a pour elle une autorité imposante, celle de M. DE VAUBAN, qui a dit dans son mémoire sur Belle-Ile : « On

---

(1) Les plantations d'arbres seraient utiles à Belle-Ile :

1° Sous le rapport géologique, en renouvelant par leur détritus la couche de terre végétale que les eaux de pluie entraînent dans les vallons, depuis surtout qu'on a tenté de défricher ou de dénuder les terrains en pente ;

2° Sous le rapport économique, en fournissant les bois de construction, ou au moins le chauffage, ce qui permettrait le défrichement d'une certaine quantité de landes ;

3° Sous le rapport topographique, en offrant un abri utile contre le vent aux habitations, aux hommes, aux animaux, aux récoltes ;

4° Sous le rapport hygiénique, on est exposé à Belle-Ile aux affections aiguës des poumons, des bronches, ce qui provient de la sécheresse et de la vivacité de l'air, des variations de température occasionnées par les vents. L'abri des plantations remédierait à ces inconvénients en modifiant l'impétuosité des vents ; la fertilité du sol serait accrue par l'humidité conservée à sa surface. Si les arbres n'attirent pas et n'arrêtent pas les nuages chargés d'eau, ils fixent au moins l'humidité sur le sol, en le garantissant de l'action directe des rayons du soleil, et en modifiant la vitesse des vents. Or, le principal défaut du sol, à Belle-Ile, c'est la sécheresse. Les bons effets d'une pluie de printemps ou d'été sont immédiatement détruits par les vents. Il n'y a de remède que dans des plantations.

» appelle *forêt* un espace de terre dans le milieu de l'île où il ne
» croit que des landes, et où l'on n'a jamais vu un arbre si gros que
» le doigt, pas même un buisson. » L'illustre maréchal était un
grand ingénieur et surtout un excellent Français, un vrai philosophe : c'est une des gloires scientifiques et morales de la patrie ;
mais peut-être qu'en sa qualité de mathématicien, il traitait un
peu légèrement les questions d'érudition. Au reste, il niait ce qui
n'existait plus de son temps, plutôt que ce qui avait pu exister
autrefois.

L'auteur du mémoire historique de 1784 n'a fait que copier et
amplifier M. de Vauban, quand il a dit : « On lit sur toutes les
» cartes de cette île les mots intéressants de *Forêt de Bangor*, et
» l'imagination se plaît à se reposer sous ces ombrages agréables,
» lorsque le terrain où on l'a placée n'a jamais été couvert que de
» ronces, d'ajoncs, de bruyères et de landes de deux à trois pieds
» de hauteur. » Mais à la page 17, il donne du corps à l'opinion
» qu'il vient de combattre par des plaisanteries : « Les anciennes
» chroniques, dit-il, paraissent s'accorder à dire que cette île était
» anciennement couverte de bois. Cependant on n'en trouve aucun
» vestige ni au-dedans ni au-dehors de la terre. Les plus anciens
» arbres n'ont guère plus de cent ans. » Et à la page 40 il ajoute :

« Lorsque cette île n'était couverte que de bois, si on en croit
» les anciennes traditions et chroniques, le gibier et principalement
» les lapins étaient en si grand nombre dans cette île et dans celles
» de Houat et de H'ouadik, qu'il se faisait un commerce de peaux
» très-considérable avec les Hollandais qui venaient les chercher
» dans ces îles. On assure même que les redevances ne se payaient
» aux ducs de Bretagne, aux princes, et même postérieurement aux
» moines de Redon, qu'en peaux de lapins. »

Si cette grande multiplication du gibier, et surtout celle des
lièvres, prouve que l'île était peu cultivée, elle pourrait paraître
une présomption que le gibier trouvait dans des bois ou au moins
dans des taillis et des buissons un abri plus durable que celui que
lui offrent aujourd'hui les ajoncs. Les Belleilois sont trop anthipathiques avec les plantations, pour avoir importé du continent ces
petits ormeaux qui poussent avec tant de vigueur et d'obstination

autour de certains villages, et que je serais porté à considérer comme les demeurants du temps où l'île était couverte de bois. Il resterait donc *des vestiges au-dessus de la terre*, et je crois que l'on en a trouvé au-dessous ; M. l'abbé Pener, ancien recteur de Bangor, où il a demeuré plus de cinquante ans, m'ayant assuré avoir vu extraire de la terre d'anciens troncs de gros saules sur ce même terrain de la forêt de Bangor. D'ailleurs, reste-t-il soit dans le sol, soit à sa surface, autour de l'abbaye de Saint-Gildas, aucun vestige dont parle ABEILARD et où chassaient ses moines ? La presqu'île de Rhuys, (¹) jadis couverte de bois, en est aujourd'hui aussi dépourvue que Belle-Ile, et pourtant on ne lui conteste pas le souvenir de son ancien état. Si quelque grand homme avait habité Belle-Ile au moyen-âge, peut-être nous eût-il parlé des *agréables ombrages de la forêt de Bangor*, toujours est-il que la tradition en a conservé la mémoire, qu'il en a été parlé dans d'anciennes chroniques manuscrites, que tous les géographes ont dû consacrer sur leurs cartes le nom de la *forêt de Bangor*, ce qui ne peut être une ironie. Le père LE GALLEN parle aussi d'anciens mémoires, où il avait vu que l'île était jadis couverte de bois. Des preuves ineffaçables de cet état ancien subsistent toujours sur la terre de Belle-Ile, ce sont les noms d'arbres que portent certains villages. On ne serait étonné de rencontrer *Bordillo*, le bourg du lierre ; *Naounskol* (Naousko), le vallon du sureau ; *Kœsperner*, la haie d'épines, et *Kerdreœk*, le bourg des épines, parce que ces arbrisseaux se trouvent encore partout. Mais le houx ne croit que dans les forêts ou les pays boisés ; il n'y en a pas un à Belle-Ile, et cependant deux villages en ont pris le nom : *Kalastren* (Kelastren) ou *Gargelennek*, signifie une houssine, une branche de houx, et *Kerguelen* veut dire le village

---

(1) Lorsqu'en 1229, le duc Jean V bâtit le château de Sucinio, la presqu'île de Rhuys était un pays charmant, couvert de bois, appelé l'*île fortunée*, le *Paradis de la Bretagne*. Les ducs y venaient chasser.

La côte de la Méditerranée, aujourd'hui aride et encombrée de sables, était anciennement couverte d'épaisses forêts, selon TITE-LIVE, *cap*. V.

LUCAIN décrit, dans la *Pharsale*, une antique forêt de chênes, qui existait aux environs de Marseille où l'on ne découvre pas même un buisson.

Selon M. Edouard RICHER, l'île de Noirmoutiers était autrefois couverte de chênes aussi vieux que ses collines. (Dissertation sur l'île de Sein, *Lycée Armoricain*, 6ᵉ vol.)

des houx. On ne voit pas plus de bourdaine (*Rhamnus frangulak*). Il y a pourtant le village de la bourdaine (*Envor*). Il y a aussi le lieu de la fresnaie (*Lokounnek, Lokonnek, Logonnets*). On ne voyait pas un seul peuplier-tremble dans l'île avant que Mme Chasle de la Touche en eût fait venir d'Orléans, pour les planter au Potager, en 1816. Comment donc se fait-il que trois villages portent le nom de cet arbre qui devait être inconnu à Belle-Ile, où il réussit si bien ? C'est peut-être de tous les arbres celui qui résiste le mieux au vent d'ouest, pourvu qu'il soit planté dans un terrain humide, or il ne manque point de ces sortes de terrains sur le territoire de *Runelo*, la colline du tremble, de *Bortelo* et de *Bordelouets*, le bourg du tremble et des trembles. De mémoire d'homme, on n'a pas vu un hêtre à Belle-Ile, et pourtant on y voit un village appelé *Bortifaouen*, le bourg de la maison du hêtre. Bien plus, aux deux extrémités sud-est et sud-ouest de la *forêt de Bangor*, il y a deux villages nommés le vieux bois (le grand *Kosket* et le petit *Kosket, Kos-Koet*), et entr'eux se trouve le bourg du saule, *Bordhaliguen*. Voilà des vestiges qui prouvent suffisamment qu'il a pu exister jadis une forêt, des taillis ou des buissons, dont les ormeaux qui entourent les villages doivent être les restes. En voyant la nudité de l'île, nous nous habituons à considérer cet état comme l'effet nécessité de la violence des vents de mer. Nous apprenons avec étonnement par les romans de WALTER-SCOTT, notamment par l'*Astrologue*, que, dans le nord de l'Angleterre, la mer baigne, pour ainsi dire, le pied des forêts. En Bretagne, nous ne voyons d'arbres qu'à une assez grande distance des bords de l'océan, ou à l'abri des vents qui en viennent; encore, les seuls arbres qui se rapprochent de la mer ne sont-ils que des ormeaux à petites feuilles, maigres et rabougris. Il faut croire qu'il y a des espèces d'arbres qui réussiraient mieux, et qu'autrefois on savait mieux les choisir. M. de la Frugnelaie a découvert, dans l'arrondissement de Morlaix, une forêt aujourd'hui sous marine. Elle croissait donc très-proche de la mer, qui la renversa et la couvrit de sables. Il n'y a donc aucune probabilité qui puisse empêcher de croire que Belle-Ile ait été autrefois couverte de bois, soit en forêts, en taillis ou en buissons, et que l'espèce d'ormeau qui subsiste partout dans l'île formait la principale

essence de cette forêt. Voici les arbrisseaux et arbustes, en très-petit nombre, qui sont demeurés indigènes :
1. Le prunellier, épine noire, *Prunus spinosa*. Linnée.
2. L'aubépine, *Cratægus oxyacantha*. Linnée.
3. L'alisier torminal, *Cratægus torminalis*. Linn.
4. Le troëne commun, *Ligustrum vulgare*. Linn.
5. Le genêt des teinturiers, *Genista tinctoria*. Linn.
6. Le genêt velu, *Genista pilosa*. Linn.
7. L'ajonc, *Ulex europœus major*. L. *Ulex europœus minor*. L.
8. Le chevrefeuille des bois, *Lonicera periclymenum*. Linn.
9. Le lierre, *Hedera helix*. Linn.
10. La bruyère commune, pourpre et blanche, *Erica vulgaris purpura*. E. Alba.
11. La ronce commune, *Rubus fructicosus*. Linn.
12. Le fragon piquant, *Ruscus aculeatus*. Linn.
13. L'ièble, *Sambucus ebulus*. Linn.
14. Le sureau noir, *Sambucus nigra*. Linn.
15. L'églantier des champs, *Rosa arvensis*. Linn.
16. L'églantier rouillé, *Rosa rubiginosa*. Linn. ou *Rosa spinosissima*. Linn.
17. *Rosa pimpinetti folia*. Linn.
18. *Rosa gallica*. Linn.

Il n'y a donc qu'une seule espèce d'arbre et seize espèce d'arbustes que l'on puisse considérer comme existant dans l'ile de toute antiquité. Les autres arbres, dont plusieurs avaient pu s'y trouver antérieurement, y ont été rapportés.

Sous la mairie de M. Grandpair, deux belles promenades furent plantées, l'une en ormeaux, dont les plants ont été pris à Locmaria, est située au bas du glacis Ouest de la citadelle, à l'entrée du chemin de Sauzon. L'autre en platanes d'Orient, est située le long du chemin du Regard, à l'Est du jardin du Roi. Dans ce dernier terrain, M. Nadeau, capitaine du génie, créa un semis d'ormeaux, de frênes, d'acacias, de noyers, de vernis du Japon et de sycomores. Ses successeurs y ont pris les beaux ormeaux et quelques frênes dont ils ont couvert la pente Ouest du glacis de la citadelle, depuis la promenade Grandpair jusqu'à la glacière et sur l'emplacement même où se trouvait le quartier de la Haute-Boulogne, que M. de Vauban fit raser en 168... On a retrouvé les fondations des maisons.

Le génie des ponts et chaussées ayant disposé quelques années du semis de M. Nadaud, y trouva les ormeaux plantés autour du second bassin à flot. Enfin, le restant du semis ayant été vendu, la commune l'acheta, en fit une réserve, dans la carrière de Stangberry, sous la mairie de M. Montauzé. M. Fauchat y trouva des arbres pour achever la plantation du vallon de Bordillio, commencée par M. Chasle de La Touche, et continuée par M. Tréguessère.

Plusieurs habitants achetèrent aussi des plants du semis qui a beaucoup contribué à donner le goût des plantations. Cette création conçue avec intelligence fut soutenue par MM. les officiers du génie, malgré l'opposition des bureaux de la guerre. Combien de fois l'ordre fut donné de la détruire, pour économiser les frais d'entretien qui ne pouvaient excéder 15 ou 20 francs par an, pour affermer le terrain 80 ou 100 francs. Enfin le terrain fut affermé ainsi que la vente des arbres ! et l'État rachetait les propres arbres de son fermier pour un prix qui excédait le fermage ! M. Derville a créé un nouveau semis sans autorisation : le terrain est censé affermé dans son entier. C'est au milieu de ce jardin que l'on voit le plus beau laurier (*Laurus nobilis*, de Linnée), qu'il y ait en France ; sa hauteur, jusqu'au faîte est de 10 mètres, sa hauteur, jusqu'aux branches, est de 4 mètres, celles-ci venues naturellement en boule comme la tête d'un oranger, ont une envergure de plus de 7 mètres, ou 21 mètres 98 cent. de circonférence, la grosseur du tronc est de 1 mètre 45 cent. dans toute la longueur. (¹). Cette espèce de laurier, originaire d'Afrique, et qui, sous le climat de Paris exige l'orangerie ou du moins beaucoup de précautions, croit à Belle-Ile comme les ajoncs. On en ferait aussi facilement une forêt dans le Potager qu'en Algérie. Le laurier-amandé (*Prunus lauro-cerasus*, de Linnée), et un autre laurier, le viorne laurier-tin (*Viburnum tinus*. Linn.), atteignent 5 à 6 mètres de hauteur. Le Laurier de Portugal (*Cerasus lusitanica*, de Jussieu). Le laurier-

---

(1) Le père Labarre, jardinier, se souvient l'avoir vu planter il y 68 ou 70 ans.

rose (*Nerium oleandes*, de Linnée), viennent très-bien en pleine terre.

M. Nadaud avait planté en ormeaux et en frênes les chemins couverts des fortifications du Sud de la ville. Cette plantation ne prospère pas malgré les soins qu'on en a pris. Sur le glacis de cette fortification, depuis la vigne jusqu'à la côte vis-à-vis le moulin Bigarré, M. le capitaine Le Baudec avait fait une très-belle plantation d'ormeaux qui n'a pas réussi, à cause du vent d'Ouest. M. Derville a risqué, sur une partie de cet espace, un semis de pins maritimes qui n'a pas levé. Il a planté des chênes dans les demi-lunes et dans plusieurs autres endroits de la citadelle, la même année que j'en ai planté dans le Potager.

Pendant la mairie de M. Chasle de La Touche, la commune fit planter mille pieds d'ormeaux sur ses routes, savoir : sur la route de Sauzon, depuis la maison des héritiers Kermarquer jusque vis-à-vis le village de Loctudi, avec une allée conduisant du calvaire de la mission de 1818 au cimetière, qui fut aussi entouré d'ormeaux : il a fallu les abattre en partie pour agrandir le cimetière ; sur la route du Phare, depuis le pont de la citadelle, le long du regard et du chemin du Potager jusqu'au village de Rosbocer, avec un embranchement qui commençait au haut de la saline et se prolongeait dans le vallon entre Rosbocer et Bordillio. Il fut planté des peupliers dans les prés ; ils ont été détruits à l'exception de sept, mais la plantation d'ormeaux a été continuée sous l'administration de M. Tréguesser et pendant celle de M. Fauchat qui a achevé de niveler la route, remplacé un mauvais pont en bois par un très-beau pont de pierres.

La route de Bangor avait déjà été plantée d'ormeaux au commencement du XVIIIe siècle. M. Perrier, ingénieur du roi, frère du recteur de Bangor, de ce temps là, fit une allée d'arbres qui s'étendait depuis la rue Stangrelan, du Palais, jusqu'au presbytère de Bangor ([1]). Cette allée existait encore en 1719, elle pouvait

---

(1) M. de Trémerreuc, capitaine au régiment de Médoc, étant au siége de Mahon, en 1758, envoye une procuration pour vendre une de ses maisons située dans le vallon des Malades, rue Stangrelan, laquelle est déjà appelée rue des Ormeaux, trente ans avant la plantation des ormeaux actuels, par M. de Béhayen.

avoir six ans au plus, l'abbé Perrier n'ayant été nommé recteur qu'en 1713. Elle aura si promptement et si entièrement disparu, qu'il n'en restait pas le moindre souvenir dans la mémoire des habitants, lorqu'en 1826, M. Chasle de La Touche fit une nouvelle plantation à l'entrée des deux routes de Locmaria et de Bangor, et de là, sur cette dernière, jusque vis-à-vis la métairie de la Maisonneuve. Il planta aussi quatre beaux arbres à la croix de Merzel et douze à l'embranchement des routes du Palais, de Bangor et de Locmaria par Parlavan. Ces arbres ont été bien soignés jusqu'en 1830. La violence des vents était un grand obstacle à leur croissance, mais on ne peut nier que les habitants n'aient de l'antipathie contre les arbres. Ils ne comprennent pas de quelle importance les arbres seraient pour la santé des hommes et des animaux, et pour la conservation ou la prospérité des récoltes dans un pays continuellement battu des vents ou desséché par un soleil ardent. Les arbres assainissent même les marécages. Il y en avait un entre la vigne et le Potager, au haut de la saline. Le génie militaire y prenait des gazons et les habitants de la terre à bâtir. En 1826, M. Chasle de La Touche réclama l'assainissement et le desséchement de ce marais. Le ministre de la guerre ordonna qu'il y fût fait une prairie. M. Esterlin, garde du génie et entrepreneur du desséchement, fit une très-belle plantation d'ormeaux et de peupliers blancs autour de cette prairie. Elle a été remblayée par suite du creusement de la saline; c'est aujourd'hui une esplanade sur laquelle M. Fouesnel a planté des ormeaux qui sont d'une très-belle venue. M. Esterlin planta des peupliers dans le pré de la Vigne. Lorsque M. Bigarré-Villedanet était propriétaire de la belle habitation de Crafort, il y fit des plantations, il y sema aussi quelques sapins, ainsi qu'au village de Lanno. M. Blouard, juge de paix, en sema à sa métairie de Carvaux. M. Loréal a fait des plantations à sa jolie campagne de Kersallio. M. Chasle de La Touche a essayé de faire une plantation de quelques arbres à sa ferme de Kervalan; les blancs de Hollande ou ipreaux viennent assez bien, mais les ormeaux périssent. Il a planté cinq à six cents ormeaux, chênes, châtaigniers, peupliers et ipreaux, tant au dedans qu'au dehors du parc du Potager; il a vendu des ipreaux à MM. Labadeau, Sylvestre et

Féchant, qui les ont plantés sur leurs terres en Bangor où ils ont bien réussi.

J'ai parlé de toutes ces petites plantations avant d'en venir à la plus considérable, à la seule qui ait l'apparence d'une futaie ou d'une espèce de petite forêt. Dès 1812, M. Trochu avait semé quelques pins Sylvestres sur une lande qu'il venait d'acheter. Deux ans après il y fit un second semis, et en 1816, ayant acheté des héritiers de M. Bruté de Rémur, la terre labourable et les landes, dites de Bruté, il y fit successivement des semis de pins, qui couvrent aujourd'hui 29 hectares. Il a planté des avenues en ormeaux et chênes. Depuis dix ans il a fait un semis de chênes et d'ormeaux, d'une étendue de quatre hectares et demis. Ces différents arbres sont d'une très-belle venue.

CHAPITRE VIII.

Commerce.

Belle-Ile est avantageusement située pour le commerce sur la route de grande communication, entre les ports de l'Océan et ceux de la Manche, à l'embouchure de deux rivières peu accessibles aux navires d'un fort tonnage. Il semble qu'elle soit venue à leur rencontre pour les recueillir, les alléger, et leur faciliter l'entrée de ces rivières, mais ils n'acceptent que ses pilotes. On s'étonnerait qu'elle n'ait pas acquis plus d'importance commerciale, si l'on ne savait qu'en France, quoiqu'il y ait du large, les capitaux se concentrent exclusivement dans quelques villes où les plus habiles spéculateurs étouffent, écrasés par la concurrence, se disputant quelques parcelles d'affaires insuffisantes pour satisfaire tant d'ambitions *intrà-muros*.

La situation de Belle-Ile présentait encore plus d'avantages avant l'invention de la boussole, lorsque les navires, perdant rarement de vue la terre, avaient plus besoin de trouver un abri contre les tempêtes, et la nuit un refuge. Plus on remonte dans l'antiquité, mieux on comprend que cette situation devait avoir plus d'importance. C'est toujours aux commentaires de César qu'il faut recourir lorsqu'on veut se former une idée aussi exacte que possible des temps antérieurs à l'arrivée des Romains dans les Gaules : la puissante domination des Vénètes s'étendait sur une partie des côtes de l'Armorique, et leur influence, sur tous les peuples maritimes, depuis Dunkerque jusqu'à Bordeaux. Ayant précédé ces peuples dans la science nautique et dans les arts qui s'y rattachent, ils naviguaient au loin et en pleine mer. Leurs nombreux vaisseaux entraient d'un côté dans la Méditerranée, et de l'autre allaient commercer dans l'île de Bretagne, et selon Diodore de Sicile, jusque dans la mer Baltique.

Belle-Ile, si je ne me trompe, se trouve clairement désignée dans le récit de César. Après avoir dit que les Venètes naviguaient au loin, il ajoute : *Et in magno impetu maris atque aperto, paucis portibus interjectis, quos tenent ipsi, omnes ferè qui eodem mari uti consueverunt, habent vectigales : Maîtres du petit nombre de ports disséminés sur la pleine mer, ils ont pour tributaires presque tous ceux qui ont l'habitude de naviguer sur cette mer,* d'où il résulte qu'ils percevaient des droits analogues à ceux qui sont encore perçus à l'entrée de la mer Baltique. Or, la perception de ces droits ne pouvait être mieux placée qu'à Belle-Ile, où se trouvaient quelques-uns de ces ports disséminés sur la pleine mer. Pour surveiller l'entrée du Morbihan, de la Vilaine et de la Loire, les Venètes devaient entretenir des pataches, une flotille à Belle-Ile, par conséquent il s'y faisait du commerce. J'ai déjà parlé de la probabilité que l'île aurait reçu le nom de Guer-Veur, de l'existence d'une grande ville dont ce nom a la signification. Dans tous les temps, quiconque a voulu opprimer le commerce ou envahir les côtes de France sur l'Océan, a dû commencer par s'emparer de Belle-Ile. Les pirates Scandinaves n'y manquèrent pas aux ixe et xe siècles, de même que les espagnols de Charlesquint et les protestants de Montgommery, au xvie siècle. Dans toutes leurs guerres contre la France, les Anglais et les Hollandais ont compris l'importance de Belle-Ile, si favorablement située pour devenir un entrepôt de commerce et de contrebande.

Une tradition conservée par tous les manuscrits historiques comme extraite d'anciennes chroniques, rapporte qu'autrefois le nombre des lièvres et des lapins était si considérable, que leurs peaux suffisaient pour acquitter la redevance aux comtes de Cornouailles, à l'abbaye de Redon, et même plus tard à celle de Kemperlé. Ces peaux auraient été l'objet d'un grand commerce que les Hollandais faisaient au moyen-âge dans les îles de Houat, de

Hedik et Belle-Ile. J'admettrais le paiement de la redevance, en supposant qu'elle n'excédait pas le nombre de 5 ou 600 peaux, mais je ne crois pas au grand commerce, il eut fallu plus d'un siècle pour charger un navire de cent tonneaux. Les progrès de la civilisation et de l'agriculture ont rapidement fait diminuer le nombre des bêtes fauves : il y a seulement trente ans qu'il sortait encore chaque année environ 200 peaux de lièvres et de lapins ; l'exportation n'est plus maintenant que d'une trentaine ; elle fut de 7 en 1846.

Les Flamands ayant devancé le reste de l'Europe dans la fabrication des étoffes de laine et dans le travail des métaux, il est probable que leurs vaisseaux apportaient ces marchandises à Belle-Ile, d'où ils faisaient le commerce de contrebande avec le continent, achetant en retour des cuirs verts et des peaux de différents animaux. Voilà ce qui aura donné lieu à la tradition, que des navires hollandais emportaient des chargements de peaux de lièvres et de lapins. Un document authentique de la dernière moitié du moyen-âge atteste qu'alors les Belleilois commerçaient avec les étrangers même en temps de guerre. Voici l'ordonnance qui le prouve :

« François par la grâce de Dieu roi de France, usufructuaire de
» Bretagne, aux gouverneurs et nos lieutenants généraux ès pays
» de Guyenne et de Bretagne, salut. Pour ce que nous avons été
» advertis que les vaisseaux de nos ennemis sont venus et viennent
» par chacun jour ou souventes fois prendre le rafraichissement de
» vivres, munitions, esquipages et autres provisions en nos isles
» de Bélisle et de l'isle Dieu, et encore soit par crainte, profit ou
» commodité les habitans des dites isles baillent et portent vivres,
» munitions et marchandises ès dits ennemis. Nous vous mandons
» que vous fassiez faire exprès commandement de par nous, à son
» de trompe et cry public à tous et chacun des habitans des dites
» isles, de quelque état et conditions qu'ils soient, sous peine de
» confiscation de corps et de biens, et d'être réputés envers nous
» rebelles et désobéissans, que dedans quinze jours après la pu-
» blication des présentes, ils aient à eux retirer avec leurs biens
» denrées, marchandises, bétail et autres choses ès plus proches
» villes en terre ferme ou autres lieux de notre obéissance, que bon

» leur semblera pendant les guerres et divisions, et sans qu'il soit
» loisible auxdits habitans ou autres quelconques de retourner et
» aller ès dites iles jusqu'à ce que par nous en soit autrement
» ordonné. Donné à Chantilly le 7 février 1536, et de notre règne
» le 23e. » (Extrait des archives de Brissac. Preuves de l'histoire de
Bretagne. Colonn. 1031, tom. 3.)

On doit conclure de cette ordonnance, que Belle-Ile était parvenue à un état de prospérité qui rendait possible un commerce de denrées, de marchandises et objets d'équipement assez considérable pour attirer l'attention du gouvernement central de Paris. Il fallait de grands abus, c'est-à-dire un grand commerce pour que la répression motivât une ordonnance du roi. Il résulte aussi de ce document qu'il existait dès-lors, et probablement depuis longtemps, des habitants de *plusieurs états* et *conditions*, apparemment des marchands, des propriétaires de terres censives et de maisons dans les bourgs, lesquelles maisons étaient chargées d'une petite redevance sur le fond que recouvraient les édifices. Des bourgeois seuls pouvaient faire le genre de commerce dont se plaint le roi. Les vasseaux étaient maîtres de faire du commerce, des serfs n'auraient travaillé que pour leur maître. D'ailleurs l'ordre d'évacuer eut été signifié à l'abbé de Kemperlé, seigneur féodal et propriétaire foncier, si tous les habitants n'eussent été que ses colons ou fermiers. Le commandement à son de trompe et cri public s'adresse à des bourgeois.

Cette ordonnance constate positivement quel était l'état des personnes sous la domination des Bénédictins. Il est mieux constaté encore sous la domination de la maison de Gondi par les actes publics de mariages, naissances et décès, dans lesquels un grand nombre d'habitants sont qualifiés marchands et bourgeois. Quelques-uns ont le titre de noble homme, qui ne se donnait qu'aux avocats en parlement ou à des hommes appartenant à la haute et ancienne bourgeoisie vivant noblement. Les seigneurs de Gondi assistent à des mariages, à des baptêmes : ils sont parrains soit en personne, soit par procuration. Parmi les familles qu'ils honorent de cette bienveillance, quelques-unes portent des noms Celtes, indiquant qu'elles existaient déjà dans l'île du temps des Bénédictins ; d'autres sont des familles françaises amenées du pays de Retz par les seigneurs de Gondi. Il ne peut donc rester l'ombre d'un doute qu'il se faisait beaucoup de commerce à Belle-Ile, de 1573 à 1658, puisqu'il y avait beaucoup de marchands.

Quant à la domination de la maison de Gondi, c'est évidemment l'époque d'une grande prospérité commerciale dont il subsiste des monuments matériels, les édifices que le surintendant fit construire pour la préparation du poisson salé sur une grande échelle, les vignes qu'il planta, la saline et les moulins à eau qu'il commença et qu'il n'eut pas le temps d'achever. Il subsiste aussi des monuments écrits, les mémoires de l'accusation et de la défense dans son célèbre procès et dans le procès-verbal de l'échange de Belle-Ile, du.......... entre son petit-fils, le maréchal, et le roi Louis XV. Ce procès-verbal prouve un immense accroissement de richesse depuis le contrat d'échange de 1573 entre les Bénédictins et le duc de Retz. Mais sous la domination du roi, il survint une occasion de prospérité aussi inattendue qu'elle fut momentanément de courte durée. Pour indemniser la Compagnie des Indes des pertes qu'elle faisait sur les domaines de Bretagne, le roi lui concéda l'inféodation de Belle-Ile, par arrêt du conseil du.......... 1720. Les ports du Palais et de Sauzon devinrent des ports francs, où il se fit tout-à-coup un commerce considérable de contrebande avec le continent voisin. Il y eut probablement de grands abus, puisque l'île fut retirée à la Compagnie dès l'année 1722. Mais l'aisance générale s'était accrue, et il surgit deux fortunes particulières que l'on évaluait à plus d'un million chacune, celle de M. Roger et celle de M. Gallen. Les deux riches héritières de ces millionnaires épousèrent, l'une un gentilhomme d'Hennebont, l'autre un négociant de Nantes, qui la ruina bientôt : elle avait refusé d'épouser un colonel. Ces circonstances indiquent assez que les héritières des deux négociants Belleilois étaient riches, mais leur fortune s'élevait-elle bien à un million? N'y manquait-il pas quelques centaines de mille francs? Dans tous les cas, le commerce n'a plus offert aux Belleilois l'occasion de faire d'aussi grandes fortunes : les plus belles n'ont guère dépassé 300,000 fr. Il y en avait une que l'on évaluait à cette somme avant la révolution, et trois ou quatre autres qui dépassaient le tiers : toutes provenaient du commerce, de même que celles qui leur ont succédé depuis la révolution. Malheureusement elles ont toujours eu une excessive mobilité : aucune n'a été possédée intacte par la troisième génération.

La plus ancienne branche de commerce a dû être celle du bétail : l'île en nourrissait d'autant plus qu'elle était moins cultivée. Lorsque l'île était divisée en 220 grandes exploitations, il y avait sous le nom de communes, de vastes pâtures qui subsistèrent jusqu'à l'afféagement de 1759. Alors les Belleilois possédant 24,000 moutons, pouvaient en exporter chaque année 12,000 au moins, ce qui devait faire un des principaux produits du sol. Dans les redevances de 1731, l'agneau étant évalué à 50 centimes, un mouton de trois ans pouvait valoir 2 fr. 50 centimes. Il y a cent trente ans, la population n'étant que de 5,000 âmes, on ne défrichait pas les prairies comme on le fait aujourd'hui, dès qu'elles semblent susceptibles de produire du blé. Avec de vastes pâtures et plus de prairies, on doit supposer une exportation quelconque de la race bovine, et je crois l'éducation des poulains fort anciennement établie dans l'île. L'auteur du manuscrit de 1788, parle de ce commerce comme ne faisant que de commencer à prospérer, mais il ne dit pas qu'il fût nouveau. « Les bœufs et les vaches font,
» ainsi que les chevaux, l'objet d'un commerce dont les insulaires
» commencent à profiter. Le pâturage, quoique très-négligé, étant
» excellent et très-abondant, ils achètent des taurillons et des
» génisses, qu'ils gardent quelque temps pour les engraisser et les
» revendre à des marchands qui viennent les chercher dans l'île ;
» sinon, on les conduit aux foires de Vannes et d'Auray. Les jeunes
» poulains sont revendus à l'âge de deux ou trois ans, après avoir
» fait quelque service. Les Belleilois n'ont point de jument : il
» n'entre dans l'île que des chevaux entiers. » Cette exclusion des juments que je remarque également à Guidel, près Lorient, le nom de cette commune, identique de celui de Guedel, que Belle-Ile ne reçut que vers le xe siècle, me feraient supposer que les habitants de Guerveur, de Vendilis, comme l'île se nommait antérieurement, ayant été chassé par les pirates Normands au xe siècle, se seraient réfugiés à Guidel, sur les terres du comte de Cornouailles, leur seigneur.

A toutes les époques connues de son histoire, l'ile a produit plus de blé que n'en exigeait sa consommation. Au chapitre de l'agriculture, j'ai évalué l'excédant à 5760 hectolitres, vers 1787. Il faut y ajouter la dîme établie par arrêt du parlement de 1760. A la dix-septième gerbe, elle pouvait produire environ 930 hectolitres sur une récolte présumée de 15760 hectolitres. C'était donc 6790 hectolitres que l'agriculture livrait au commerce, à raison de 10 à 12 fr. l'an. Une pétition adressée le 20 messidor an x, par les municipalités de l'île, au ministre de l'intérieur, évalue l'exportation du blé antérieure à la révolution : 1° Au montant de la redevance domaniale ; 2° à la dîme ; 3° à une semblable quantité pour le compte des particuliers, ajoutant qu'il rentrait dans l'île une quantité équivalente, tant en farines de froment pour la garnison, qu'en farines de menus grains pour les habitants. L'exportation des céréales de l'année 1790 fut de 3028 hectolitres dont une centaine d'avoine et le reste en froment. La récolte était alors évaluée à 169500 myriagrammes, ou 21187 hectolitres : la population n'étant que de 6000 âmes, l'exportation pouvait s'élever jusqu'à 9000 hectolitres, si la garnison n'en avait pas consommé une partie. La loi du 10 juillet 1791 accorda un étrange privilége à Belle-Ile qui ne fut pas assujettie au régime des douanes. Cette franchise, la pire des servitudes, fut une cause de ruine qui écrasa l'agriculture et le commerce pendant treize ans. L'introduction et la sortie du blé, du bétail, des chevaux, de toutes denrées et marchandises tarifées se trouvèrent prohibées. La prohibition de tout commerce d'importation ou d'exportation forma le droit commun auquel il n'était dérogé qu'en vertu d'une autorisation ministérielle. (¹) Les cultivateurs, les petits propriétaires et les consommateurs, même les boulangers, n'étant pas en mesure d'obtenir cette autorisation, le monopole du commerce des céréales revenait aux spéculateurs toujours munis de l'autorisation ministérielle, achetant à vil prix le blé à exporter de l'île, et le cas échéant, vendant à d'énormes bénéfices le blé qu'ils importaient. Sur l'attestation des magistrats municipaux constatant

---

(1) Il fallait une attestation pour chaque nature d'objets importés ou exportés : bœufs chevaux marchandises, céréales. Les registres existent à la mairie du Palais.

l'urgente nécessité des besoins des habitants et de la garnison, le directeur des douanes tolérait l'entrée de petites quantités de céréales, mais la circulation était tellement entravée que les habitants furent plusieurs fois obligés de recourir à l'humanité des généraux commandants l'île, qui permettaient des emprunts aux magasins militaires, en attendant l'arrivée de l'autorisation ministérielle d'importer. Heureusement que ce cas était rare, attendu la fertilité du sol, mais il devint moins rare au fur et à mesure que la difficulté d'exporter le blé avilissant le prix fit restreindre la culture. De lamentables réclamations furent souvent adressées au gouvernement contre cette législation. Il reste dans les archives de la ville du Palais quelques traces de ces réclamations et des réponses ministérielles. Le 27 nivôse an VI, le ministre des finances Du Ramel répondait à une de ces pétitions municipales : « Que la *franchise*, dont jouissait Belle-Ile,
» ne pouvait être contraire au principe qui avait déterminé l'abo-
» lition de tous les priviléges, et que les formalités qui limitaient
» cette franchise avaient pour objet de prévenir les abus d'une libre
» communication avec le continent. » Alors les Belleilois demandèrent à rentrer dans le droit commun de toute la France, sollicitant l'établissement du régime des douanes, comme une faveur. Ils ne l'obtinrent que l'an X ; mais l'obligation de l'autorisation ministérielle pour l'entrée et la sortie des blés fut maintenue. Une pétition appuyée par l'autorité départementale en ayant demandé l'abolition, le ministre Chaptal répondit le 15 thermidor an X : « Qu'il n'y avait
» pas lieu de la prendre en considération. » Ce ne fut qu'après treize années de souffrances et de plaintes, le 21 vendemiaire an XII, que les Belleilois obtinrent enfin justice. Encore cette justice ne fut-elle qu'incomplète relativement à la circulation des céréales, l'état de siège servant de prétexte aux mesures arbitraires que les commandants supérieurs prenaient trop souvent dans l'intérêt des spéculateurs. Ces entraves jointes à l'enrolement dans la milice garde-côte de 600 laboureurs d'élite, avaient tellement découragé l'agriculture qu'elle ne fournissait plus à l'exportation de 1814 que 1120 hectolitres de froment. Tous les bœufs abattus dans les boucheries étaient importés engraissés. L'éducation des chevaux diminuait malgré la grande consommation qui s'en faisait pendant la guerre.

Je prendrai pour base de comparaison, l'évaluation des produits de l'année 1787, d'après les données des mémoires de 1788. Il parle de la culture de la jarosse, sans en faire connaitre l'étendue ni le produit, je l'évalue à

400 hectolitres, à 6 fr. l'un............F.	2,400
6790 hectolitres de froment, à 12 fr.............	81,450
4000 hectolitres de pommes de terre à 5 fr.......	20,000
500 sacs ou hectolitres de navets à 6 fr.........	3,000
300 chevaux revendus à un bénéfice de 30 fr....	9,000
300 bœufs et vaches revendus au même bénéfice..	9,000
1900 brebis donnnant 1500 agneaux à 3 fr.......	4,500
700 peaux de bœufs, vaches, veaux et moutons, à 6 fr.............................	4,200
Suif...............................	800
Total des produits agricoles........F.	134,350

Produits de la pêche......................F.	250,000
Fabrication des filets, main-d'œuvre et bénéfice, à 16 fr. 100 filets.................	1,600
F.	385,950

Voici le relevé des exportations de 1814, d'après un mémoire de M. Foré commissaire de marine :

1120 hectolitres de froment à 15 fr............F.	16,800
1424 hectolitres de jarosse à 6 fr.............	8,544
300 sacs de navets à 6 fr.................	1,800
200 chevaux revendus à un bénéfice de 40 fr...	8,000
100 vaches à un bénéfice de 20 fr...........	2,000
700 peaux de bœufs et vaches à 18 fr........	12,000
1000 peaux de veaux et moutons à 2 fr. 50......	2,500
11000 kilogrammes de suif à 110 fr. l'un........	12,100
Les produits naturels s'élevaient à....F.	63,744

La pêche de la sardine ayant cessé, il ne pouvait plus être question de produits industriels, il ne restait d'industrie que celle des cabaretiers et des fournisseurs de la garnison. 677 marins étaient prisonniers en Angleterre ; 395 étaient au service de l'État, ou employés à la grande navigation commerciale, à laquelle il restait quelques rares navires échappés par hasard aux croisières anglaises ; 205 montaient 23 petits navires pontés, de 15 à 45 tonneaux, et 22 chaloupes employées à la pêche du gros poisson, aux cabotage et pilotage. Les frets étaient très-élevés, mais on faisait rarement plus de deux voyages par an, et les navires étant d'un faible tonnage, le bénéfice modique pour les individus était presque nul pour l'intérêt général, attendu le petit nombre des gagnants.

Malgré la diminution de la garnison et la cessation des travaux des fortifications, en deux années on vit se relever l'agriculture, l'industrie, le commerce et la navigation. Voici quelles furent les exportations de 1816 :

2240 hectolitres de froment à 20 fr............F.	44,800
800 hectolitres de jarosse à 8 fr..............	6,400
300 sacs de navets à 6 fr...................	1,800
200 chevaux à 30 fr. de bénéfice............	6,000
300 bœufs et vaches à 30 fr.................	9,000
600 peaux de bœufs et vaches à 18 fr.........	10,800
700 peaux de veaux et moutons à 2 fr. 50 cent ..	1,750
8000 kilogrammes de suif à 110 fr. le cent......	8,800
Produits naturels................F.	89,350
Sardines fraiches vendues aux caboteurs, environ 200 tonneaux à raison de 160 fr. l'un F. 32,000	
Sardines fabriquées, environ 800 barils, à 40 fr....................... 32,000	
Pêche du gros poisson............... 3,000	67,000
	F. 156,350

Ainsi la production agricole et industrielle recevait 93,606 fr. de plus que dans la dernière année de la guerre, et cependant le commerce d'importation se soutenait. L'augmentation d'aisance résultant principalement du retour des marins prisonniers compensait la

— 213 —

diminution de la garnison et la cessation des travaux publics. Les importations de 1814 se composaient de :

3952 hectolitres de vin rouge à 40 fr............F.	158,080
249 hectolitres 60 lit. d'eau-de-vie à 1 fr. le lit.	24,960
4480 hectolitres de cidre à 4 fr. 50 cent..........	20,160
2800 hectolitres de farine et froment à 19 fr...	53,200
1328 hectolitres de chaux vive à 3 fr...........	3,984
672 hectolitres de houille à 3 fr.............	2,016
556 cordes de bois, ou 1668 stères à 8 fr.....	13,344
107000 ardoises à 12 fr. le millier...............	1,284
407000 bois de billettes à 14 fr..................	5,698
479 bœufs à 120 fr........................	57,480
14 vaches à 50 fr.......................	700
300 chevaux à 90 fr................	27,000
F.	367,906

Environ 400 tonneaux de menues marchandises, fruits, légumes, charbon de bois, beurre, épiceries, draps, étoffes, toile, etc., évalués à 400 fr. le tonneau.........................F. 160,000

Total des importations de 1814.......F. 527,906

Les importations de 1816 se composaient de :

1168 hectolitres de vin rouge à 30 fr..........F.	33,040
56 hectolitres de vin blanc à 25 fr...........	1,400
64 hectolitres d'eau-de-vie à 1 fr. le 25 c. le lit.	8,000
1512 hectolitres de cidre à 7 fr................	10,584
738 hectolitres de farine à 26 fr...........	19,188
1788 hectolitres de froment à 26 fr..........	46,488
625 cordes $^1/_2$ de bois à 22 fr................	13,761
523 milliers de bois de billette à 12 fr.........	6,276
140 hectolitres de houille à 5 fr.............	700
48 hectolitres de charbon de bois à 3 fr. 75 c..	300
504 de chaux vive à 6 fr....................	3,024
A reporter..........F.	142,761

Report...........F.	142,761
306 douzaines de planches à 12 fr............	4,152
6000 kilog. de fers à 700 fr. l'un.............	4,200
69000 d'ardoises à 9 fr...................	621
114 grosses de sabots à 70 fr..............	7,980
20 muids de sel à 80 fr..................	1,600
660 barils de rogue à 120 fr...............	79,200
350 bœufs à 150 fr.....................	52,300
450 vaches ou génisses à 36 fr.............	16,200
270 chevaux à 90 fr.....................	24,300
450 tonneaux de marchandises diverses, légumes, fruits de table, beurre, épiceries, draps et tissus, vinaigres, huiles, bois de charpente, tourbes, etc., à 400 fr. le tonneau................	200,000
	F. 533,314

EXPORTATION DE CÉRÉALES A DIVERSES ÉPOQUES.

Avant l'afféagement, étant donnée une population de 5,200.

	Hectolitres.
19 avril 1735, exporté en Hollande, par le navire la *Dame-Marie*, d'Amsterdam, 2,080 perrées de la récolte de 1734.....................	4,160
21 décembre 1735, exporté en Hollande, par le navire la *Pomme de Grenade*, 1,350 perrées. Vendu à Quiberon, le restant du magasin, 173 perrées 1,523...	3,046
Récolte de 1735, expédié à Marseille, en 1736, 1,090 perrées, à Vannes, 1,000..................	4,180
Récolte de 1736, expédié à Nantes, en 1737, 770 perrées.....................................	1,540
Récolte de 1737, en 1738, expédié à Kornemann et à Nantes, 400 perrées et 2,000 perrées...........	4,800
Après l'afféagement, la population étant de 5,002.	
Récolte de 1771, expédié, en 1772, à Gerbier, à Nantes, 400 perrées, par le chasse-marée le *Saint-Jean-Baptiste*, de Belle-Ile, à la société de charité de Rennes, 600 perrées.....................	2,000

	hectolitres.
Récolte de 1773, expédié, le 18 octobre, à Gerbier, à Nantes, 1,000 perrées, pour 25,000 fr..........	2,000
Récolte de 1774, expédié, à Gerbier, 1,600 perrées et le 28 décembre, 1,000 perrées.	5,200

Il est à remarquer que toutes ces expéditions étant faites par le domaine ne comprenaient que la redevance de terres et la ferme des moulins. Elles auraient dû être annuellement de 1,965 perrées, 3,930 hectolitres; la différence en plus ou en moins provenait de ce que les colons ne s'acquittant pas dans les mauvaises années, payaient double dans les bonnes. Alors, aussi, il leur restait un excédant qu'ils exportaient, l'île ayant toujours produit plus de blé que ses habitants n'en consommaient. En supposant que la consommation fût alors de deux hectolitres, parce que la culture de la pomme de terre avait moins d'étendue; on peut, d'après les données du mémoire manuscrit de 1787, évaluer à 1,180 perrées, 2,360 hectolitres, l'exportation qui se faisait par les colons. Le bail des huit moulins, de neuf ans, de 1772 à 1781 était de 265 perrées, la redevance des terres afféagées était de 1,700 perrées, l'exportation ordinaire était donc de 3,145 perrées ou 6,290 hectolitres. Plutôt au-dessus qu'au dessous, mais il n'a été tenu compte que de la partie officielle faite par le domaine.

COMMERCE DE BELLE-ILE.

Exportation des Produits Naturels du sol, depuis 1832 jusqu'à 1847.

ANNÉES	Animaux vivants. Bœufs et vaches.	Chevaux.	Moutons et Porcs.	Beurre et viandes salées.	Peaux et cuirs verts. kil.	Suifs et graisses. kil.	Os, cornes et sabots de bétail. kil.	Alcalis et charrées. hect.	Sable calcaire de Douant. hect.	Blé vendu hors l'île. hect.	Blé vendu à la garnison. hect.	Orge et avoine.	Pommes de terre.	Jarosse.	Ray-gras, trèfle et colza.	Foin.	Drilles.	Légumes verts et secs, et fruits.
1832	»	»	»	»	11350	6750	8210	4000	»	3017	1900	407	1118	472	r.g. 28	»	»	»
1833	54	97	126	»	18480	8000	6550	7550	»	1668	600	670	2494	1080	»	8000	1700	»
1834	69	132	76	»	11080	3000	8000	4390	480	2507	400	283	2074	406	»	20000	2000	»
1835	96	»	»	»	9150	3500	4500	9580	1280	2313	1000	219	1276	374	»	»	11000	Un chargement pour Bordeaux
1836	98	167	»	»	13000	4600	9000	8848	2600	2921	400	267	1036	1364	»	»	8060	Choux et carottes...27000
1837	88	121	»	»	12300	5660	4000	3500	720	3091	110	303	1344	4757	»	»	3250	artich... 2000
1838	77	153	»	»	14000	3800	4380	4380	1860	2532	2685	145	1951	6181	»	»	5355	29000
1839	46	157	»	58	9800	5500	6800	12500	1160	463	1185	23	377	637	»	26500	1300	»
1840	43	176	»	»	22729	8364	5000	42400	87500	1146	1739	288	572	2996	»	»	3850	»
1841	46	213	»	»	24182	12434	24065	117000	171600	4100	»	105	1287	1240	Trèfl. 2	12867	23981	9339
1842	197	314	58	212	15600	13600	11000	11000	21420	981	3100	211	485	3410	»	66435	4539	6254
1843	206	234	»	»	8090	7600	2000	800	2980	4577	881	214	1000	644	Col. 54	72000	3900	»
1844	343	324	130	194	12217	8330	1500	5130	150000	3237	1950	18	140	1720	850	120160	5450	11166
1845	299	309	48	»	16918	12315	5120	72000	170000	5876	»	605	1440	2613	140	138700	7210	18045
1846	529	339	»	90	—	—	2020	5400	—	—	»	—	—	—	—	—	—	»
1847	205	287	27	»	10203	7340	1400	2400	20000	66	»	101	473	1778	»	»	»	»

Commerce de Belle-Ile.

Exportation des produits industriels depuis 1832, jusqu'à 1846.

ANNÉES.	BARILS de SARDINES de 120 kilo.	BARILS D'HUILE de 200 kilo.	SARDINES préparées à l'huile, le kilo.	ANCHOIS, SARDINES anchoisées, le baril.	THON préparé A L'HUILE, le kilo.
1833	556	28	»	»	»
1834	838	42	»	»	»
1835	738	37	»	»	»
1836	620	31	»	»	»
1837	936	47	»	»	»
1838	602	30	»	»	»
1839	250	13	»	»	»
1840	622	31	»	»	»
1841	693	35	»	»	»
1842	834	42	»	»	»
1843	349	18	»	»	»
1844	1102	55	»	»	»
1845	249	13	1043	2400	»
1846	715	34	7246	1350	2775

Commerce de Belle-Ile.

Valeur en argent, de l'exportation dans divers ports de France, des produits du sol et de l'industrie, pendant les années 1833 à 1847.

	1833.	1835.	1837.	1840.	1843.	1845.	1846.	RELEVÉ DES ANNÉES intermédiaires.
	fr.	fr.	fr.	fr.	fr.	fr.	fr.	
Auray................	21680	30830	32120	23510	42930	59070	62420	Total de l'année 1834. 165225 fr.
Vannes...............	14200	31260	6800	15800	23200	13580	16150	
Lorient...............	6220	10510	2670	11000	»	480	400	
Le Port-Louis.........	»	»	»	»	400	»	»	Total de l'année 1836. 123998 fr.
Hennebon.............	484	5500	2510	820	1660	1020	780	
Quiberon..............	»	»	»	»	600	»	»	
La Trinité............	250	3260	2410	2850	13600	5540	9750	Total de l'année 1838. 186390 fr.
Redon.................	5370	10250	580	500	2500	»	»	
Le Croisic............	100	30	450	70	100	»	»	
Nantes................	8330	19250	2740	13650	8560	3460	13000	Total de l'année 1839. 147890 fr.
La Rochelle..........	»	400	800	»	4800	900	»	
Ile-de-Rhé et St-Denis...	1500	»	250	»	1400	400	120	
Ile d'Oléron..........	2000	760	500	»	»	»	»	Total de l'année 1841. 114710 fr.
Ile de Noirmoutier.....	30	400	»	»	»	»	»	
Bordeaux.............	48000	13700	35160	31700	58900	57300	149000	
Libourne..............	»	»	»	500	6000	10800	14300	Total de l'année 1842. 169550 fr.
Riberon...............	»	1000	»	»	»	»	»	
Bayonne...............	12440	7300	20650	»	7500	»	2000	
Quemperlé............	30	»	»	800	»	»	5000	Total de l'année 1844. 236690 fr.
Pont-Aven............	»	100	»	»	»	»	»	
Concarneau...........	»	»	»	»	»	300	»	
Quimper..............	»	1260	250	»	150	»	»	
Port-Launay..........	»	»	»	1200	160	»	»	
St-Valery-sur-Somme...	»	»	»	»	»	»	1000	
Dunkerque............	»	»	»	»	»	»	5000	
Cette.................	»	»	»	»	»	65000	»	
	120430	135810	107860	92400	172660	219850	288920	

Commerce de Belle-Ile.

Importation des principaux objets de consommation, depuis 1833 jusqu'à 1847.

ANNÉES.	BŒUFS et VACHES.	CHEVAUX et POULAINS.	PORCS.	BLÉS et FARINES.	SEIGLE MILLET et SARRASIN	MAIS.	POMMES de TERRE.	BEURRE.	ROGUES.	SEL acheté.	SEL en franchise.	DROIT payé.
	Têtes.	Têtes.	Têtes.	Hectolit.	Hectolit.	Hectolit.	Hectolit.	Kilog.	Barils.	Kilog.	Kilog.	Fr.
1833	377	240	470	2760	»	»	80	3801	903	80500	»	»
1834	438	184	527	2891	86	50	»	6600	465	61700	»	»
1835	456	239	685	4500	178	480	1000	4090	1671	67424	»	»
1836	486	208	564	1717	150	959	1500	4310	518	39800	»	»
1837	318	233	544	744	180	144	2130	5900	354	96265	»	»
1838	302	232	570	23	150	332	690	4230	572	91270	»	»
1839	354	258	768	26	131	224	80	5930	835	43163	»	»
1840	165	130	473	2362	796	»	456	6670	313	58816	31538	8172
1841	733	317	703	1457	614	375	3297	7440	804	93325	82283	3313
1842	557	243	565	1407	565	»	765	4450	919	102180	68550	10088
1843	550	277	782	1024	737	240	830	5700	533	69860	40763	8729
1844	409	404	790	498	351	»	»	3950	823	69500	68823	11032
1845	364	280	655	1751	297	»	»	4800	485	108723	102580	1843
1846	398	341	640	119	260	»	»	4740	434	70882	49932	6285
1847	348	254	600	»	»	»	»	6520	»	»	»	»

Commerce de Belle-Ile.

Importations et exportations en matières, pendant les années 1841 et 1842.

DÉSIGNATION DES IMPORTATIONS.	MARCHANDISES entrées en 1841.	MARCHANDISES sorties en 1841.	
	kilog.	têtes.	kil.
Animaux vivants............(1753 têtes.)	97750	317	»
Produits et dépouilles d'animaux, cuirs, suif, fromage, beurre....................	19262		31198
Rogues, guildas........................	114278		3033
Huiles grasses et dégras, suif...........	17866		9469
Vin...................................	680981		»
Eau-de-vie.............................	35045		»
Liqueurs...............................	2025		»
Cidre..................................	87020		»
Bière..................................	8250		»
Vinaigre...............................	5550		»
Morues et poissons salés................	795		83121
Denrées coloniales.....................	36534		»
Epiceries, savons, drogues, chandelles, etc.	32047		»
Bimbloterie, mercerie..................	17985		»
Tissus, soie, laine, coton, lin et chanvre....	31753		»
Végétaux filamenteux...................	6872		»
Matières résineuses.....................	35272		»
Déchets divers, son, cornes et os de bétail...	17689		24065
Livres et papiers.......................	1972		»
Céréales...............................	35477		91968
Pommes de terre.......................	454729		45790
Fruits de table........................	16862		»
Métaux, cuivre, plomb, zinc, tôle.......	6875		»
Acier, fer étiré en barre et ouvré.......	153369		»
Vitrifications, faïence, poterie........	25105		»
Houille et bitume solide...............	15325		»
Charbon de bois........................	26260		»
Bois à construire et à brûler..(500 kil. le mèt.)	1372557		»
Plâtre, chaux, ciment, craie, ardoises.....	1072389		»
Embarcations...........................	19690		»
Sel....................................	99573		»
Pierres de granit.......................	120000		»
	4968557		»

En 1842, il est sorti 511 animaux vivants.

Commerce de Belle-Ile.

Importations et Exportations pendant l'année 1841.

NOMS DES PORTS D'EXPÉDITION ET DE DESTINATION.	POIDS des cargaisons entrées à Belle-Ile.	POIDS des cargaisons sorties de Belle-Ile.
	kilog.	kilog.
Dunkerque	28	»
Le Hâvre	4181	1479
Crosset	2750	»
Rouen	267161	1781
Honfleur	152	»
Quillebœuf	2	»
Cherbourg	9500	»
Saint-Malo	»	6900
Paimpol	76467	»
Tréguier	33549	»
Morlaix	193	»
Brest	826	30
Port-Launay	»	20000
Pont-Labbé	138167	9579
Quimper	14	»
Benodet	26000	»
La Forêt	22000	»
Concarneau	30626	150
Pontaven	799630	43502
Rosbrass	206630	350
Quimperlé	195600	61671
Ile de Groix	6000	25
Le Port-Louis	7690	17118
Lorient	175013	23396
Hennebon	192735	35825
Quiberon	43232	39036
Sauzon et le Palais	39626	39626
A reporter	2277772	300468

Suite.

NOMS DES PORTS D'EXPÉDITION ET DE DESTINATION.	POIDS des cargaisons entrées à Belle-Ile.	POIDS des cargaisons sorties de Belle-Ile.
	kilog.	kilog.
Report.......	2277772	300468
La Trinité.....................	2999	6056
Locmariaquer..................	12750	»
Auray.........................	238164	40370
Larmor-Baden.................	»	350
Vannes........................	124386	30461
Tréhiguer.....................	»	250
Redon.........................	375419	16901
La Basse-Indre................	»	34
Le Pellerin....................	11000	»
Le Croisic.....................	99705	11041
Saint-Nazaire..................	»	600
Nantes........................	743379	146739
Couëron.......................	»	40000
Noirmoutier...................	»	50
Pornic.........................	12634	»
Sables-d'Olonnes...............	20750	»
Beauvoir......................	»	71
Ile-de-Rhé.....................	56829	170000
Ile-d'Oléron...................	116272	14027
Rochefort.....................	135	»
Saint-Denis....................	391250	96297
La Rochelle...................	240	5228
Blaye.........................	8350	3750
Libourne......................	59045	67501
Bordeaux......................	119639	54463
Bayonne et La Teste...........	73412	101848
Totaux.......	4733205	1059985

Mouvement de la Navigation dans le Port du Palais.

Navires entrés à destination ou en relâche, et sortis chaque année, du 1er Janvier 1833 au 31 Décembre 1846.

ANNÉES.	Navires entrés			Total des entrées.	Total des sorties.	Tonnage.	Équipage.	Entrés sur lest.	Sortis sur lest.	Chargés à Belle-Ile.	Chargés, tout ou partie pr Belle-Ile.
	Au-dessous de 50 ton.	de 50 à 100 ton.	au-dessus de 100 ton.								
1833...	563	96	1	660	654	17481	2625	59	245	124	383
1834...	674	115	8	797	788	22320	3250	87	296	231	509
1835...	661	88	12	761	744	20771	3010	65	309	202	505
1836...	602	67	1	670	661	17049	2525	33	256	191	468
1837...	653	95	4	752	750	20166	2999	40	327	167	490
1838...	596	110	2	708	687	19932	2867	49	246	192	427
1839...	608	113	7	728	722	21207	3013	34	302	157	433
1840...	593	111	2	706	685	18046	2843	60	274	159	441
1841...	543	133	3	689	688	21566	2956	53	251	180	404
1842...	621	128	3	752	748	22016	3074	50	323	208	522
1843...	541	124	6	671	672	20563	2879	53	252	190	420
1844...	557	115	8	680	664	19864	2761	78	252	198	419
1845...	537	115	4	656	647	18957	2840	45	213	155	383
1846...	555	125	8	688	678	21017	2769	71	201	182	381
1847...	548	136	8	692	680	22168	2843	69	230	189	371

Le 4 décembre 1844, l'*Amélie*, barque de 9 tonneaux, chargée de bois de chauffage, est entrée dans le bassin à flot qui a été ouvert à la navigation, le 20 du même mois. 333 navires y sont entrés pendant l'année 1845, et 316 sont restés dans le port. Le 7 janvier 1846 un violent coup de ressac endommagea les portes de l'écluse: Elles ne furent entièrement réparées de manière à pouvoir fermer, que le 20 septembre suivant. Cependant 309 navires sont entrés dans le bassin, cette même année, et 202 sont demeurés dans le port.

Recensement des Bestiaux de l'Ile, à diverses époques.

RECENSEMENT DE 1778, TIRÉ DES PAPIERS DE M. BIGARRÉ, SÉNÉCHAL.

	TOTAUX
Chevaux	834
Bœufs	932
Vaches	1120
Taureaux	72
Génisses et Élèves	123
Moutons et Brebis	858
Porcs	569
Total	4508

RECENSEMENT DE 1787, TIRÉ DU MANUSCRIT D'UN OFFICIER DU GÉNIE.

ANIMAUX.	LE PALAIS.	SAUZON.	LOCMARIA.	BANGOR.	TOTAUX
Chevaux	441	327	477	528	1773
Bœufs et Vaches	550	460	795	850	2665
Moutons et Brebis	400	800	200	500	1900
Porcs	150	136	180	200	666
Chèvres	40	20	40	30	130
Volailles	1470	1090	2590	1760	Mémoire.
Total					7124

RECENSEMENT DE 1804, TIRÉ DES ARCHIVES DE LA PLACE. (10 BRUMAIRE AN XII)

	LE PALAIS.	SAUZON.	LOCMARIA.	BANGOR.	TOTAUX
Chevaux	226	199	215	222	862
Bœufs	271	244	327	360	1202
Vaches	332	228	340	404	1304
Moutons et Brebis	177	1240	98	114	1629
Porcs	76	75	79	98	328
Élèves (Génisses)	116	73	71	133	393
Total					5718

RECENSEMENT DE 1841, FOURNI PAR MM. LES MAIRES.

	LE PALAIS.	SAUZON.	LOCMARIA.	BANGOR.	TOTAUX
Chevaux	322	241	279	313	1155
Bœufs et Vaches	1036	575	1008	901	3520
Moutons et Brebis	462	1753	60	339	2614
Porcs	200	105	205	203	713
Chèvres	3	0	0	4	7
Total					8009

CHAPITRE IX.

La Pêche.

Lorsque la température le permet, la pêche de la sardine commence à Belle-Ile dès le mois de mai, et continue, non sans interruption, jusqu'à la mi-novembre. Il y a des années où elle ne commence qu'au mois de juin, d'autres où elle ne se prolonge pas au-delà de la mi-octobre. En 1843, qui fut une très-mauvaise année de pêche, on prit beaucoup de beaux poissons pendant la première quinzaine de décembre. On emploie alternativement cinq espèces de filets dont les mailles sont proportionnées à la grosseur de la sardine qui varie assez souvent. Chaque bateau doit être pourvu d'une trentaine de ces filets, longs de vingt à vingt-quatre brasses, et du prix de 24 à 32 fr. On attire le poisson au moyen d'un appât nommé *Rogue*: il y en a de plusieurs espèces, celle de morue, de maquereau, le stokfische et la guildre. La première et la troisième, infiniment supérieures aux deux autres, aident à la conservation du poisson. La guildre, formée du frai de poisson pêché à l'embouchure des rivières, avec des filets à petites mailles, était sévèrement interdite par les règlements de l'ancienne amirauté. Elle est toujours à bas prix, et pourtant peu recherchée, parce qu'elle amollit le poisson. Lorsque la France possédait le Canada et dépendances, 300 navires, faisant la pêche de la morue, fournissaient à celle de la sardine 2,000 barriques de rogue de morue : depuis la paix de 1763, nous n'eûmes plus que 20 à 25 navires, donnant environ 300 barriques de rogue. Chacune des quinze années suivantes, la Bretagne acheta pour 300,000 fr. de rogue de Norwège, et pour 100,000 fr. de rogue de morue et de maquereau. Voici les prix de cette denrée, extraits des mémoires de M. l'amiral Thevenard, pour trois années antérieures et pour quatre années postérieures à la paix de 1763 : en 1736, la barrique de rogue valait 150 fr. — 1741.. 4 fr. 50. — 1756... 6 fr. 50. — 1765 .. 24 à 60 fr. — 1766... 30 à 48 fr. — 1767... 30 fr. — 1768... de 42 à 78 fr.

Le prix de la rogue influe moins qu'on ne le suposerait sur le bénéfice de la pêche. En 1741 et 1756, malgré la vileté du prix, les armateurs furent ruinés parce que la pêche manqua. Elle fut extraordinairement abondante en 1751, la rogue étant au prix moyen de 35 fr., et les armateurs furent également ruinés, parce que ce fut la vente qui manqua ; l'abondance avait tellement réduit le prix qu'il couvrait à peine les frais. Le prix exhorbitant de la rogue en 1736 (150 fr.), n'avait pas empêché que le bénéfice fût le même que dans les années où la rogue se vendait 24 fr. ; on considérait alors 35 fr. comme un prix avantageux et moyen. Le succès de la pêche dépend moins du prix de la rogue que de la température de l'air, de la qualité, de la quantité de la sardine et de la continuité de son passage. Lorsqu'il y a de fréquentes interruptions dans le passage du poisson, on dépense énormément de rogue pour le retrouver et le fixer ; mais s'il y a de longues séries de jours de pêche, elle est abondante sans être dispendieuse.

Cette industrie avait nécessairement autrefois beaucoup plus d'importance qu'elle n'en peut avoir désormais. L'abstinence de la viande en carême et deux jours de la semaine, le reste de l'année, s'observait rigoureusement et à peu près généralement : la France possédait la riche colonie de Saint-Domingue, où 100,000 esclaves vivaient en majeure partie de poisson salé, morues et sardines. Dans les années antérieures à la révolution, sur une étendue de 75 lieues de côtes, du Conquet au Croisic, la pêche de la sardine employait 1500 chaloupes, montées de 6000 matelots ou laboureurs, de 1590 mousses et de 800 novices. Les presses occupaient 4500 femmes, à raison de trois par bateau ; le transport du poisson se faisait au petit cabotage par 100 chasse-marées de 10 à 15 tonneaux, et au long-cours par 45 navires de 180 à 200 tonneaux. Il y avait sur cette flotille 2300 matelots, mousses et novices. Ainsi 15,190 personnes en Bretagne vivaient directement de la pêche de la sardine, sans parler des industries qui en dépendent, telles que la fabrication des tonneaux et des filets, le transport des merrains, du chanvre, du sel, de la rogue.

L'établissement de cette pêche à Belle-Ile doit remonter à une époque assez reculée, puisqu'en 1654 le cardinal de Retz s'embarqua au Port-York, sur un chasse-marée chargé de sardine pour l'Espagne. Les produits de la pêche, dépassant déjà les besoins de la consommation intérieure, avaient trouvé des débouchés à l'étranger. Ainsi M. l'amiral Thevenard se trompe quand il dit que M. Fouquet l'établit à Belle-Ile, d'où elle se propagea sur toute la côte méridionale de la Bretagne. De 1658 à 1660, le surintendant fit en effet de grands établissements de pêche à Belle-Ile, à Concarneau et dépendances : il avait à Belle-Ile 400 chaloupes. Il donna tant d'activité et de développement à sa spéculation, que dès la troisième année il expédia aux Antilles plusieurs navires chargés de sardines. Il fit venir de Provence à Belle-Ile quelques familles de pêcheurs habiles et de tonneliers, qui perfectionnèrent la fabrication de la sardine et introduisirent celle des anchois. Le souvenir de cette époque de prospérité s'est conservé longtemps.

Avant la guerre de sept ans, que termina la paix de 1763, la pêche de la sardine se faisait encore par 234 chaloupes, 200 au Palais et 34 à Sauzon. En 1787, il n'en restait plus que 120, savoir : 100 au Palais et 20 à Sauzon ; elles employaient 960 personnes, plus d'un cinquième de la population. Cette année là, 2080 barils de sardines fabriqués furent vendus à raison de 80 fr. l'un, ci.............................. F. 166,400

Soixante barriques d'huile à 120 fr............ 7,200

Total de la fabrication........... F. 173,600

Il n'est point tenu compte de la vente du poisson frais qui devait pourtant avoir de l'importance en raison du grand nombre des caboteurs dont j'ai parlé. Suivant l'auteur du manuscrit de 1787, dans les années favorables, la fabrication s'élevait à 4000 barils qui se vendaient au même prix de 80 fr., et donnaient, suivant la qualité du poisson, jusqu'à 250 barriques d'huile, au prix de 120 fr. l'une. Je fais l'observation que la valeur de l'huile (elle vaut 90 c. le kilogramme, 180 les 2 hectolitres), a peu varié en 60 ans, mais qu'au lieu d'en obtenir une barrique par 16 barils de sardine, le rendement n'est plus que d'une par 36 à 40 barils, ce qui indiquerait que ceux-ci sont aujourd'hui plus petits qu'ils n'étaient en 1787. J'apprends en effet que leur contenance a été réduite de moitié.

Quatre mille barils à 80 fr............................. F. 320,000
Deux cents cinquante barriques d'huile à 120 fr.   30,000

Total........ F. 350,000

On supposait que le bénéfice net à partager entre les armateurs s'élevait à 250,000 fr., toujours sans tenir compte de la vente du poisson aux caboteurs, le tiers revenant aux équipages, 106,666 fr., donnait 177 fr. par homme ([1]). Le produit net de chaque bateau était de 2083 fr. sur les quantités fabriquées. Le matelot est nourri les jours de pêche chez l'armateur. Il reçoit en outre tous les poissons rompus qu'il a soin de saler largement. Cet approvisionnement de sardine décide les cultivateurs à s'engager pour la pêche, car le bénéfice en argent atteint rarement le salaire journalier d'un franc pendant toute la durée de la saison. Mais dans les bonnes années, chaque pêcheur reçoit de 3 à 5,000 sardines *rompues*, bien salées.

Pendant la guerre de 1793 à 1814, la pêche de la sardine cessa entièrement : les marins furent levés pour le service de terre ou de mer. La cessation de la pêche de la morue, l'interruption de toutes les relations commerciales avec la Norwège, ne permit plus de

---

([1]) Un tonnelier, âgé de 80 ans, m'assure que le nombre des navires caboteurs et leur tonnage était supérieurs à ce qu'ils sont aujourd'hui. Le prix de la sardine qu'ils achetaient variait entre 18 et 30 fr. Le produit de cette vente égalait au moins celui de la sardine pressée. Dans les meilleures années, la part d'un matelot pouvait être de 3 à 400 fr Il en a vu recevoir 80 fr. pour une semaine.

s'approvisionner de rogue. Les entraves de l'état de siége à Belle-Ile auraient suffi pour anéantir une spéculation qui a besoin de liberté, et que la moindre gêne effraie. N'ayant aucun espoir prochain d'un temps meilleur, les armateurs découragés affectèrent à d'autres destinations leurs presses, cabanes et magasins, ainsi que les bateaux ; les filets et ustensiles furent perdus. La cessation de la pêche de la sardine fut un grand malheur pour le pays : il n'y a pas d'industrie plus favorable à la population que celles dont les profits se répartissent entre un grand nombre de personnes. Mais sous la république, il était plus lucratif et moins dangereux de spéculer sur les fournitures à faire aux troupes, que d'entreprendre de nourrir les ouvriers et les matelots par un commerce honorable. Sous l'empire, le rétablissement de la pêche devint impossible par suite du décret impérial du 16 mars 1806, qui établit sur le sel un droit d'un décime par kilogramme, sans excepter les sels destinés soit aux salaisons, soit à l'exportation; cette mesure privait la France de deux branches de commerce très-florissantes avant la révolution. Cette disposition fut maintenue par la loi du 24 avril 1806, qui éleva le droit à deux décimes, et par le décret impérial du 11 décembre 1813, qui le doubla en le portant à 4 décimes. Il en résulta que les peuples habitués de temps immémorial à s'approvisionner de sel en France, durent se pourvoir d'un autre côté. La restauration modifia la loi du 17 décembre 1814, en réduisant le droit sur le sel à trois décimes par kilogramme, et en exemptant du paiement de ce droit : 1º Les sels expédiés à l'étranger ; 2º les sels employés à la pêche maritime et ceux destinés aux salaisons des approvisionnements de la marine et des colonies.

Alors le rétablissement de la pêche de la sardine étant devenu possible, quelques négociants Belleilois s'en occupèrent avec un dévouement dont on doit leur savoir d'autant plus de gré, que la plupart étant étrangers à ce genre de spéculation, éprouvèrent des pertes. Quelques-uns s'y sont malheureusement ruinés, le pays en général y a beaucoup gagné. Toute entreprise commerciale maritime fut naturellement suspendue pendant les cent-jours; mais dès que la paix fut consolidée, on construisit 56 chaloupes :

il en existait déjà 49, total 105, dont 70, montées de 290 hommes, furent employées à la pêche de la sardine en 1816. Les autres firent le cabotage de la sardine fraîche ou la pêche du gros poisson.

La vente de la sardine pressée ou fraîche ne s'éleva qu'à 64,000 fr. Les armateurs accusèrent une perte de 16,000 fr. L'année suivante, ils expédièrent deux de leurs navires à Berghen en Norwège, acheter 583 barils de rogue, revenant, frais compris, à 140 fr. l'un. Cette spéculation ne fut pas heureuse, selon M. le commissaire de marine Foré.

Voici, d'après ce fonctionnaire, le résultat de la pêche de 1817 :

Trois cents milliers de sardines fraîches vendues aux caboteurs, à 12 fr. 50, ci.............................. F.	3,750
Quatre cent trente barils de sardines pressées vendues à 50 fr., ci.........................	21,500
Total....... F.	25,250

Dont il faut déduire :

Le prix de 125 barils de rogue employés. F.	17,500	
Fabrication, sel, barils, magasinage, etc., 6 fr. 50 c. par baril..................	2,800	F. 20,300
Le bénéfice n'aurait monté qu'à................ F.		4,950
Il faudrait d'abord y ajouter la valeur de 11 barriques d'huile...........................		1,330
Ce qui porterait le bénéfice à................ F.		6,280

Résultat évidemment inexact : on ne peut admettre qu'une vingtaine de caboteurs n'aient enlevé pendant toute la saison que 300 milliers qui ne représentent que six chargements. Chaque caboteur en fait au moins deux et par fois trois ou même quatre par mois, lorsque la pêche est bonne. Il n'y eut pas moins de quarante chargements au lieu de six.

Ce qui suit prouvera que le raisonnement pourrait être un guide plus certain que des renseignements donnés par des personnes bien instruites de leurs affaires, mais qui peuvent croire peut-être avoir intérêt à dissimuler leur bénéfice ou leur perte. De l'aveu de tous les négociants et pêcheurs, l'année 1829 donna pour la quantité, la qualité et le prix du poisson, la pêche la plus heureuse qu'on ait eue de 1816 à 1846. Cependant, M. le commissaire Trudin, aidé d'un secrétaire intelligent et qui connait la pêche, trouve une perte de 5,533 fr. 33 cent.

73 chaloupes, dit-il, montées de 365 hommes, ont vendu aux caboteurs, 4,000,000 de sardines, à 10 fr.
le millier...................... F. 40,000 »
Aux fabricants et consommateurs, 6,300,000
à 9 fr. le millier.................... 56,700 »

Total de la pêche............. F. 96,700 »

A déduire 1° le tiers revenant
aux équipages...... F. 32,733 33
2° la valeur de 300 barils
de rogue à 40 fr..... 56,000 »
3° entretien des bateaux
et filets........... 14,000 » F. 102,233 33

La perte pour les armateurs serait de.... F. 5,533 33

Les évaluations sont atténuées pour les quantités vendues aux caboteurs et aux consommateurs, exagérées pour les frais d'entretien. Puisque la fabrication a donné du bénéfice, tous les armateurs étant fabricants, ils n'auraient pas manqué de fabriquer tout le poisson qu'ils ont pêché plutôt que de le vendre à perte aux caboteurs. Cependant cette vente est en général moins avantageuse que la fabrication. Voici la suite des calculs de M. Trudin :

Achat de 6,300,000 sardines, à 9 fr...... F. 56,700 »
Frais de fabrication, environ............. 22,400 »
Perte sur la pêche.................... 5,533 33

Total de la dépense............. F. 84,633 33

Produit de la vente de 2800 barils de sardines
fabriquées, à 50 cent................ 140,000 »

Bénéfice net résultant de la pêche et de la
fabrication...................... F. 55,366 67

Il y a ici trois erreurs matérielles qui atténuent le bénéfice. Quand l'armateur a payé aux équipages le tiers qui leur revient, les deux autres tiers lui appartiennent, il ne se les paie pas à lui-même : on doit donc substituer ce tiers qui est de 32,233 fr., au prix d'achat porté pour 56,700 fr., et dans lequel M. Trudin a mal à propos compris les ventes faites aux consommateurs. Il n'a pas tenu compte du produit de 70 barriques d'huile à raison de 120 fr. l'une. Voici les données d'après lesquelles j'établis le compte de cette belle pêche de 1829 :

Il y a ordinairement plus de 20 caboteurs de divers tonnages. Chacun pouvait faire un voyage au moins par mois à Bordeaux, La Rochelle, etc., et deux ou trois, quelquefois quatre, à Nantes. Aucun chargement ne se complète à moins de 30 milliers. Ils sont le plus souvent de 40 à 50 et 60 milliers. Il n'est pas rare de voir enlever trois ou quatre chargements dans une journée de bonne pêche. Je suppose que 20 caboteurs ont pris en cinq mois chacun huit chargements de 45,000 ([1]) : total 7200 milliers, à 10 fr...................... F. 72,000 »

Garnison et habitants, ensemble 9,000, dont quelques-uns font des approvisionnements d'hiver, je suppose que 5,000 aient consommé chacun deux sardines par jour, pendant quatre mois, ensemble 1400 milliers, à 10 fr...................... 12,000 »

Aux fabricants, pour 2800 barils de sardines fabriquées, à raison de 2400 par barils, 6520 milliers à 9 fr................. 58,680 »

Valeur totale reçue pour la pêche... F. 142,680 »
Le tiers revenant aux équipages
est de............... F. 47,560
1400 barils de rogue à 40 fr. 56,000

A reporter.... F. 103,560   F. 142,680 »

([1]) Quelques bateaux vendirent pour 3,000 fr.

Report...... F. 103,560	F.	142,680	»
Entretien des filets et bateaux, à 120 fr............... F. 8,760		112,320	»
Le bénéfice sur la pêche serait de... F.		30,360	»
Vente de 2800 barils de sardines à 50 fr....		140,000	»
Vente de 70 barriques d'huile à 120 fr.....		8,400	»
Total.................. F.		178,760	»
A déduire : frais de fabrication, à 7 fr. par baril........... F. 19,600			
Le tiers payé aux équipages sur les 6520 milliers de sardines employées dans la fabrication. 19,560		39,160	»
Bénéfice net résultant de la pêche et de la fabrication...................... F.		139,600	»

Soit par bateau 1,912 fr. 20 cent., minimum qu'atteignit la grande majorité des armateurs, mais pour plusieurs fort inférieur à la vérité. En effet, ce calcul ne donne que 3,165 fr. 49 cent. de produit brut par bateau. Un armateur, bien connu pour ne pas se vanter, et qui se rend un compte exact de ses affaires, m'assure que ses deux bateaux lui donnèrent 8,300 fr. de produit brut. Un autre avoue, 3,400 fr. de produit net. Un troisième gagna 9,000 fr. avec deux bateaux, dont l'un était commandé par son fils et l'autre par lui-même. Il est à remarquer que tous les bateaux qui donnèrent plus de produits étaient commandés par les armateurs ou par leurs fils.

Après cette heureuse année exceptionnelle, la pêche de la sardine continua de décliner à Belle-Ile. L'année 1839 fut particulièrement désastreuse. On ne fabriqua que 250 barils de sardines, qui furent vendus à raison de.... Il avait été importé dans l'île 835 barils de rogue, à 40 fr,; ils ne furent peut-être pas tous employés, mais le restant perdait, l'année suivante, les deux tiers de sa valeur. La perte pour les armateurs s'élevait à près de 30,000 fr., sur cette seule année. Le nombre des chaloupes occupées à la pêche qui avait été de 234 en 1758, de 120 en 1787, de 70 en 1816, de 73 en 1829, se trouva réduit à 38 en 1842. Depuis 1829, les armateurs les plus heureux n'avaient pas réalisé plus de 600 fr. de bénéfice par bateau, et ils s'étaient souvent trouvés en perte. Il était évident que la spéculation n'était plus dans des conditions d'un succès probable ou même habituellement possible.

Les anciens armateurs de 1787 et des temps antérieurs étaient plutôt d'honnêtes négociants que des pêcheurs habiles et des commerçants appliqués à leurs affaires. Ils avaient dû leurs succès, après Dieu, principalement à l'antique probité, au dévouement traditionnel des agents qu'ils employaient : tonneliers, patrons de chaloupes, ramandeuses de filets et femmes de cabanes étaient d'une fidélité à toute épreuve, demeuraient attachés à la même maison à peu près toute leur vie, et quelquefois de père en fils. J'écoutais hier encore trois des derniers débris de ces anciens jours. L'un avait fait la pêche 14 ans dans la même maison, jusqu'à la grande levée de 1790 qui prit 104 marins Belleilois ; le second comptait vingt-cinq ans de pareils services ; le troisième, vieux tonnelier aveugle, avait toujours travaillé pour les mêmes bourgeois qui avaient occupé son père avant lui. Tous les trois disaient : « Si nos bourgeois n'étaient » pas morts, nous ne les aurions pas quittés : ils ne nous auraient » pas renvoyés et trouveraient encore le moyen de nous utiliser à » quelque chose malgré nos quatre-vingts ans. » De cette association naissait naturellement un attachement réciproque, avantageux aux deux côtés, indispensable surtout à la sécurité de l'armateur qui en devait et en prouvait de la reconnaissance dans l'occasion. L'abondance ruineuse de la pêche de 1751, suivie de deux années où la pêche manqua entièrement, réduisit à une affreuse misère les pauvres pêcheurs et gens de cabanes. « Ils trouvèrent, dit le père Le Gallen, » de généreux secours chez les bourgeois armateurs dont les mai- » sons ressemblaient à des hospices. » Une vieille femme raconte ainsi la manière dont les choses se passaient vers 1788 : Elle était jeune servante dans une maison où son père était matelot et sa mère femme de cabanes. Monsieur faisait sa partie avec d'autres bourgeois, avec le colonel du régiment et le lieutenant du Roi. Lorsque les dames ne jouaient pas, elles travaillaient autour d'une table. Aussitôt que les bateaux étaient rentrés dans le port et déchargés, les patrons venaient à la maison. L'un d'eux entr'ouvrant la porte du salon, disait : « Bonne pêche, bourgeois ! — Eh bien ! mon » Jacques, répondait celui-ci, fais bonne cotriade, emporte une » bouteille de vin pour ta mère ou pour ta femme. » Après ce compte-rendu peu compliqué, les patrons entraient seuls ou de compagnie dans le cabinet de monsieur, ouvraient un grand tiroir et y déposaient l'argent qu'ils avaient reçu pour les ventes faites aux caboteurs et aux consommateurs. Le lendemain, le négociant mettait ses écritures à jour d'après les dires de chacun. Si MM. les armateurs de 1847 ne regardaient pas de plus près à leurs affaires, ils ne les feraient pas bonnes. En 1816, le souvenir des mœurs et coutumes de cet âge d'or de la pêche subsistait encore vivant dans la mémoire des contemporains. On en retrouve peu d'exemple dans la vie pratique. Les nouveaux armateurs étrangers aux pays ou aux exigences de l'industrie dans laquelle ils employaient des capitaux assez considérables, éprouvèrent de cruelles déceptions. Ce n'est pas que la probité eût fait défaut, mais on ne retrouvait plus le dévouement qui naît d'une longue association. Ceux qui font la pêche plusieurs années pour la même maison sont rares. Plusieurs ont peine à achever l'engagement d'une année, assurés qu'ils sont de se replacer aussitôt, quelque soit le motif de leur sortie, et n'étant pas assujettis aux règlements de la marine, puisque la plupart d'entre eux sont de vieux cultivateurs. Si les règlements de la marine sur les rôles étaient rigoureusement observés, la pêche serait impossible à Belle-Ile. La navigation et l'agriculture ayant pris un grand développement occupent les hommes les plus robustes, les plus actifs et les plus intelligents. Ceux qui restent n'ont pas l'énergie, la persévérance et l'assiduité qu'exige une spéculation qui se compose de petits détails de dépenses à éviter, de précautions à prendre, de soins de tous les instants et d'une surveillance continuelle. Ce sont ces habitudes commandées par le dévouement, contractées dès l'enfance et constituant la fidélité au devoir, qui ont souvent fait défaut. MM. les armateurs ont compris que, pour se placer dans des conditions d'un succès possible, ils devaient prendre la direction de la pêche en commandant un de leurs bateaux et surveillant les autres. Ce sont d'anciens maîtres au cabotage ou des jeunes gens habitués à la pêche depuis longtemps qui savent tirer le meilleur parti possible des années médiocres. Ce changement dans la direction explique comment la pêche de 1842, après avoir été constamment défavorable et menaçante a fini par ne donner qu'une perte bien au-dessous des prévisions. Les armateurs pêcheurs ont persévéré et habilement profité de quelques beaux jours de l'arrière saison. Sans ce dernier effort, la fabrication eut été plus faible d'un tiers. Elle n'a pourtant donné que 834 barils de sardines et 42 barriques d'huile. La vente du poisson frais fut passable. Il avait été acheté 102180 kilogrammes de sel et 919 barils de rogue. Le droit payé sur le sel de la consommation locale et sur ses manquants à l'entrepôt s'éleva à 10,088 fr. 64 cent. C'est la plus forte somme qui ait été payée depuis dix ans. Peut-être l'allocation du sel en franchise, suffisante quand la majeure partie est employée, ne l'est-elle plus quand elle est conservée. Les plus fortes perceptions du droit semblent correspondre aux fabrications les plus faibles. La pêche de 1844, la meilleure qu'il y ait eue de 1829 à 1846, ne donna lieu qu'à une perception de 4,032 fr., tant pour les sels de la consommation des habitants que pour ceux qui manquaient aux entrepôts. Il fut fabriqué 1102 barils de sardines. L'approvisionnement n'était que de 69500 kilogrammes. Il fut perçu en 1840 un droit de 8,172 fr. sur un approvisionnement de 58816 kilogrammes, la fabrication n'étant que de 622 barils. La fraude se présume mal à propos. Sur une moyenne de sept ans, prise de 1840 à 1846, le droit payé pour la consommation s'élève à 6,082 fr. 64 cent., à raison de 79 centimes par habitant, ce qui approche beaucoup de la quotité indiquée par les calculs de M. Charles Dupin. La différence n'a rien qui doive étonner : le poisson est salé en franchise; les bouillies et les pommes de terre forment la majeure partie de la nourriture des habitants; elles sont cuites sans sel généralement dans toute l'île, et même dans la ville chez les fabricants de sardines. La petite consommation ne doit donc pas faire présumer la fraude. Cette réflexion me ramène à des réclamations que j'ai faites il y a vingt-quatre ans et que je réitérai deux ans plus tard.

En 1823, dans un voyage de Paris, étant allé au ministère de l'intérieur, au bureau de l'agriculture et balance du commerce, dont le chef M. Alexandre Demure était mon ami, je lui expliquai les avantages qui résulteraient pour le commerce et pour la navigation du développement sur nos côtes de la pêche du harang, de la sardine, des anchois, du maquereau, des gades pouvant suppléer la morue et autres poissons susceptibles d'être salés, fumés et conservés pour la consommation intérieure ou pour l'exportation aux colonies. J'appelais son attention sur des mesures dont la nécessité a été reconnue depuis longtemps : 1° exempter du service militaire, en temps de paix, les maîtres et patrons de chaloupes classés, et ne point obliger à se faire classer les jeunes gens qui font la pêche sans se destiner à la marine ; 2° dispenser de la retenue au profit de la caisse des invalides les équipages composés de demi-soldiers et d'hommes non classés, car les uns rendent à cette caisse une partie de ce qu'ils en reçoivent et les autres contribuent à former un fonds de retraite, dont ils ne peuvent jamais profiter, ce qui est également injuste ; 3° tenir compte pour la retraite aux marins classés des mois de navigation de la pêche, qui n'étaient alors comptés que pour moitié ; 4° autoriser les armateurs qui sont en même temps saleurs à donner à chaque pêcheur une petite quantité de leur sel de franchise. Cet encouragement ne coûterait pas au trésor 5 francs par chaloupe de pêche et remédierait à la plus révoltante comme à la plus absurde de toutes les iniquités, celle qui condamne un armateur à payer une amende, à voir confisquer son bateau pour punir une fraude faite à son préjudice, et par conséquent à son insu et malgré lui. Autrement rendre personnellement responsable de la fraude celui qui la commet à son profit, ou le caboteur qui lui a donné le sel, et non pas le propriétaire de la chaloupe qui est absent, qui ne peut s'opposer à la fraude puisqu'il n'en a pas connaissance et qu'il n'y est pas interressé ; 5° établir des salorges d'entrepôt dans les ports où il y aurait plus de vingt saleurs et de cinquante chaloupes, afin d'éviter les discussions sur les déficits ; 6° accorder dans ces mêmes ports une prime de 100 francs et deux de 50 francs aux patrons et équipages des chaloupes qui auraient mieux pêché chaque année ; 7° prohiber l'introduction en France du poisson salé à l'étranger, particulièrement de la sardine d'Espagne, qui a sur la nôtre l'avantage d'être pêchée sans rogue et à moins de frais.

M. Alexandre de Mure (¹) homme d'esprit, fils d'un ancien consul général en Égypte, qui l'avait de bonne heure instruit dans les transactions commerciales et dans l'économie politique, comprenait très-bien l'utilité de ce que je demandais ; mais il me répondit « qu'au ministère de l'intérieur, on ne pouvait, d'après » la loi, encourager que les grandes pêches de la baleine et de la » morue. Que, par ailleurs, la plupart de mes demandes rentrant » dans les attributions des ministres de la marine et des finances, » il faudrait établir des conférences entre les trois ministres, ce » qui compliquait beaucoup la question. » Après quoi ma note ayant été enfouie dans un carton, à tout événement, j'en conclus que la direction des pêcheries étaient mal placée au ministère de l'intérieur : elle n'est pas mieux aujourd'hui au ministère du commerce. C'est une dépendance naturelle du ministère de la marine, intéressé à sa prospérité puisque c'est l'école où se forment le plus d'apprentis marins, mousses et novices. Si les règlements de la marine s'exécutaient aussi rigoureusement que ceux de la douane, par exemple, la grande et importante industrie de la pêche sur les côtes serait anéantie. Elle ne subsiste que par la tolérance éclairée et paternelle des administrateurs de la marine royale. Elle leur doit notamment à Belle-Ile la possibilité des moyens d'améliorations de progrès adoptés depuis quelques années. Elle est désormais dans de bonnes conditions pour contribuer, Dieu aidant, à la prospérité de l'île. Mais outre les années qui ne donnent qu'une pêche généralement médiocre ou tout à fait mauvaise, il y a par fois des hommes presque habituellement en perte, qui se plaignent de n'être pas heureux, de ne rencontrer jamais une bonne chance. Ceux là ne devraient pas s'obstiner dans une spéculation qui ne convient qu'à ceux qui perdent plus rarement et moins qu'eux, qui

---

(1) M. de Mure, le père parent de M. Daru, fut un des hommes auxquels le général Bonaparte demanda des renseignements sur l'Égypte où il a résidé douze ans, en qualité de consul général. Bonaparte, revenant d'Italie par la Suisse, séjourna à Dijon, où M. de Mure avait été mandé.

gagnent plus souvent et davantage. Quand on veille attentivement sur tous les détails de son commerce, quand on réunit l'activité, l'intelligence et la prudence à une certaine hardiesse, qui est une sorte d'instinct. On a peu à redouter les mauvaises chances, d'après la loi des probabilités. J'ai parlé avec franchise d'une industrie très-avantageuse au pays puisqu'elle profite à une classe nombreuse de jeunes gens, de vieux marins, de vieux laboureurs et d'ouvriers et ouvrières, en même temps que les capitaux engagés rapportent un bon bénéfice, sauf exception. Si le pays avait un intérêt quelconque à ce que la vérité fût cachée, je me serais bien gardé de nuire à cet intérêt par une révélation au moins indiscrète, si non coupable. Mais au contraire le pays a besoin que l'importance de la pêche soit plus connue et mieux appréciée pour obtenir les ménagements et les encouragements qui lui sont indispensables.

Il ne suffit pas de pêcher beaucoup de poisson, il faut encore le vendre avantageusement, et pour cela, le fabriquer conformément aux exigences du goût des consommateurs devenus plus difficiles à satisfaire par suite du relâchement, dans l'accomplissement de la loi sur l'abstinence de la viande. La consommation du poisson salé diminuerait chaque année, suivant la progression de l'aisance générale et du luxe, si elle demeurait constamment réduite aux classes pauvres qui le mangent faute de mieux. La question est de la préparer de manière à la faire rechercher par les classes riches. Mais les armateurs déjà pêcheurs, fabricants et marchands ne peuvent se transformer en artistes culinaires. Ce sont des industries qui doivent être distinctes. D'ailleurs, les capitaux manqueraient ainsi que les relations commerciales nécessaires à ce genre de placement. Il y a plus de dix ans que je démontrais la nécessité de l'établissement, à Belle-Ile, d'ateliers pour la préparation et la conservation du poisson selon les procédés inventés par M. Appert. Tout l'avenir de la pêche de la sardine en France dépend de l'extension que recevra ce système de préparation, car ceux qui auront le moyen de manger d'autres aliments que la sardine pressée ne manqueront de le faire. En 1845, M. Lucas, capitaine au long cours, commença l'établissement de cette intéressante industrie par la préparation à l'huile de 1,043 kilogrammes de sardines. Dans l'année 1846 il en fabriqua 1,973 kilog. et en 1847 cinq mille boites, pesant... kilogrammes. Une maison de Nantes vint en 1846 lui faire concurrence et fabriqua 5,273 kil. de sardines, en 1847 elle en a fabriqué 18,830 kilog. de sardines dans 25,000 boites. On parle d'une maison de commerce de Rennes qui ferait un établissement semblable à Belle-Ile, l'an prochain. La valeur brute de cette industrie peut être évaluée pour 1847 à 60,000 francs.

La fabrication des anchois, que le surintendant Fouquet avait introduite à Belle-Ile en y attirant quelques familles provençales, était depuis longtemps abandonnée faute des relations commerciales nécessaires au placement. Une maison de Marseille envoya en 1845 des délégués qui ont entrepris de nouveau cette fabrication. 2,400 barils d'anchois ou de petites sardines anchoisées furent fabriqués la première année, 1,350 la seconde et 3,400 la troisième. On y joint la préparation à l'huile du germon qui supplée très-bien le thon.

Il en a été préparé, en 1846, 2,775 kilogrammes et... seulement en 1847, la pêche du thon ayant manqué. Cette maison de Marseille ayant aussi pressé... barils de sardines, a fait cette année pour plus de 100,000 fr. d'affaires. Ces deux nouvelles industries ont employé pendant la saison plus de cent personnes, principalement des femmes payées 15 cent. par heure et travaillant quelquefois dix heures par jour. C'est un immense avantage pour le pays, non seulement sous le rapport du travail, mais encore sous le rapport des débouchés ouverts à la petite sardine du commencement de la pêche et de la concurrence créée entre ces fabricants et les caboteurs, qui sont tous étrangers au pays ; les Belleilois n'ayant pu réussir dans la revente en détail du poisson frais dans les grandes villes étaient à la discrétion de ces caboteurs qui ne manquaient pas de se concerter pour acheter à vil prix.

PÊCHE DU GROS POISSON.

Quelques chasse-marées de la Normandie font en été la pêche du gros poisson dans les parages de Belle-Ile, où ils relâchent quelquefois. On apprend avec étonnement qu'un seul de ces navires, valant moins de 20,000 fr., et monté de 6 ou 7 hommes, peut gagner, en une saison, autant que toutes les chaloupes de Belle-Ile employées à la pêche de la sardine, qui représentent une valeur de plus de 120,000 fr., et emploient près de 400 hommes! Cette pêche, surtout celle du maquereau et des gades, serait donc très-avantageuse au pays, mais elle n'est pas dans ses habitudes ; elle exigerait de jeunes matelots, et tous préfèrent la grande navigation. Pour la naturaliser, ainsi que toute autre pêche qui exige un apprentissage, il faudrait que la législation autorisât les marins à contracter avec le commerce des engagements de cinq ans, pendant la durée desquels ils ne pourraient être levés pour le service de l'Etat qu'en cas de guerre.

Cette pêche se fait aux îles de Houat et de Hédik avec 300 ou 400 filets à grandes mailles, et le produit est transporté à Nantes, à La Rochelle, à Bordeaux ; mais à Belle-Ile, elle dépasse à peine les besoins de la consommation locale : elle est abandonnée à de vieux pilotes, à quelques demi-soldiers et cultivateurs qui possèdent une douzaine de petits canots et bateaux. L'orphie se prend à la fouine, au moyen d'un feu de paille allumé à la poupe du bateau. Les poissons plats, raies, soles, turbots, poules de mer, sont pêchés à la drague, et on prend à la ligne et au filet le maquereau, le turbot, le lieu, le bare, le mulet, la julienne, etc. La plus importante de toutes ces pêches, celle du murène-congre, se fait à la ligne. Il y a de ces poissons qui pèsent jusqu'à 15 à 20 kilogrammes, et se vendent en gros de 2 à 4 fr., en détail, par tranches, de 3 à 6 fr. ; il s'en fait une énorme consommation : c'est le bœuf du pays, on l'emploie à faire d'excellente soupe ainsi que quelques autres poissons. Tous les poissons du genre gade peuvent être préparés à la manière de la morue sèche ; le congre et autres gros poissons seraient salés pour le carême, si les règlements de la douane n'entravaient cette industrie.

La pêche du gros poisson, qui pourrait devenir si importante, n'avait jamais été évaluée à plus de 3 ou 4,000 fr. L'exportation au continent se réduisait à quelques crustacées pour une valeur de 1,200 fr. tout au plus. Elle s'éleva en 1840 à environ 9,000 fr. ;

par suite de l'établissement d'un paquebot à vapeur entre Nantes et Lorient, elle parut devoir prendre un rapide accroissement : 23 bateaux, montés de 138 hommes, y furent employés en 1842, du mois d'avril au mois de septembre. Ils se partagèrent un produit de 20,000 fr., dont la vente des crustacées formait environ la moitié, à raison de 50 c. pour les homards et langoustes, et de 20 c. pour les cancres. Il en fut pris une énorme quantité pendant deux ou trois ans, chaque semaine 1,500, 2,000 et jusqu'à 3,000 gros crustacées étaient expédiés à Nantes ; tandis qu'avant l'établissement du paquebot, on ne pêchait pas 100 homards par mois : très-rarement en voyait-on plus d'une vingtaine à la fois sur le marché du Palais. Le souvenir d'une pêche regardée comme prodigieuse s'était conservé : 100 homards ayant été pris en une nuit sur la côte de Bangor, furent portés à Vannes et vendus 200 fr. Les pêches de...... à ..... furent bien autrement prodigieuses, et donnèrent lieu à la réflexion toute naturelle que l'espèce crustacée ne résisterait pas longtemps dans les parages de Belle-Ile, à une destruction aussi étonnante. Je me souviens d'avoir payé les huîtres à Carnac 10 c. le cent, elles y sont vendues aujourd'hui en gros, à raison de 2 fr. le cent, dans les parcs de M. de Keranflech. Il en reste bien peu sur la côte et dans les rivières du Morbihan. Elles y étaient très-abondantes pendant la guerre, mais aussitôt la paix, les Anglais en ayant fait acheter d'énormes cargaisons, l'espèce a entièrement disparu sur plusieurs points des côtes et diminué partout. Le même sort semblait réservé aux crustacées, si la spéculation Nantaise ne fût tombée d'elle-même, parce qu'elle perdait sur les homards qui périssaient, non pas entre la prise et l'achat, ceux-là étaient refusés, mais entre l'achat et la revente, c'est-à-dire en sept ou huit heures. Le prix des homards étant rarement au-dessous de 6 fr. à Paris, il en sera expédié directement de Belle-Ile, dès que la ligne du chemin de fer de Paris à Tours sera prolongée jusqu'au Croisic. Une spéculation bien conduite donnera toujours un grand bénéfice, même entre Nantes et Belle-Ile, mais je ne crois pas qu'on puisse expédier vivants une aussi grande quantité de crustacées. On ne peut les conserver qu'en les cuisant.

FIN.

TABLE DES MATIERES.

                                                                    Pages.

CHAPITRE I. — Gissement de l'île. — Descriptions topographique et chronologique. — Moyens de défense de l'île...................... 1
            Description topographique................. 9
            Chronologie de l'histoire de Belle-Ile....... 35
            Défense de l'île........................ 42
CHAPITRE II. — Mouvement de la population.............. 50
CHAPITRE III. — Climat et végétation..................... 74
CHAPITRE IV. — Marine................................ 85
            École de navigation 93
CHAPITRE V. — Anciens Monuments..................... 100
            Monuments Celtiques et Druidiques......... 100
                Id.   des Romains................. 112
                Id.   du Moyen-Age................ 120
CHAPITRE VI. — Histoire Naturelle....................... 130
            Minéralogie et Hydrologie................. 130
            Plantes................................ 140
            Hydrophytes marines..................... 147
            Oiseaux 148
            Poissons............................... 153
CHAPITRE VII. — Agriculture et Animaux domestiques........ 157
            Agriculture............................ 157
            Animaux domestiques 184
            Arbres................................ 192
CHAPITRE VIII. — Commerce 203
CHAPITRE IX. — La Pêche............................. 225
            Pêche du gros Poisson................ ... 240

Nantes, Imprimerie de VINCENT FOREST, place du Commerce, 1.

www.ingramcontent.com/pod-product-compliance
Lightning Source LLC
Chambersburg PA
CBHW070640170426
43200CB00010B/2079